JN058000

Annual
of the Institute
for Life and Death Studies,
Toyo Eiwa University

死生学年報 2022

●スピリチュアルケアの可能性

東洋英和女学院大学
死生学研究所編

LITHON

死生学研究所からのお知らせ

Institute of Thanatology から
Institute for Life and Death Studies へ

昨年度まで死生学研究所の英語名称として用いられていた Institute of Thanatology の thanatology は、ギリシア神話における死の神 Thanatos を語源とし、語義的にはもっぱら「死についての学問」を意味します。英語・欧語圏においてはこの名称を掲げる学問がそれなりの展開を見ていますが、我が国においては「生と死との関係のなかにおける生死」を視野に収めようとする新たな学問として、独自の死生学が展開しつつあります。もっとも、その英訳は「死生」の語順に引かれ、Death and Life Studies と表わされることも多いようです。

当研究所においてはさらに、死によって新たに意味づけられる生の在り方を積極的に考察していく意味も込めて、研究領域を英語で Life and Death Studies と表現することといたします。それに併せ、2021 年 7 月より、死生学研究所の英語名称を、Institute for Life and Death Studies に変更いたしました。なおこの名称変更に伴い、当研究所の年報の英語名称も、Annual of the Institute for Life and Death Studies と改称いたします。

この新たな名称のもと、研究所の活動に関する国内外からの理解をさらに促していきたいと考えます。引き続き、ご理解、ご支援を、どうぞよろしくお願い申し上げます。

2022 年 3 月

死生学研究所所長　奥山 倫明

目次

目　次

〈論文〉

風景空間の再生
――体験を根底から支えるところ――

森岡　正芳

1. はじめに

コロナ禍という危機はほとんどの人が未知の脅威であり、不確実なものが支配する。客観的な裏付け、根拠付けが利用できない状況では、報道メディアの情報に頼りがちで、ふりまわされる。自分が何に困っているのか明確ではなく、漠とした不安が浸透してくる。今まで自明のこととしてあったことから切り離されていく。いずれ収束し、もとの生活にもどれるなどと楽観的にはすませられない。世界中の人々が生と死の裂け目に直面し、対人関係の在り方が規制され、自己と環境・世界とのかかわりそのものが大きく変動を余儀なくされた。

コロナ禍に逝きたる夫の身残しの夢のようなり舞いくる雪は
菅原恵子

アクリル板に阻まれて逢ふ面会日手を伸ばせども老母のとほし
杉山みはる

「透明な災厄」と言う　つぎつぎと封印される言葉の墓場
坂原八津

（以上3首　現代歌人協会編『二〇二〇年コロナ禍歌集』より引用）

微細な緊張や葛藤が、日々の出来事の体験の中に含まれる。それがコロナ禍という見えない脅威によって、際立った。心ひそかにつぶやく言葉で人は何とか自分を支えて生きている。外からはそれと気がつかないが、自分あるいは身近な人への期待や願いは心のかなりの領域を占めているだろう。それはほとんど自分を超えたものに向けての、祈りに近いものがある。
　私たちの体験の基盤、素地となるところは、ほころびやすい部分が本来あって、緊張や不安はつねに潜在するものかもしれぬ。この状況の中、このようなことに敏感になる。「今ここ」の体験には、何か未決定なものが含まれる。コロナ禍という危機は、私たちが出来事を体験として意味化する心の働きを揺さぶってくる。出来事を体験として受け取れる素地を作るもの、支えるところはどのように成立するのだろうか。
　この領域に接近するには、語りえない表象不能なものを何らかの形にするという困難な行程が予想される。ふだん自覚にも上らない意識の手前の領野をあえて課題にすることが求められる。ここで自己の身体経験と他者関係に含まれる不確定性や未知性に焦点があたる。心理カウンセリングは、そのような体験に含まれる気づきを掘り起こしそれを共有しながら進めていく対人援助の実践である。積極的にクライエントの世界に入り、共体験することを基本態度とするカウンセラーは、場面においてさまざまな感化影響を被る。一方で、それが自身の未知の部分を開く契機にもなりうる。
　目前に相手がいるということ。日常生活において自明であったことが、コロナ危機において揺さぶられてきた今、対象が立ち上がる手前のいわば、前対象的体験をどのように感受し、共体験の領野へと開いていくのか。現況において、この課題は抜き差しならぬものとして潜んでいる。本稿はその手掛かりを、臨床心理学のいくつかの古典理論を参照しつつ、素描したい。この営みは、場面での理解の範囲にとどまるもので、普遍的な理論化を目指すものではない。以上の道筋をたどりながら結果的に、特集課題であるスピリチュアリティの世界に接近できることが期待される。

2. 生きられた空間

2.1. ある画面から

　この秋、印象的な展覧会に接した。内藤礼の「Breath」という展覧会である[1)]。画面は、薄く微かな痕跡のような色と形、シミのような画面が並んでいる。作家がインスピレーションを得た日付に沿って配列されている。じっと画面を見つめると、どこかへ運ばれるような感じがする。私の心の中を覗くようでもあるし、作家と心の中で言葉を交わし合うような感じもする。色と形のほのかな痕跡を介して、画面に接する私の息遣いや姿勢が意識される。私の心に画面が入ってくる。その動きに交差するように、画面の向こう側に奥行きのある空間が広がる。それは画面の寸法と点在する色や形の配置関係、そしてそれを眺める私と画面の間の距離だけでは測れないもう一つの空間である。つまり知覚には還元できない感覚体験を通して生じるもう一つの空間が広がる。

この空間はどういう性質のものだろう。作家からは、ロールシャッハテストにもヒントを得たとうかがった。ここで心理学の立場から、投影（projection）という心の働きを見る。ロールシャッハテストは、10 枚のインクブロットを二つ折りにして広げたときに表れたインクの染みを図版化し考案されたものである。被検者には各図版に「何が見えるか」を問う。日常生活ではまず見ることのできない図版である。いいかえるとその一枚一枚は、テストを受ける人にとって、未知の世界との出会いである。そのような状況に置かれたとき、被検者はどのように対処対応するか、検査ではその特徴を読もうとする。

2.2. 投影と構成

中井（1971）は、投影検査法や描画法の基盤となる空間の特徴を二分し、ロールシャッハテストやスクィグル法などが拓く空間を「投影的空間」とする。一方、箱庭療法や風景構成法がつくる空間は「構成的空間」という特徴をもつ。前者の空間は内的空間、心的空間の性質をもつ。その空間特徴は距離が浮動的で、明確ではない。相貌性が優位であり、形が浮き上がる手前、つまり前ゲシュタルトが充満している。その中から一つの形姿（ゲシュタルト）が被検者によって選択されるプロセスがある。相貌性が優位とは、記号論における内包するもの（connotation）が直示するもの（denotation）に優先してくる事態であり、中井は兆候性とも言い換えている。ロールシャッハテストの各画面は、インクの染みからできている。直示的には 10 枚の図版すべてに対して、「インクの染みに見える」と応えてよいはずである。しかし、それはかなり特異な反応に分類される。なぐりがき法（スクィグル法）でも、同様である。即興的に描いた描線から、「何に見えるか」という教示を頼りに形姿を読みとる。ロールシャッハテストもスクィグル法も、相似するいくつかの形姿のうちどれかを選択するという意味で、記号論の立場でいういくつかの同義語から一つを選択するパラディグマティック（paradigmatic）な過程をたどる。

一方、箱庭療法や風景構成法は構成的（constructive）で、投影とは対照的である。構成的空間は外的空間の特徴を持ち、外枠の存在によって、距離は明確に定義される。そして、中心と周辺、上下、左右が構造化される。外的空間内に「対象性の相の下に「距離」を本質的要素の一つとして相依相待的に選択する」構成過程が特徴的である（中井 1971/1984, 61）。対象の直示性が優位で、対象の選択配列を通してまとまりを構成する意味で、記号論でいうシンタグマティック（syntagmatic）な過程をたどる。構成が成立するとそれは、布置的、静的であるのに対して、投影を経て浮上するものは力動的で、運動的である。運動の軌跡によってさらに次の投影が誘発される。

2.3. 風景空間

現象学の立場から精神病理学を探究したE. シュトラウス（Erwin Straus）は、風景空間（Landschaftlicher; Space of landscape）と地理空間（Geographisher Raum; Space of Geography）を区別している（Straus 1956, 334–340）。風景空間は、知覚によってとらえられた地理空間と重なるが、それには還元できない感覚体験を有する固有の空間である。計測可能な地理空間に対し、風景空間は私たちの在り方、世界とのかかわり方でそのつど組み立てられる可変的空間である。精神病理学の立場からみると、統合失調症の場合、風景空間が地理空間から切り離され、知覚による客観的なフィードバックが途絶え、風景空間内に引きこもってしまう。この場合、共通世界から切り離されるがため、風景空間そのものは貧しいものとなってしまう。風景空間が立ちあがるとき、自らの経験そして他者の視点との照合がなされることを通じて、その空間は豊かなものとなる。ロールシャッハテストや箱庭療法など投影空間を浮上させるような道具立ては、臨床心理検査法に数多い。そのような空間体験とシュトラウスが述べる風景空間とは、重なる点があるようだ。

内藤礼の作品が拓く空間は、見る人がその画面にどのように関わるかによって移ろいゆく。つまり私たちの画面への姿勢、在り方によってそのつど現れが異なってくる非局在的な、可動的な空間である。まさに風景空間がそこに開かれる。そのとき私は、日常の私から少し離れ、知覚的、客観的な距離感からはずれ、画面が拓く空間に没入する。

2. 4. 空間体験の質の変貌

ここで、以上のように空間の諸局面の異同を検討し出すのは、やや唐突と感じられるかもしれない。しかし、コロナ禍における私たちの生活のあり方、人と人との距離のとり方が大きく変動しつつある今をふりかえってみよう。誰も経験したことのなかった異質の身体経験と異質の相貌をもつ他者との接触が、身近な生活世界で影響変化をもたらしつつある。情報の不確かさに翻弄させられ、コロナという本体が見えないから、外出を控える。人と人の「距離」をふまえる事態はいまだ変わらない。ほうっておいても人との距離は生まれる。人と人、私とあなた、自己と世界の距離空間が違ってくる。社会的孤立は増える一方である。

この点を省みると、空間の体験の質そのものが影響を受けていることがわかる。たとえば、コロナ禍を機に、SNS オンライン上でのやり取りが日々の生活のかなりの部分を占めるようになった。オンライン画面上での人との語らいや交流会もよく試みられているがどうだろうか。異質な感覚は、「空気を共有していない」ことを耳にする。この異質感は重要である。SNS が作り出す空間は、いっしょにいるようで空間は共有していない。オンライン上でいくら交流しているように見えても、その場面が体験として定着し、思い起こせば広がりを持つ風景空間として想起されることはまずないだろう。

私たちを包む環境は、まさに空気のようにあって、それが欠如すると初めて、その意味に気づかせられるものである。空気、雰囲気、包む環境（ambience）のもたらす感覚とその意味は、それらが揺さぶられ、変動することによってかえって意識化される。コロナ禍によって生じた環境の変調から生じる漠とした不安が浸透して久しい。この解消には、静かな安定した場所の回復が何より必要である。一人でいる時間が増えていく中、あらためて、人と人の「細やかなやり取り」（subtle interchange）のもつ意味について考えさせられる（Winnicott 1986）。風景空間が形作られるときは、そこに一人でいても、どこか誰かと何かと一緒にいる温もりが感じられる。心細く気分が落ちているとき、人が適度にいて温もりがあることがどれだけ安心を与えることか。

3. 記憶の空間

体験の中にはつねに未完了部分がある。可能性としてとどまったゾーン、それらのどれかを選択して、後は背景に退く。そういう意味でパラディグマティックな過程を経て今ここの場面は構成される。そこから選択されずに背景に退き、未完了にとどまった体験は潜在し、次を生むことにつながる。体験可能性の母体（matrix）のようなものである。それは未来を作るのに働くかもしれない。ふだんそれと気づかず、忘れていた領域を探ってみよう。手掛かりは私的な体験の領野、記憶と想起に関わるものである。かつての記憶を探る。想起の空間が広がる。幼い頃に遊んだ遠い記憶。それは一つの空間体験でもある。

今は陸上競技場になっている大きな公園の近くで幼少期を過ごした。その頃そこは広大な原っぱだった。虫を追いかけていた私は、手のひらに余る大きなバッタを捕まえたり、時折足元をすくわれ、大きな水たまりに腰まではまり込んだりした。その頃私が住んでいた自宅周辺は住宅の立て込んだエリアであったが、近所に子どもたちが大勢いて、狭い路地や道端はそのまま遊び場になっていた。雑草の生えた空き地では、背の丈をはるかに越えた薄の太い茎を折り、それを刀に忍者ごっこをして日が暮れるまで走り回った。

この記憶空間には、私の幼い姿が組み込まれている。事実なのか空想なのか定かではない。少なくとも幼い私が見たそのままの視覚的残像ではない。はるか昔の体験を再構成しながら脳裏に描いているのである。その背景には、夕暮れ時の風景がある。私とその友人たちは遠景に家々のあいだから赤々と秋の夕日を背に受けて遊んでいる。

事実として記憶された地理空間がここで、想起されているのではない。人と人、私の背景に風景が広がっている。心の風景の空間は、自分の姿が含まれ、また前景に出てくる人と人の交流だけでなく、広がりのある背景の空間を有している。これを風景空間とする。この空間には人と人、人と物のあいだにあって前景には浮上しないが、それらを包み支えてくれる背景がある。風景空間にいるとき、私は一人で遊んでいても一人ではないことが、心の底で感じられる。私がバッタを追いかけて遊んでいる。その空間にはまぎれもなく行為し動いている私が居て、出来事に関わっている。いわば、当事者感覚の手応えがある。この感覚は風景空間に支えられている。

大災害があるとまさに風景が傷つく。風景空間に依拠していた自明のものにほころびが生じる。その時の記憶が途切れたり、自分の身に起きている実感がないといった離人感が一過的に生じたりするのも、風景空間の変動と、空間による包容感の消失に起因することが考えられる。ふだんは眼に留まらず、すぐに通り過ぎるようなところ、親しんできた事柄は、コロナ禍の状況で相貌が変化した。それがためかえって、日常における見過ごしてきた事柄、物事の意味が浮き彫りにされた。

さて、もしもコロナ禍における生活の変化たとえば、過剰なオンライン状況がなければ、日々の生活で風景空間がおのずから形成され、体験として心に残っていくのであろうか。必ずしもそうではない。風景空間は私という主体が関わって作られていく空間である。たえずそこに意味を生み出していく生成の空間である。災害を被ったとき、傷を負うとき、通常それに伴う否定的な感情すら感じられないことがある。意味化できない、それ以前のショックだけが残る。出来事の意味を感知し、体験を支える素地そのものにほころびが入る。

4. 意味が生まれるところ

4.1. 心の平面

記憶の像とその意味を育む空間をどのように耕すか。このようなテーマは、まさに心がどのように成り立っているのかに関わることである。意味が生まれるところについて、心理学諸理論はどのように考えてきたか、少し探究してみよう。心の平面の成立について、他者関係が内面化され、それが心の平面にあたかも舞台にて上演されるように、自己内の関係として動き出す。このような理論建てを行ったヴィゴツキー（Vygotsky, L. S.）の心理学を参照したい[2)]。

高次精神（心理）機能、すなわち意識発生の法則について、ヴィゴツキーの基本的な考え方は次のようなものである。心のあらゆる機能は舞台に二度、二つの平面で現れる。最初は社会的平面、後には精神的平面として。この社会的すなわち心理間（inter-psychic）機能から精神的すなわち心理内（intra-psychic）機能への移行は、言語を基盤とした記号媒介のはたらきによると考える。つまり心の働きは外的形式から、内的形式へと移行する。養育者と日々交わされるやり取りが、内面化され、人は自分を相手にしてものごとを考える。自己意識とは内部へと転移された社会的意識である。心の働きは外的形式から、内的形式へと移行する。養育者と日々交わされるやり取りが、内面化され、人は自分を相手にしてものごとを考える。

かつて人々の間の具体的な関係であったことが、内面化というダイナミズム、すなわち外部から内部へと転回（ingrowing）する。英語で ingrowing という訳語が使用されることがあるように、内面化は、外にあるものが内に取り入れられるというより、高次精神機能の構造における新しい変化が生じることを含んでいる。内面化を通じて内的なシステムや構造が変化する。内面化とは単なる空間的移行ではない。その移行には、はじめから他者が介在している。ここで内と外を媒介する記号の働きが重要である。記号ははじめ他者と交流する媒介としてあるが、後に自分と交流する媒介となる。

4.2. 意味の力動性

意味上の構文法と言葉の構文法の発生は時期的に異なることについて、ヴィゴツキーが 着眼している。両者の構文法はそれぞれ独立していて、心の発達の中で、意味の構文法から言葉の構文法への移行、変形が行われる。ここで、ヴィゴツキーは意味（sense）と意義（meaning）を分ける。意味と言葉はこのように、力動的な関係にある

人は世界、対象に対する積極的な価値付け、意味付与を日々行っている。それによって個人の意味世界すなわち心の生の空間を広げている。この空間は個人的な意味に満ちている。その意味は、客観的な言語学的意味からはかなりずれる個人的な色合いがこもったものであ る。臨床などの現場で重要なのはこの意味の働きである。心の生はヴィゴツキーによる意味（sense）優位の世界である。音声的手がかりは乏しいが、究極的には一語が包括的な全体を表すような意味世界がある。

ヴィゴツキーによる sense と meaning の力動的な理論は、言葉の働きと体験との関係について考えさせられる。言葉を習慣的自動的に用いると、生き生きとした体験から離れ、自分が知っていることでのみ、人とあるいは世界と交わることになってしまう。すなわち、新しい意味（sense）と出会う機会が失われてしまう。臨床場面でもっとも警戒すべきことは、言葉の自動的習慣的な使用による意味の平板化、固定化である。自分がすでに知ってい

ることだけが明らかになるように言語を用いるならば、生はきわめて単純なものになる（スターン 2003, 23）。精神分析の構成主義的立場をとるスターン（Stern, D. N.）は、このように述べる。また習慣的自動的に用いられているようにみえる言葉も、関係や文脈によっては強い個人的意味がこめられている場合がある。言葉の意味（sense）の部分をどのようにして 個人の経験の中で活かすものとしていくかが、カウンセリングなどの治療的会話では重要である。

4.3. 意味場

意味はいったん生まれると、言葉と結びつく。その意味作用は自動的に使われるようになる。「言語は、そうした意味を担う以前に、その内的配置によって、さまざまの語義がそこに先取りされているようなある一個の原初的意味を分泌するのでなければならない」（メルロ＝ポンティ 1979, 51）。このようにメルロ＝ポンティ（Merleau-Ponty, M.）がいう原初の意味のところが動き出す心理療法の現場は、いわば体験の初発のところへ焦点を当てることを維持する。そこでは、固有の意味ネットワーク、意味場が生まれる。『精神分析の都』という本で自らの精神分析体験をつづった大嶋（1990）は、自由連想法を中心とする分析を受けるなかで、日常の心のありようが変化していく様を描いている。大嶋は福沢諭吉が夢に出てきたことを分析者に語ったとき、「フクザワ」という言葉が「自由」「ユーモア」「元気」「溌剌」「余裕」「身の軽さ」「分析能力」「歴史感覚」「独立自尊」など、一束の語群をなしていることに気づく。これは「語と意味の関係が一対一ではなく、むしろ、語とは一定の意味の星雲を照らし出す光線にすぎない」（大嶋 1990, 81）という発見である。語は精神の内部において俳句の季語と同じ性質を担っていると大嶋はいう。心の内では語は一つ一つが一定の意味集団に結合しているという意味で、俳句の季語のはたらきに似ている。緩やかな意味連関性のなかで、それまでは思いもかけなかった出来事のつながりがみえてくる。

精神分析という限定的特殊な場であるが、現在の会話において意味が形をとって再構成されるプロセスがわかる。意味は個人のなかに確固として存在するものではない。具体的な他者とのやりとりのなかで意味の場が生まれ共有される。そこにアクチュアルな現実が構成される。この意味場がどのようになっているのか。その手掛かりとして、他者との会話のやりとりが内面化され、内面の言語として独自の意味の運動を行うという点に、ヴィゴツキーは焦点を当てたわけである。対人関係の質の変化に伴う風景空間の変貌は、意味場の形成過程にも何らかの影響を与えるだろう。

5. 親密な未知

ウィルスに暗む世界の君とわれ並んで夕日を見る人として　古谷円
(現代歌人協会編『二〇二〇年コロナ禍歌集』より引用)

5.1. あいだ

私たちはこの時期、環境の変化にたじろぎ、何が生じているか不明のままで、得体の知れない不安が続き、人への忌避感情はいまだ終息してはいない。不確実なものが支配し、客観的な裏付け、根拠付けが利用できない状況が、コロナ禍においては長期間続いた。不確かさに対する耐性が問われる事態である。そんな日常の生活のなかで、身体になじんだ物事にあらためて注意を向けると、何かしら発見はある。誰かとその発見を共にできると、さらに活き活きする。他者が応じることによって人は自分の体験を深める。応答する他者がそばにいるということ、それがよどんだ意識のモードを変えてくれる。心の空間を広げ、耕すにあたって、他者の応答が必要である。

治療的といわれる会話は、意味の自由な動きをできる限り保証する場を設定するなかで行われるものである。会話（conversation）という英語は、本来「人がある場所あるいは人々のあいだで過ごす行為」をさす（OED）ということからすると、意味の運動の場としての会話、そして遊び・想像は本来的に創造的でかつ癒しを与えるものなのだろう。「言葉は状況を変えます。人間の状況は主として話ことによって生きられ、また変えられるのです」(ジェンドリン 1998, 171)。ジェンドリンのこの言葉は、体験を促進するために他者を必要とするということである。他者は意味生成の空間を形成するのに欠かせない役割を果たす。

他者への信頼は親密性と未知性の「あいだ」、揺らぎに生まれると述べたのは、精神病理学の木村敏である。木村（2005）は「あいだ」を論じるにあたって、さまざまな比喩を用いている。よく知られているように、音楽の伴奏や合奏の場面を例に「あいだ」が説明されている。合奏の体験は演奏者にとって、「一種の自己帰属感をもって各自の場所で体験している。しかしその次の瞬間には、音楽全体の鳴っている場所がまったく自然に自分以外の場所に移って、演奏者の存在意識がこの場所に完全に吸収されるということもありうる。音楽のあり方がこのようにして各演奏者のあいだを自由に移動しうるということは、別の言い方をすれば、音楽の成立している場所はだれのもとでもない、一種の『虚の空間』だということになる」と述べ、この虚の空間は一個の独立した生命体のようなもので、「音楽は各演奏者と各聴衆のいずれの内部でも鳴っており、同時にこれらすべての関与者の『あいだ』で鳴っている」(木村 2005, 39–40)。

「あいだ」とは、まず私と他者との中間領域である。私が他者とそれぞれ片端に位置し、間を維持している私は一方で、「あいだ」そのものになりきっているときがある。「あいだ」において私の二重化が生じている。視点を個別主体におけば、「あいだ」は主体相互間の中間項であるが、共有する集合場に視点を移すと、自分と相手は「あいだ」そのものとして動いている。私の動的な二重化を内省し受容するには、視点の自由な転換が成り立つことが前提である。

一方で視点の転換は、私という身に沿ってみると不自由なものである。私から見た景色はつねに一面的であり、私の世界認識は根本においてつねに欠落している。ここで相手の視点を借りることで私の世界認識は補完される。他者との間で相互に補完的な場が成り立つには、私を「あいだ」に投げ入れる能動行為が欠かせない。私が自分から少し離れるという動きがそこに生じている。判断をいったんおいておく。このような態度を維持すると、他者はまず未知のものとして現れる。人に限らず未知の感覚とはよそよそしく、不安を起こすものである。一方で、未知が好奇心や関心を引き起こすような感覚感情体験がある。

木村は次のような体験をもとに、「あいだへの自己の投入」という動きについて、説明する。旅先あるいは遠出をしたとき、それまではなじみのない風景のなかで、「その場所だけが、妙になつかしい親近感をもった場所となり、主観的な意味（relevance）を帯びた場所となる。私自身の持続の一部がそこへ流れ込んだような、あるいはその場所が私の持続のひとこまとして入り込んできたような感じがする。その家が、周囲の客体世界の中で、俄かに主体的に浮かび上がってくる」(木村 2001, 304)。[3] この体験について、木村は「親近感と奇妙に重なり合って、そこに絶対的な未知性をも感じる」と述べている。未知性とはここでは可能性を包含するものである。「それは単に初めて見たということとは根本的に別種の、主体的な意味としての未知性である。量的な未知性ではなく、質的な未知性だといってもよい。本来既知であるべきはずの私の世界が、一つの重要な部分においてその既知性を奪われているといった感じである」(木村 2001, 304)。

もちろん木村の記述はあくまで精神病理学の文脈にもとづくものである。パラノイアを未知性の欠如が極まったものとしてとらえ、統合失調症の特徴を親密性の欠如とすることで、二つの病理を対比し、了解可能性を広げようとするものである。しかし、この未知性と親密性のダイナミズムは、心身の微細な変様を生じる自己と環境・世界の触発関係において検討すべき視点を含んでいる。

5.2. 未知性と親密性の力動的関係

外界の中に埋め込まれていた対象が、自己に向かって立ち上がり迫ってくる。未知だが引き寄せられる親密性。ここにふれるという体験は、既知の自己から少し離れるということでもある。自己の既知性が少し奪われる。関係が、つながりが生まれるときこの力動が基盤にある。未知のものに対して、既知の意味付与は通用しないときがある。それでも既知のものによって理解を急ぐこともありうるが、一方そこから新たな意味が生まれてくるまで、しばらく一緒にたたずんでいるというやり方もある。そこから生じてくる可能性を包蔵する空間すなわち、あいだはその場の交流を支え動かすが、自覚には上らない。あいだは間主観領域の共有された現実として理解しうる。私とあなたは、互いにあいだへと自己を委ねる、投げ入れるという運動がそこに生じている。参与者の間でたえず伸縮する動的な空間であり、いわば気息的(プネウマ的) な力を発揮する。私とあなたのダイナミズムでそのつど適度なあいだが決まるということは、この時空はきわめて質的なもので、計量化にはそぐわない。言語に表しにくい次元のものである。

対他者関係を含む環境・世界において被る心身の変様プロセスには、未知なものが親しみを持つようになること (Strange becomes familiar) と、なじみのものが未知性を帯びるようになること (Familiar becomes strange)

の両方向の運動が働いているように思われる。

それでは、コロナ禍といった未知性に対して、親密性との関係でこの揺らぎを回復することが可能だろうか。当然のことながら、未知が可能性へとつながるという感覚は、環境・世界との関わりを維持する信頼性に依拠する。コロナ禍という事態において、そのような信頼性が根本から覆った現代の局面において、親密な未知性への接近とはあまりにも困難な課題にみえる。

なじみのものが未知のものへと反転するという事態は、コロナ禍に限らず、危機に直面したときに生じるときがある。日常生活の相貌が突如変化し、そこから自己が切り離されるという体験をしたとき、自己と世界の接触を根底から覆す抜き差しならぬ課題が立ち現れる。

以下の言葉は、東日本大震災体験者（男性 40 歳代）が、震災直後の体験を語ったものである（森岡 2017）。男性は「焼け落ちる自宅の前に立ちつくしたとき、それまでの私が一瞬宙に浮いた。微妙な変化を経験した」「自分を形作っていたものがすべて失われたと悟ったとき、自分とは何か。日頃考えていたことが変わり始めてきた」と語る。

その後、がれきがすっかり取り払われ、「復興」した街の姿を見たとき、震災直後とは異なった喪失感、空虚感を述べつつ、一方で当事者は以下のように語る。「それでも、自分はそこにいるのだと感じていた」この人にとって、自己はがれきの方にいるのである。震災当初をふりかえり男性は「がれきをじっと見ていたとき、がれきが自分のなかに溶けていく気がした」と述べる。ここで、がれきと自己は切り離せないという体験が生じている。がれきと自分を生きた全体として見るという視点の回復は可能であろうか。コロナ禍の危機のただなかにおいて、あらためてこのような視点の回復が課題になってくる。

6. プレローマとクレアトゥール

がれきと自己を生きた全体として見る。これは意味が決定される手前のところで待つ、意味化による区分けを保留するような姿勢を維持することになる。パラディグマティックな投影空間において意味のあるものが分化する手前の平面に踏みとどまる。そこから風景空間にいて私たちを包含する背景、すなわち前ゲシュタルト的な、意味が分化する以前の世界に接触することへと導かれる。体験に含まれる未然部分、この世界に身を置くことはいかにして可能なのだろうか。

ユング（Carl Gustav Jung）の自伝に記されたノート「死者への七つの語らい」に、プレローマ（Pleroma）すなわち、区切り（distinctiveness）のない充溢の世界と、クレアトゥール（Creatura）すなわち、さまざまに区切られた生の世界という二つの世界が対比されて論じられている（Jung 1963）。プレローマは区切れない世界である。一方で、人そして動物たちも生きることにおいて、食べ物、外敵から身を守るため原初から区分けし、識別する世界に住んでいる。人はとくに、本来区切れない世界の中にさまざまな対立の組を導入して区切りを入れる。この世界を区分することで、一つの現実を作る。いいかえると、区分けの仕方で異なる現実が生まれる。ここでクレアトゥールに対するプレローマ、分けられる以前の世界に、私たちはどのように接触できるのだろう。いやむしろ、プレローマによって、区切られた世界、今生きている現実が支えられているとみることもできる。

クレアトゥールの世界にプレローマが顔をのぞかせるのは、偶然性がきっかけとなることがある（片井 2012）。時間継起の流れを前提にすると、因果論あるいは目標達成の順序関係に物事は整理されるが、他方でその順序関係からはみだし理解できない出来事が生じる。偶然の出会いや発見は、クレアトゥールの世界に亀裂を挟み込むように受け取られるが、一方その異質性、なじみのなさも包含するような共在の空間に身をあずけるきっかけにもなりうる。

人が集まることで、何かが動き生じる。偶然はそのような動きから発生する。ところがコロナ禍においてまさに、このことが封じられている。自由に人が歩き動き、何かに出くわす、人に出会う。このような偶然がうまく働かなくなる。私たちの生活がうまく回っているのは、そのような何かの偶発性に支えられている部分がある。制度を問い直し、それを使う精神医療の先駆となったラ・ボルド病院の創設者ジャン・ウリ（Jean Oury）は、「人が集まること、動くこと」をコレクティフ（collectif）と呼ぶ（Oury 2005）。人が傷ついても生きることを維持し回復していくには、コレクティフが欠かせない。コレクティフの機会が奪われると、偶然というリソースへのアクセスがおそらく乏しくなる。

7. 語ることの回復

7.1. 思考の物語モード

コロナ禍の状況において必要なのは、冷静に事態を分析し、因果関係の把握と制度に準拠し着実に対処していくことは言うまでもない。他方で、個人が体験する出来事に焦点を当て、事と事のあいだを緩やかに関連付けていく語りの営みを回復させることが求められよう。ブルーナー（Bruner, J.）は，人間の思考には二つのモードがあることを提示した（Bruner 1990）。一つは、「論理・実証的モード」（paradigmatic mode）である。これは対象世界を明確な科学的概念で区切り、因果関係の緊密なモデルで関連付けることを基本とするモードである。

それに対して人の思考にはもう一つのモードがあるとブルーナーは考える。それが、「物語モード」（narrative mode）である。物語（ナラティヴ、語り、ストーリー）とは、出来事を選択配列し、体験の意味を伝える言葉の形式・内容・行為である（森岡　2015）。この形式をもとに出来事と出来事の間をつなぎ筋立てることによる説明の真実さをよりどころとする思考のモードである。Bruner（2002）は、語ることの推進力は、人類に生得的なものと考えている。このモードは、And（と；そして）という接続詞で、複数の出来事間が緩やかな接続関係を作る。Andでつなぐ関連づけ・意味づけによって、論理・実証的モードとは異なる世界が見出される。物語モードでは、例外的なもの（unusual)、なじみのない異質のものも、緩やかに包含され、通常のものと並び置くことができる（Bruner 1990, 49)。物語思考モードは、何かを作り出す創造のプロセスを描くのに適合しやすい。「…でありまた…でもある “both … and”」でつなぐことが、新たな発見を生む。あるいは、「…でもなく…でもない “neither … nor”」の未確定の世界にいったん身を置き、それを愉しみ、時が熟するのを待つ。このような創造に付随するプロセスに物語の思考モードはなじむ。前意識的な体験システム（preconscious experiential system）は、物語のモードが関係する。

7.2. 語りが拓く空間

周知のように、ストレス学関連学会から「心の救急法」（Psychological First Aid）と名づけられた指針が出されている[4)]。基本は支持・傾聴・共感と情報の提供である。「心の救急法」によると支持（support）とは、まず「そばにいること」である。緊急時の支援においては、むしろそれが一番求められる姿勢である。目標は安心感を与えることである。誰かがそばにいるということだけで人は安心することがある。人のぬくもりが何よりの助けである。このぬくもりが欠如してしまう状況の中で、多様な隣接関係を作ることは大切な試みである。自分の人生のそばに並べ置くもの。好きな音楽、アート、写真や映画、思い出の建物や風景、そしてコレクション、書物たち。すべてが個人の大切な環境を作る。文化は個人を取り巻く環境を作っている。一人一人が自らを支えてきた無形の文化的環境、すなわち風景空間を保持している。

親しい人と隣り合わせで無言で一緒に座っていても、どこかで交差し合っている。二人の間に見えない交差のゾーンが生まれる。沈黙はまた、可動的な空間を作り出す。それは物差しで測ったような社会的距離の固定した空間ではない。木岡は、〈かたり〉の最大の作用は、他の〈かたり〉を触発すること、かくして相互的な〈かたらい〉（かたり合い）の空間を開くことにある」と述べる（木岡 2007, 25）[5)]。語りが拓く空間は、地理空間ではない。時間と空間の客観的な規定をいったん置いておく（小倉 2015）[6)]。それによって自己の見当識が揺さぶられることすらある。目前の人の語りに没入しているとき、自分が今どこにいるかわからなくなるということもある。これは何も特殊な状況の話ではなく、子どもたちが時間の経つのも忘れて遊びに夢中になっているときに生じていることである。自分を忘れ、自己から離れる契機は、遊びの場に生じる基本の動きである。その果てに立ち上がってくる風景こそ、私たちの体験の素地を支えるものだろう。

8. むすびに

新型コロナ感染状況もいくらか小康状態となったこの秋、アファナシエフのコンサートがフェニックスホールであるというので、出かけた。印象に残るコンサートであった。バッハの平均律クラヴィーア曲集をメインとするプログラムであった。コンサート・リーフレットに、アファナシエフの「バッハに寄せて」という文章が掲載されていた。その冒頭は「一枚の白紙だけがあなたの音楽を表すことができる。それはすべてを包含しているものだから。シェイクスピアの一編のソネットも、ウェーベルンの一曲のカンタータも……」と始まる[7)]。

アファナシエフは、音楽する哲学者とよく評されるように、その演奏会はピアノコンサートに接するというものではなく、今から一つのパフォーマンスが始まるという体験である。バッハの楽譜を丁寧に見ながら全身で一音一音を紡ぎだしていく。何かがそこから始まる。新しい音楽が今立ち上がるという時間だった。実際、これはいったいバッハなのか、誰の曲なのかわからなくなる。このような瞬間が何度かあった。

意味を生む以前の空間、それは根本的に言葉を排除するものだ。「白紙」と言い表そう。意味化以前の白紙の場所において、生み出される音の力を通して、新たに世界がそこに作り出される。一方でまた、音楽や絵画に限らず何かのアートが誕生するときたえず繰り返される何かがある。たまにその何かに触れることがある。この何かは主観と客観といった判断を超えた永遠のものかもしれない。体験のなかには、体験することそれ自体を可能にする超越的なものが介在している。その反復に触れるときに、スピリチュアルな得難い幸福を感じる。

注

1) 内藤礼が語るアートにおける無意識の重要性「生きていることそのものであるように」参照。https://bijutsutecho.com/magazine/interview/promotion/24711/pictures/1 (美術手帖 Web 版、2021 年 11 月 13 日取得)

2) ヴィゴツキーの心理学について、筆者はその意味論、内言論を臨床心理学の文脈から位置づける試みを行ってきている。森岡正芳 2009：「ヴィゴツキーと精神分析：その内在的理解に向けて」『ヴィゴツキー学』10、7-16；Morioka, M. 2011. “The Cosmology of Inner Speech: Jung and Vygotsky,” Chapter 5, in Jones, R. A. & Morioka, M. (eds.), *Jungian and Dialogical Self Perspectives*. London: Palgrave/Macmillan; 森岡正芳 2018：「ヴィゴツキーと人間性心理学：perezhivanie 概念の拡張と深化」『ヴィゴツキー学』別巻 5 号、105–112.

3) 引用文の「意味」という言葉にレリヴァンス（relevance）というルビが挿入されている。また、星野裕司 2009：「親密な未知としての風景」『景観・デザイン研究講演集』4、334–343 における、未知性を風景論に展開したユニークな着想を参照した。

4) National Child Traumatic Stress Network 2006: *Psychological First Aid* 2nd edition. https://www.nctsn.org/sites/default/files/resources//pfa_field_operations_guide.pdf（2021 年 10 月 21 日閲覧）

5) アートセラピーの立場から、アートが拓く空間について論じた佐藤仁美（2013）の論考には、深い示唆を受けた。

6) E. Straus の風景空間の特徴について、風景空間に達するには、客観的規定を犠牲にし、自分自身をも危機にさらし、私自身から遮断されるといった経験の位相が求められる点について、小倉拓也（2015）の論考には深い示唆を受けた。

7) ヴァレリ・アファナシエフ「バッハに寄せて」青澤隆明訳、2021 年 11 月 18 日フェニックスホール演奏会プログラムノート。

引用文献

Bruner, J. S. 1990: *Acts of Meaning*, Cambridge: Harvard University Press.（ジェローム・ブルーナー 1999：『意味の復権』岡本夏木他（訳）、ミネルヴァ書房）。

Bruner, J. S. 2002: *Making Stories: Law, Literature, Life*, Cambridge: Harvard University Press.（ジェローム・ブルーナー 2007：『ストーリーの心理学：法・文学・生をむすぶ』岡本夏木他（訳）、ミネルヴァ書房）。

Jung, C. G. 1963: *Memories, Dreams, Reflections*, co-written with Aniela Jaffé, NY: Pantheon Books.（カール・グスタフ・ユング 1973：『ユング自伝：思い出・夢・思想』河合隼雄他（訳）、みすず書房）。

Gendlin, E. T. 1986: *Let your body interpret your dreams*, Illinois: Chiron.（ユージン・ジェンドリン 1998：『夢とフォーカシング—からだによる夢解釈』村山正治（訳）、福村出版）。

Merleau-Ponty, M. 1969: *La Prose du monde*, Paris: Gallimard.（モーリス・メルロ＝ポンティ 1979：『世界の散文』滝浦静雄／木田元（訳）、みすず書房）。

Oury, J. 2005: *Le Collectif: Le Séminaire de Sainte-Anne*, Nimes: Champ Social.（ジャン・ウリ 2017：『コレクティフ』多賀茂他（訳）、月曜社）。

Stern, D. B. 2003: *Unformulated Experience: From Dissociation to Imagination in Psychoanalysis,* NY: Analytic Press.（ドーネル・スターン 2003：『精神分析にお

ける未構成の経験：解離から想像力へ』一丸藤太郎／小松貴弘（訳）、誠信書房）。
Straus, E. 1956: *Vom Sinn der Sinne. Zweite Auflage*. Berlin: Springer. (Straus, E. 1963: *The Primary World of Senses: A Vindication of Sensory Experience*, translated by Needleman, J. London: Free Press.)
Vygotsky, L. S. (1934/1987): Thinking and Speech. *The Collected Works of L.S. Vygotsky* (vol. 1), NY: Plenum. Original work published in 1934.（レフ・セミョノヴィチ・ヴィゴツキー 1962：『思考と言語』柴田義松（訳）、明治図書）。
Winnicott, D. W. 1986: *Holding and Interpretation: Fragment of an Analysis*, NY: Grove Press.（ドナルト・ウイニコット 1989：『抱えることと解釈：精神分析治療の記録』北山修（監訳）、岩崎学術出版社）。

大嶋仁 1990：『精神分析の都』福武書店。
小倉拓也 2015：「担われなければならない肉：故メルロ＝ポンティへの老ドゥルーズの最後の一瞥をめぐって」『メルロ＝ポンティ研究』19、31–44。
木岡伸夫 2007：『風景の論理　沈黙から語りへ』世界思想社。
木村敏 2001：「他者の主体性の問題」木村敏著作集２『時間と他者／アンテ・フェストゥム論』弘文堂、299–332。
木村敏 2005：『あいだ』筑摩書房。
片井修 2012：「共創のライプニッツ時空」『計測と制御』51/11、1023–1028。
現代歌人協会編 2020：『二〇二〇年コロナ禍歌集』現代歌人協会。
佐藤仁美 2013：「E. Munch の愛した空間：愛と苦悩」『放送大学研究年報』31、17–26。
中井久夫 1971（初出）：「描画を通してみた精神障害者：とくに精神分裂病における心理的空間の構造」『芸術療法』3、37–52。（中井久夫著作集１『分裂病』岩崎学術出版社、1984、47–82 に再録。）
森岡正芳（編）2015：『臨床ナラティヴアプローチ』ミネルヴァ書房。
森岡正芳 2017：「希望を生む協働」山中康裕他（編）『揺れるたましいの深層：こころとからだの臨床学』創元社、43–56。

The Regeneration of Space of Landscape:
Where Experiencing is Maintained

by MORIOKA Masayoshi

The crisis of the Corona disaster shakes the way our minds make sense of events as experiences. This study focuses on the transformation of the quality of our spatial experiences during the Corona disaster, showing that it affects the way people form the basis of their experiences, and explores pathways to recovery. As a clue, we focus on the concept of "Landschaftlicher/Space of Landscape," proposed by psychopathologist Erwin Straus, and examine the characteristics of this space. Space of Landscape is a unique space with sensory experiences that overlap with, but are not reducible to, perceptually perceived geographic space. In contrast to geographic space, which is measurable, Space of Landscape is a variable space that is constructed at any moment according to the way we are and the way we interact with the world. In this study, the characteristics of this space are discussed with reference to some classical theories in clinical psychology such as Nakai Hisao's distinction between projective space and constructive space, the dynamic relationship between intimacy and unfamiliarity in Kimura Bin's theory of *Aida*, and Vygotsky's theorization on the formation of the field of sense. In conclusion, two points are drawn: 1) Space of Landscape supports the foundation of people's experience of events themselves, and 2) the practice of talking between people who are beside each other cultivates and maintains the Space of Landscape. In addition, it is suggested that there is something transcendental, or spiritual, intervening and recurring in the experience, which makes the experience itself possible.

〈論文〉

美しい時が舞う

――ある急性白血病患者が生きた時間――

岸本 寛史

1. 学際的研究の光と影

日頃お世話になっている研究仲間から本誌への投稿のお誘いをいただいた。「『死生学年報』へのご投稿のお願い」によると、「日本における「死生学」は、語源としては「死の学問」を意味する英語のthanatologyとは異なり、不可避の死によって規定される生、死によって新たに意味づけられる生の在り方をも含意する点で、人の生き死にの両方を視野に入れて考察する学問」であるとされている。そのため、本誌に投稿している執筆者の背景は、宗教、哲学、教育、社会、医療など広範に及んでいて、豊かな知見を産出しているが、一方で、学問的基盤も方法論も用語の使い方も多岐にわたっている。学問的基盤や方法論の統一は、死生学というテーマの性質上、難しいと思われるし、むしろ統一するべきではないだろう。しかし、学問的な背景や伝統が異なるという意識がないと、思わぬ誤解や齟齬が生じてしまう危険もある。

筆者は一内科医であり、本稿における論考は筆者自身の実践に基づくものであるが、上記のリスクを減らすため、最初に筆者自身の学問的背景と方法論について述べておきたい。ある医学関係の学会で本稿に示すような形式で事例を発表した際、医師から強い批判を受けたこともあったので、私の背景と基盤をある程度理解していただいた上で、事例をお読みいただきたいと考え、私的なことにも言及することをご了承いただければと思う。(以下「私」という言葉を使うこともお許しいただきたい)。

2. 2種類の話の聞き方

私は医師であり、医学を学び、それを基に臨床実践をしている。しかし私にはもう一つの柱がある。臨床心理学である。この二つの柱を同時に持つということは実はかなり難しい。例えば、患者が「胸が痛い」と言ったとする。医師は何のためらいもなく、どこがどのように痛むのか、いつから痛いのか、どのくらい痛みは続くのか、痛みは1日に何回くらい生じ、回数は増えているのか、動いた後に痛みが強くなるかなどなど、一連のことを聞いて、その痛みが何の痛みであるかの見当をつけようとする。しかし、心理臨床家であれば、「胸が痛いです」と言われてもそのまま聞き続けるだろう。すると、たとえば、「食事の準備をしていると胸が痛くなるんです。最近主人の帰りが遅くて……」とご主人の話に移ったりする。それもそのまま聞いていると、父親の話になり、父親がアルコール依存症で、自分が幼い時によく叩かれて怖い思いをしたということが語られたりする（これは実際に私が経験した患者の例である)。こうして、胸の痛みの背景に、ご主人に対する思い、ひいては父親から叩かれた記憶があることが見えてきたりする。不思議なもので、そのように語られた後、患者は胸がスッキリしましたと言われ、心電図などでも異常が認められなかったため、また胸が痛くなるようなら来院するようにと伝えて診察を終了した。

医師も心理臨床家も話を聞いている。しかし、その聞き方は相当異なる。大雑把な分け方ではあるが、先に挙げた例のうち、前者の聞き方を情報聴取型、後者を受容型と区別するなら、医師は前者についてはかなり訓練されているが、後者については、その重要性を否定する者はいないだろうが、実践しているかとなるとかなり怪しい。医師が受容型の聴き方を取り入れようとすると狭心症を見落とすことになりかねない。かといって、情報聴取型で聞いていると、患者は思うことを言えなくなったりする。そして医師の多くは自分がどのような聞き方をしているかには意識が向いていない。受容型の聞き方を磨くには意識的に訓練をする必要があるが、多くの場合、ただ良心的に話を聞けばよいと思っているようにみえる。

3. 語りに基づく事例研究

私は医学部3回生の時、臨床心理学と出会った。大きな転機となったのは河合隼雄の『明恵　夢を生きる』を読んだことであり、その直後から、夢が溢れてきた。一晩に5つも6つも夢を見るということが続いたので書き留めるようになった（学生時代に書き留めた夢は約700に及んだ）。そして4回生の時、医学部で始まった自主研修というカリキュラムを利用して、京都大学教育学部の臨床心理学の大学院（河合隼雄教授、山中康裕助教授）の下で3ヶ月間研修を受けることができた。その際、臨床心理学で行われている事例研究という方法論を学んだ。その基盤には、カウンセリング（週1回50分という枠組みで行われることが多い）の中で語られた言葉を、聞き手の記憶に基づいて作成された逐語録がある。カウンセリングが半年続くだけでも記録は膨大な量になるが、これを1時間ほどで発表できる資料にまとめ直して配布し、発表者が1時間ほどかけて読み上げ、さらに1～2時間かけて検討するというものであった。

臨床心理で行われている事例研究は医学のそれとは全く異なっていて、私は衝撃を受けた。医学における事例研究は、現病歴、患者の身体所見、検査所見、診断と治療などが簡潔に提示されるが、そこに患者の主観的側面が記載されることはまずない。疾患はイメージできても、その疾患を病む患者の姿はまるで見えてこないのである。これに対し、臨床心理の事例研究（以後、医学における事例研究と区別するため、本稿ではNBCS［narrative based case study 語りに基づく事例研究］と略記する）では、悩みや問題を抱え、苦悩する一人の人間の姿が、そしてその話を聞いてなんとかしようと格闘するセラピストの姿が、参加者にもありありと思い描け、それをもとに検討がなされていた。

客観性を重視するという点から言えば、記憶に基づく逐語録というのは信頼性が劣る。テープレコーダーやビデオを用いてやりとりを記録し、それをもとに記録を作る方がよほど客観的にできる。しかし、一人の人間が苦しみや悩みを語り、それを聞き手が自分自身の心を働かせながら受け止めることでセラピーが進展していくカウンセリングの場合、客観的な記録よりも、自分が眼前のクライエントの語りをどう聞いたかという方が治療的には意味を持ってくる（客観的な記録に意味がないとは言わないがそれだけでは不十分である）。また、録画機器を使うことそのものが治療者とクライエントの関係性を変えてしまうという面もある。

実際に経験すればわかるが、メモも取らず、記憶だけに頼って後で記録に残すつもりで相手の話を必死に聞くと、聞き方も変わってくるし、記録もそれなりに残せる。心が入るのである（ただし、記録の方に意識が向き過ぎると相手は話しづらくなり本末転倒となるので、本来の目的を見失わないことが第一であるが)。そういう状態の聞き手に語るからこそ、カウンセリングも進む。臨床心理士は基本的にこの方法を学んでおり、NBCS は臨床心理の共通基盤となっている（公認心理師は背景もさまざまで、NBCS という方法や治療構造の本義をご存知ない方もいらっしゃるかもしれないが)。したがって、日本心理臨床学会の年次大会でも、各地で行われる臨床心理士会の研修会などでも、学派を問わず NBCS を行うことが可能なのである。

私は学生時代にこの方法と出会ったので、医師になった時から、診療を行う際、NBCS を意識して患者とのやりとりを逐語で残すようにした。駆け出しの頃は、患者の語りをカルテに書くと、余分なことは書かなくてよいと指導が入ることもあったので、カルテとは別に記録を残していた。本稿で提示する事例はこのようにして残された記録が基になっていることを知っておいていただきたい。この患者だけ特別に詳しく記録を残していたわけではない。もちろん患者によって濃淡はあるが、血液内科医として白血病の治療にあたっていた時期に受け持っていた患者については、カルテとは別にできるだけ記録を残すようにしていた（最近は緩和ケアチームとして仕事をしているので、カルテそのものを語りに基づく形式で記録し、医療スタッフの間で共有して、診療に生かすように心がけている)。

医療者以外の方には、白血病の治療がどのようなものか想像が及ばないと思うが、NBCS の形式で経過を記せばそこで患者がどのような体験をしているか、ある程度イメージしていただけると思う。ここで示す事例は、今から 25 年ほど前の事例だが、白血病の治療薬は進歩したとは言え、治療の基本的な部分に大きな変わりはないので、現在でも概ね同様の状況であると考えていただいてよい。

本稿では、ある白血病患者の治療経過を NBCS の形式で示すことで、「不可避の死によって規定される生、死によって新たに意味づけられる生の在り方」を考えてみたいと思う。事例は医学的知識がなくても理解ができるように、適宜解説を加えながら記す。また、全経過を振り返って考察するのではなく、プロセスに入りながら考えていくために、考察を交えながら事例を記載していく（なお、上記の基本姿勢と方法論については、拙著［岸本 1999、2021］で詳しく論じている)。

4. ある急性白血病患者の治療経過

1）入院から診断まで

時任舞子さん（仮名）は32歳の女性で、X年3月21日に鼻出血が止まらないことに加え、咳と痰、発熱を認め、近くの病院を受診された。肺炎が認められたため当院に紹介となり、血液検査で急性白血病が疑われ、血液内科に紹介を経て入院となった。

急性白血病と慢性白血病は全く異なる病気で治療法も異なるが、ここでは急性白血病について説明しておく。酸素を運ぶ赤血球、外敵からの防衛を司る白血球、出血部位に栓をする血小板といった血液の細胞は全て、骨の内部にある骨髄で作られる。血液の中で卵（幹細胞）から大人（赤血球、白血球、血小板）まで成熟して、大人になると血液中に流れ出る。この成熟段階の比較的初期の段階（卵、もしくはそれに近いの段階の細胞）ががん化したのが急性白血病である。がん化した細胞は大人になれないため、正常な血球が減少し、その結果としてさまざまな症状が出てくる。赤血球が減ると貧血になり息切れが生じる。白血球が減ると抵抗力がなくなって感染が生じやすくなる。血小板が減ると出血傾向が生じる。時任さんは、鼻出血や歯肉出血が止まりにくく、さらに肺炎を生じて入院となったが、それらの症状はすべて、白血病を発症し、血球が減少したことで説明できるものであった。

入院前に、外来で医長のA先生によって中心静脈ライン（CV）を挿入する処置が行われた。これは心臓近くの太い血管（上大静脈）に届くように首、もしくは鎖骨の上のあたりから点滴の管を挿入するものである。抗がん剤治療により大量の点滴を行うため、通常の末梢の点滴ではなくCVラインを確保するのである。ところが管がうまく入らなかったため末梢の点滴に頼らざるを得ない状況だった。また先の穿刺処置の後から胸痛を生じていて、挿入時に肺に損傷が及んで気胸が生じていることが懸念されたがレントゲンではその所見は認めなかった。

このような状況で、A先生から、私が担当するようにと連絡が入った。すぐに病室を訪ねたが、痛みであまり話もできる様子ではなく、挨拶と身体診察をして必要な指示を出した。しかし、20時には穿刺部から出血が始まり、他に鼻出血も認めたため呼ばれ、再び診察した。しばらく圧迫止血をすると出血は止まったので経過観察とした。

翌3月22日は朝に血圧が70台と下がり、血液中の酸素濃度も低下したため、再びレントゲンを撮ると前日にはなかった気胸が生じており、上肺野に血腫と思われる腫瘤影が認められ、胸水も溜まっていた。すぐに穿刺を行い持続吸引を行ったが、胸水は血性で、前日の穿刺処置で肺が損傷し、（白血病で血小板が少ないため）出血が止まりにくい状況で胸水が増え、血腫ができている状況であった。

このような状況で、夕方にA先生から本人と夫に急性白血病であるとの診断が伝えられ、すぐに化学療法（抗がん剤治療）が開始されることになった。時任さんの家族は夫と2歳の子供の3人暮らしで、まだ幼い子供のことが気になる様子であった。

2）病歴の想像的な読み

以上は入院から診断が伝えられるまでの病歴を医学用語の説明も加えながら述べたものである。カルテに書かれる内容も、専門用語を用いて簡潔に書かれるとはいえ、本質的にはこのような類いのものである。しかし、ここには、患者がどんな経験しているかということがごっそりと抜け落ちている。時任さんの視点からここまでの経過を記述するとしたらどのようになるだろうか。

少し前から、鼻出血や歯肉出血が自然に生じるようになった。おかしいなと思いながら、自然に出血も止まるし、様子を見ていた。ところが、咳と痰がひどくなり熱も出始めたので、さすがにこれは変だと思い、病院の受診を決意する。すると肺炎を生じているという。ますます心配な状況で総合病院に紹介された。ところが先生の様子がおかしい。血液検査の結果を見て、慌てて電話をしたりしている。そして、血液の細胞に異常が認められたので血液内科で見てもらいましょうと言われた。血液の病気といえば白血病しか思い浮かばない。死という言葉が頭をよぎる。そして生まれたばかりの子供のこと、夫の顔が浮かんできて、どんどん不安になる。そういう状況で、点滴治療が必要なので首の付け根のところから針を刺して点滴の管を入れる処置が必要だ、と説明される。状況は目まぐるしく変わる。大丈夫かしら。そして処置。でもうまく管は入らなかった。ますます不安になる。胸も痛くなってきた。立てなくなったので車椅子で病室まで連れてきてもらった。ベッドがいっぱいで、病室が開くまでは産婦人科の病棟になるという。若い先生が

図1

図2

図3

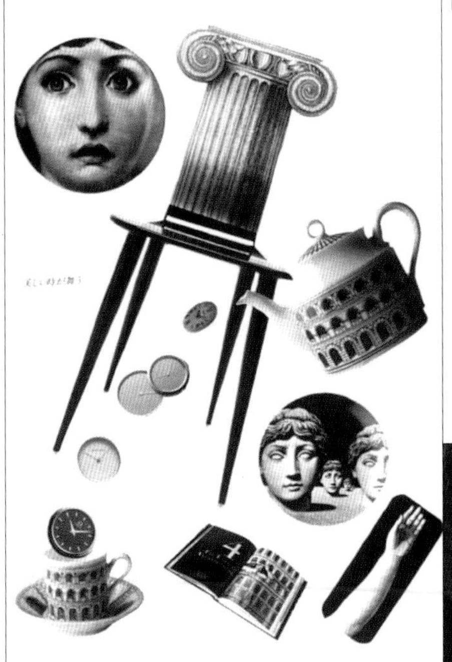

図4

来てくれた。いろいろ話したいけれど、熱も高いし、胸も痛くて話せない。挨拶だけした。夜8時過ぎ、再び鼻出血と管を刺したところから出血。本当に大丈夫かしら。遅い時間だけど、さっきの先生が見に来てくれた。圧迫止血してくれる。止まったみたい。夜もうとうとしか眠れない。朝は痛みで目が覚めた。息も苦しい。やっぱり心配。レントゲンで気胸ができていて、血腫もあって、水も溜まっていると説明があった。管を入れてもらって胸水を抜くという……。

時任さん自身の視点からは、およそこんなふうに感じておられたのではないかと想像して言葉にしてみたものである。客観的な病歴記載と、このような当事者の主観的観点からの記載と、同一の現象を記述したものとは思えないほどの懸隔がある。近代西洋医学は客観性を重視することで長足の進歩を遂げた。現在われわれが行っている医療は客観的な科学的医療にその基盤を置いている。しかし、客観性を重視するということは、言い方を変えれば第三者的に、外から現象を見るということであり、今述べたような患者自身からの視点は盲点となる。主観を客観と同等に尊重するという態度を意識的に保っていないと、知らぬ間に視界から消えてしまう。患者が体験している主観的な側面を、客観的な近代医学を拠り所とする医療に取り入れるために、私は、ささやかであるが、カルテに患者の語りを逐語的に記すということを意識的に行うようになった。また、客観的に記述された医学的な病歴を、患者の主観的観点からはどのように体験されていたか、想像しながら読むことを心がけている。これにより、患者との治療関係を結びやすくなる。私は「病歴の想像的な読み」（岸本 2021）と呼んでいるが、客観的に記された病歴を患者の視点から眺めるためには想像力が必要になるからである。

時任さんに戻ると、このような状況で、白血病という病名が伝えられた。本節で行ったように主観的な観点から辿っておけば、その衝撃がどれほどであるか、想像に難くないだろう。そのような視点を医療者が持っていれば、患者に対する言葉の掛け方も、接し方も自ずと異なってくるだろう。

3）化学療法の開始

3月23日から化学療法が始まった。薬の投与は1週間ほど続く。前日の処置で胸水はほぼ消失し、痛みも鎮痛薬で軽減してきているようだった。3月30日の21時に鼻出血止まらず病棟からコールあり。この日は土曜日であったが、圧迫止血をしても出血が止まらないため、耳鼻科の当番医に連絡して処置を依頼。レーザーで止血を行ってもらった。また翌3月31日には血小板輸血中にアレルギーが出現し、処置をした。抗がん剤治療により血小板は一時的に激減し、輸血に頼らなければならない時期があるので、出血は想定内であったが、血小板輸血に対するアレルギー反応も見られ、より慎重な対応が求められる状況であった。

このような中、4月1日に、自発的に次のような話をされた。「入院してしばらくはいろいろ夢を見た。たくさん寝言を言っていたかもしれない。私が入院してしまったので家族（夫と子供）や友人が、あれはどこ、などものの場所を聞きにくるという夢。咳が出る。胸の痛みは咳のときだけ」。4月5日には性器出血が始まり、婦人科の先生に相談して、女性ホルモン剤の内服薬で止血を図ることにした。4月8日には再び夢の話をされる。「昨日はいい夢を見たので気分がいい。友達とお花見に行く夢。学生時代の（同姓の）友達がたくさんやって来て、みんなでわいわいやっていた」。「無菌室から出られないので夢の中で花見に行かれたわけですね」と言うと、「そうそう」と。

抗がん剤治療は1コースに約1ヶ月を要する。抗がん剤治療後1週間ほどすると白血球、血小板が激減する。白血球が減ってきたら無菌室で過ごすことになる。そして抗がん剤投与から2週間を過ぎると血球は回復し始め、4週間後にはほぼ元に回復する。この時、抗がん剤が奏功して寛解に入れば、白血病細胞は激減し、正常の血球のみが回復してくる。ただ、1回の治療だけでは、そのまま何もしないとすぐに白血病細胞も増えてくるので、薬を変えながら治療を継続して行う。時任さんの治療を行っていた当時は、寛解導入療法後、地固め療法と呼ばれる化学療法を4コース行うことが標準的であった。寛解導入療法から地固め療法が終わるまで順調に治療が進んで約半年を要することになる。その後は維持強化療法として2、3ヶ月に一度の割合で2年から5年治療を行い、5年経たないと治癒と判定することは難しいという時代だった（現在は、治療は病型により細分化され、治療期間も短縮されている）。時任さんは、4月10日には白血球が回復して無菌解除となり、4月18日におよそひと月ぶりに自宅に外泊された。初回寛解導入療法は奏功し、寛解状態となった。

4）入院後の夢

夢は医療者には盲点となっているが、多くのがん患者が夢を見て様々な体験をしている。私自身は、先に述べたように、臨床心理学に関心を持つきっかけが夢であり、自分自身も学生時代に多くの夢を見たので、夢には注目していた。最近の脳科学的研究によれば、夢見を駆動するのは感情であるという（Solms 2021）。したがって、夢が自発的に語られたときには、深いところで感情が動いているのではないかと察して話を伺っていくのである。夢をどう聞けばよいかと戸惑われることもあるが、悪夢を繰り返し見て大変な思いをされているとき、患者はその経験を一人で抱えるよりも、誰かに聞いてもらえるだけでも気持ちが楽になる。夢での経験は存在論的重みという点では覚醒時の経験と何ら変わることはないのだから、現実の話を聞くときと同じような配慮を持って、そこで体験されたことを聞けばよい。

5）実のなる木

4月23日から2コース目の化学療法が開始となる。一時期吐き気も強くなったが、4月29日には吐き気も収まり調子が良くなってきた。そこで、以下のようにバウムテスト（実のなる木を描いてもらう方法）に誘った（以下、＜　＞内は筆者の言葉）。

＜絵を描くのは嫌い？＞「別に嫌いという訳ではないけれど。こう見えても高校のときは選択科目で美術を選択したんだから。でもすごくセンスがいい子がいて、自分には才能がないと思った」。＜実のなる木の絵を描いてみない？＞「実のなる木？えー、どうしようかな」。＜他にすることがある訳じゃないからいいじゃないですか＞。「それはそうだけど」。

5月3日には「この前言っていた木の絵ができたよ」と言って渡してくれた（33頁、図1）。黄色と緑色が鮮やかな印象を残すバナナの木であった。なお、私は、バウムは心理テストとしてというよりも、コミュニケーションの媒体としてお願いしていた。元気そうに見える人でも、木の絵を描いてもらうと、葉と実が全て落ちたような守りの薄い裸木だったり、今にも倒れそうな木だったりして、言葉や外見からは窺い知ることのできないもう一つの姿を見せてくださることがある。かと思うと、外見からは想像できないようなしっかりした木が描かれて、その後の治療の支えとなることもある。基本的には、解釈をするよりも、描かれたイメージを私の心に持ち続けるというスタンスでお願いしていた。このバナナの木は形態的にはしっかりと書かれており、黄色と緑の色鮮やかさが印象に残った。ユングは、緑は聖霊の色であり、生命の色、多産の色、再生の色である、と述べている（Jung 1956, 395; ユング 2000, 47）。5月10日に無菌解除となり、5月15日には外泊された。

6）表現の開花

5月20日から3コース目の化学療法。個室に移るまでは、同室者の話し声や咳などが気になり、夫も「精神的に不安定になっているようです」と相談に来られたこともあったが、個室（無菌室）に移ってからは少し落ち着かれ、表情も和らいで元気が出てきた。風景構成法（山中 1984）という描画法に誘うと、ためらいながらも興味深く取り組まれ、絵を完成させた（風景構成法とは、川、山、田んぼ、道など10個のアイテムを、告げた順番に描いて風景を作ってもらうという方法で、中井久夫の創案による）。これが呼び水となったかどうかは聞いてないのでわからないが、この後から手芸をしたり、折り紙で花を作ったり、段ボールを切って魚が水中で泳いでいるところを作る（33頁、図2）など、意欲的に作り始められた。コラージュという方法もあるよ、と伝えると、その数日後、「先生に言われて、そういうのもあるんだって思ってぜひやってみようと。イメージは前からあったんだけど、貼ってみると案外思ったものと違う。もう少しセンスがいいものを作りたかったんだけど。でも切るのって気持ちいい。雑誌見ながらこういうのいいなって思ったら切り抜きして貯めるようになった」とイメージを温めておられるようだった。

私が白血病患者の治療に携わっていた時、抗がん剤治療中に、体調がよければ、ジグソーパズルをしたり、クロスワードパズル、ビーズ細工、折り紙などに取り組んだりされる姿を何度も目にした。小片をつなぎ合わせて一つのものを作り上げるというところに、病気でバラバラになった心を無意識的に繋ぎ合わせて一つにしていくという治療的な意味もあるのではないかと思いながら見守っていた。

これまで治療は順調であったが、8月8日、4コース目の治療の効果判定のために行った骨髄検査では白血病細胞と思われる気になる細胞が散見されたので8月14日からの5コース目の化学療法は通常の治療よりも強力な治療を行った。8月15日には妹さんと白血球の型が合致していることがわかり、骨髄移植が最善の治療と判断される状況になった。

7）溢れる語り

8月22日は、自然と語りが溢れてきた。「コラージュを昨日やってみたけど、気持ち悪くなってやめちゃった。切ったり、配置を考えたりしていると、時間の経つのも忘れて、はまってしまって」。<夢は？>「見るけど忘れちゃう。入院したとき嫌な夢を何回も見た。妖怪や怪物、天国地獄の人がいっぱい私の周りにいて、棺桶とか天国行きの切符とかいろいろなものをセールスにくるの。手とか出したり、笑ったり踊ったり、すごく不気味。私はそんなもの要らない、生きるんだって両手でもがきながら目が覚める、ということが何度か繰り返しあった。もしあのとき切符を買ったりしていたらあのままあっちへ行っていたかもね。でも今はこうして元気になったし、私頑張る。そういえば、地下鉄サリンの時も夢を見た。明け方、電車の中で何か毒ガスのようなものがまかれてバタバタと人が倒れてゆく。私も気持ちが悪くなって目が覚めた。それで、私は予知能力があるのかなあって。今回のことも、私はいつか大病を患うかもしれないって友達とかに言ってた。生き急いでいるみたいだよとよく言われたけど、若いうちに病気になるかもしれないからと言っていたら本当にこんなことになって……。悪い予感は当たるから嫌になっちゃう」。<僕も野球とかバレーとか応援している方がいつも負ける>。「そうそう。私もそうだった。でもこの前、高校野球の決勝戦では珍しく応援している方が勝った」。<劇的な勝ち方だったよね>。「うん。私は今回は再発？」<寛解は寛解だけど気になる細胞がパラパラあるので強い治療をやった>。「今回は吐き気がきつくて、その時はもう死んでもいいと思ったけど、元気になるとやっぱり生きたいって。妹の元気を分けてよって前から思っていたけど、本当に妹から元気をもらうことになった。妹には痛い思いをさせるけどね。私の病気は移植した方がいいんでしょう」。<ええ、長い目で見ると点滴だけでは心もとないというか移植をやった方がよいと思う>。「頑張りますからよろしくお願いします」。

入院して発病の衝撃が少し和らいできたとき、あるいは病状の悪化を予感して死の影がちらつき始めたとき、溢れるように語られる時期を経ることが多いことに気づき、私はこれを物語水準の語りと呼んだ（岸本 1999、2020）。この時期、寛解は保たれているとはいえ、白血病細胞が散見されるようになり、治療も強化したことから病状の悪化を察知されたことが、語りの水準の変化の背景にあったと思われる。骨髄移植が可能であると明らかになったことも後押ししただろう。

また入院直後に「嫌な夢」を何度も見たことが語られた。夢については時々聞いていたが、このような「嫌な夢」について語られることは一切なかったので、驚いた。嫌な夢は口にすることさえ怖くてできなかったのではないかと思った。ここに至ってようやく「嫌な夢」も語れるほど距離が取れるようになったのだろう。

地下鉄サリン事件の時に見た夢にも驚いたが、このような現象をユングは共時性として論じていたので、素直に聞くことができた。この種の語りを受け取る理論的枠組みを持っていないと、偽の因果関係に囚われて足元を掬われることになりかねないので、ユングの「共時性」という概念は助けになった。

8）骨髄移植にむけて

9 月 11 日に外泊に行かれた際、子供さんの七五三をされたとのこと。9 月 17 日の骨髄検査は寛解を保てなくなっていて（今までの中で一番悪い状態)、9 月 18 日から治療メニューを変更して 6 コース目の化学療法を行った。9 月 19 日には A 先生より、本人と夫、妹、母親に、骨髄の状態は完全ではなく、11 月ごろに骨髄移植を予定して、それまでの間にできるだけ良い状態に持ち込みたいと説明がなされた。

10 月に移植を予定していた患者の容体が変わり、中止となったため、時任さんの移植を 10 月末に行うこととなり、10 月 8 日に本人に説明した。「移植はいずれやるものと思っていたからそれはいいんだけど、もうちょっと先だと思っていたから、びっくりした。でも頑張ります」と。夫とドナーの妹さんに対しては A 先生から、病勢が増しているため病状が厳しく、このままだと年を越せる確率は 1 割以下、骨髄移植は非寛解状態で行うためリスクが高い旨、説明がなされた。

10 月 9 日、移植に備え個室へ移ったが、理由もなくただ涙が流れてくると。10 月 10 日、「今日は子供の運動会なんだ。いけなかったけど、ビデオに撮ってきてくれるから」。10月11日、「昨日、運動会のビデオを見ようとしたら、前にとっていた参観会のビデオに録画して消しちゃっていた。ちょっとショックが大きかった」と元気がない。

10月13日、昔の写真を眺めている。「向こうの部屋に持って行こうと思って、一番楽しかったときの写真を用意して、またこういうふうにどこかに行ったりしたいと思ったら頑張れる気がして……。突然移植が決まって最初は驚いたけれど今は落ち着いた。頑張ろうと思うけど体が大変になっちゃうと落ち込んでしまうかも」。夜には「家から松茸入り栗ご飯を持って来てくれてとてもおいしかった。昨日、子供と電話で話をしてまたうるうるしてしまった」。

10月16日から移植に備えCVラインを確保したが、1、2日で穿刺部から出血が始まって抜去せざるを得ないということが繰り返されたため、CVラインの確保を断念した。

骨髄移植は、放射線の全身照射と大量の抗がん剤投与（これを前処置という）により白血病細胞の根絶を目指す治療だが、正常の血球細胞もダメージを受けるため、それを移植によって補う。移植当日はドナーから採取した骨髄液を点滴し、移植した細胞が定着して増えてくる3～4週間の間は無菌室で過ごす。その後も、感染症やGVHD（graft-versus-host disease）と呼ばれる合併症の危険があるため、順調にいっても退院までに3ヶ月くらいはかかる。GVHDとは拒絶反応の反対の反応である。拒絶反応を担うリンパ球（白血球の一種）も骨髄移植ではゼロになるため、拒絶反応は生じないが、移植されたリンパ球がホストの体を異物と見做して攻撃をしてしまう。これがGVHDである。GVHDが激しくなると命に関わることもある。移植に際して白血球の型を適合させる必要があるのもこのためである。

9）美しい時が舞う

10月22日から放射線の全身照射が始まった。首のCVライン刺入部に血腫ができて痛みがあり。「こんなんで大丈夫かなあ。頑張る気力だけはあるのに」と不安げ。「無菌食は高熱処理でくたくたになってて離乳食みたいだったけど、うどんはおいしくて全部食べちゃった。熱処理をしているので少し塩っぱかったけど結構食べれそう。寝ると首が痛い。……最初からつまずいてしまい、ちゃんと（移植が）できるか心配」と。抗がん剤投与は10

月 27 日で終了。嘔気と下痢でぐったりしている。

10 月 31 日に骨髄移植を施行した。食事も、主食を 3 割、副食を 7 割程度は食べることができた。移植期間中は嘔気、咽頭痛、出血傾向を認め、ぐったりしている日が続くが、なんとか食事は食べられていた。11 月 24 日には血球も回復して生着を確認した。

12 月 9 日に肝障害が出現し、急性 GVHD と診断してステロイド剤を調整、下痢と腹部痛はあるが、食欲はあって食事もなんとか食べられていた。

12 月 12 日、前夜、泣いていたのが気になり、＜どうかした？＞と問うと、「旦那に負担をかけていると思うと涙が出てきて……。子供も最近また夜泣きをするようになって、突然むくっと起き上がって、お母さん、行かないで、僕をおいて行かないで、と叫ぶんだって。もう長いから慣れていたかと思っていたのに。それを聞いたらまた悲しくなっちゃって」と家族への想いを語られた。

12 月 16 日は、腹痛も吐き気も治まり、全体的に元気になってきた。子供さんにクリスマスカードを作ると張り切っている。GVHD は少しずつ鎮静化してきている。

そして、12 月 17 日に「先生できたよ」と 2 枚の作品を手渡してくれた (34 頁、図 3､4)。見るとコラージュであった。「久しぶりに作ったら疲れた。イメージは前からずっとあった」とのこと。コラージュを勧めたのは半年以上前のことであり、私はすっかり忘れていたが、時任さんはイメージを温め続け、雑誌などでこれはと思うイメージがあると切り抜いて貯めていたとのことだった。一枚（図 3）はティーポットからカップに注がれている雫が時計になっていて、「美しい時が舞う」という言葉も、雑誌で見つけて切り抜いておいたのを使われたと。背もたれが古代ギリシャ建築の柱のようにデコレートされた椅子が紙面の中央にやや右に傾いて置かれているが、全体に浮遊感が感じられる。もう一枚（図 4）は背景に水彩で薄い青色で彩飾して雲（あるいは水流）のような感じに仕上げ、左上の花と、列をなして泳いでいるたくさんの魚、背を向けて座っている猫、貝殻などは全て切り抜いて貼ってある。空中か海中かはわからないが、魚の流れを猫が見守っている。魚の流れが生命の流れを表しているかのように感じられ印象に残った。コラージュは素材を切り抜いて配置をするため、大きさがバラバラとなり、全体として調和を保つことは至難の業だが、時任さんの作品はいずれも非常に調和の取れた作品に仕上がっていた。私の恩師の山中康裕先生（精神科医で臨床心理士）はティーポットに注がれる時計も、群れをなして泳いでいる魚たちも、「私には血球の流れに見えますね」とコメントされた。だとすると、彼女は深いところで自分の病気のこともしっかりと見つめていたのではないだろうか。この2日後に報告された夢（後述）を聞くと、ますますそう思えてくる。

12月19日に訪室すると今にも泣き出しそうな表情でこう言われた。「今日は嫌な夢を見て泣いて目が覚めた。先生が出て来たの。一番言われたくないことを言われて悲しくなって。どこかで心配しているんだなって。……先生にね、ちょっと話があるって呼ばれて、悪い細胞が出て来ているからもう手の施しようがないと言われて、ショックで涙が出て目が覚めた。正夢になると嫌だから今日は誰かに言おうと思っていた。昨日は便が3回出て、そのうち1回が下痢だった。痛みは時々おなかが動く感じがあるくらいでそれほど気にならなくなった」。移植後の経過は急性GVHDを発症した他は順調で、再発の兆候も見られていなかったので、私は、大丈夫だと思うよ、と時任さんを励ました。

10）日の出

12月31日は、訪室するとフェルトでバスケットを作っているところだった。「調子はいい。今年は大変お世話になりました。先生がいてくれたからここまでこられたと思う。移植のときも管の所が腫れちゃって大変で、手からの点滴だけで、目で見てもどこに血管があるかもわからないのに、よく入ったと思う。他の先生ではだめなんだよね。ほとんど先生が入れてくれたでしょう。入院して来たとき、A先生と一緒に診る先生がちょうど先生しかいなくて、先生に主治医をやってもらうことになってよかった。A先生は物事をはっきりずばずばと言う方だから、そういうのが好きな人はいいかもしれないけど、すごく心を傷つけられる場合もあるんだよね。最初のうちはA先生と話すといつも悲しくなって泣いていた。最近はもう慣れたけど。移植は大変だったし、これからまだ不安はあるけれどよろしくお願いします」。

X＋1年1月1日。「明けましておめでとうございます。今年も宜しくお願いします。先生はお休みないの」。＜明日からお休みをいただきます＞。

「調子はいい。少し吐き気はあるけれど食事も食べられるし、下痢もない。今日は初日の出を見てきた。病院の南東側のロビーの窓から日の出がちょうど見れるのよ。知ってた？夕日は赤いけど、朝日は黄色というか辺り一面が明るくなってきて、なんとも言えない気持ち。でも日の出は7時くらいなんだよね。思ったより遅かった。6時の検温のあと眠れなくなって、人も少ないので見に行こう、と思っていったら、車椅子やらベッドのまま見に来ている人もいてびっくりした。気持ちよかった」。こうして、1月末に退院していかれた。

私は3月末でその病院を辞し、大学病院に戻った。ゴールデンウィークの直前、所用があって病棟に電話をしたとき、看護師が、時任さんが再発して入院していると伝えてくれた。電話を転送してくれて少し話したが、「先生、入院しちゃった」と言われ、涙が止まらない様子であった。私は12月19日に彼女が見た夢の通りになってしまったと思いながら、なんとも言えない気持ちで彼女の言葉を聞いていた。数日後、再び病棟に電話したときには、すでに彼女は息を引き取られたとのことだった。

5. 死と隣り合わせの生

最後に、「不可避の死によって規定される生、死によって新たに意味づけられる生の在り方」について、時任さんの事例を通して私見を述べてみたい。時任さんは、白血病と診断された時点から、死と隣り合わせで生きてきただろう。誰にとっても死が不可避である以上、すべての人生が不可避の死によって規定されていると言えるが、時任さんにとっては、「死が不可避である」という厳然たる事実は、眼前に迫ったこととして、今すぐにでも自分に起こり得ることとして、強烈なリアリティを持って、背中にずっとついて回っていたことだろう。

このような状況で、時間の流れに変容が生じた。コラージュに貼り付けられていた「美しい時が舞う」というフレーズは、彼女が体験していた時間の特徴を見事に表している。時間を論じるとき、直線的時間や円環的時間についてはよく論じられるが、ダンスするものとして思い描くことがあるだろうか。このコラージュが示すような、浮遊する時間、突如として湧き出る時間(ティーポットからの流れ)、弾ける時間、錯綜する時間を思い描けるだろうか。地下鉄サリン事件の時に見た夢も、このような突如として湧き出る、あるいは別空間から混入してくる時間の体験と見ることはできないだろうか。移植後に私が彼女の夢に現れて、もう手の施しようがないと告げたことも。このように錯綜する時間の流れの中に「美しい時」の「舞」を見出したことが、彼女にとって「新たに意味づけられる生の在り方」(の一面)を表しているのではないだろうか。時は舞う。そのことを彼女は私に教えてくれた。

文 献

Jung, C.G. 1956/1970: *Mysterium Coniunctionis: An Inquiry into the Separation and Synthesis of Psychic Opposites in Alchemy. Collected Works of C. G. Jung vol.14.* Bollingen Foundation.(カール・グスタフ・ユング 2000:『結合の神秘II』池田紘一(訳)、人文書院)。

岸本寛史　1999:『癌と心理療法』誠信書房。

岸本寛史　2020:『がんと心理療法のこころみ』誠信書房。

岸本寛史　2021:『せん妄の緩和ケア』誠信書房。

Solms, M. 2021: *The Hidden Spring*, Norton.(マーク・ソームズ　2021:『意識はどこから生まれてくるのか』岸本寛史・佐渡忠洋(訳)、青土社)。

山中康裕編　1984:『H・NAKAI 風景構成法』岩崎学術出版社。

Beautiful Time Dances:
The Time Lived by a Leukemia Patient

by KISHIMOTO Norifumi

The purpose of this paper is to examine, "the way life is defined by inevitable death, and the way life is given new meaning by death," through the case study of a leukemia patient. The author has been practicing medicine from two perspectives: the medical perspective and the clinical psychological perspective. In medicine, it is the objective aspects of medical practice that are recorded in the medical record, but less attention is paid to the subjective aspects of the patient's experience. In contrast, clinical psychology has focused on the subjective experiences of patients, with case studies as its central methodology.

I was trained in clinical psychology case study methods before I became a medical doctor, and therefore I have been recording patients' narratives verbatim and conducting narrative-based case studies since I became a doctor. Here, I will examine the treatment process of a patient with acute leukemia. I describe the world the patient was experiencing, showing her dreams, her pictures of trees, and her collages.

In particular, the temporal dimension of the patient's experience will be examined using the patient's expressions as cues. I suggest that time does not only flow in a linear fashion or circulate, but it also dances.

〈論文〉

人体資源化の時代

香川 知晶

1. ブタ腎臓の移植実験

2021年10月末、さまざまな報道機関から、ブタの腎臓を人間に移植する実験が成功したというニュースが伝えられた[1)]。実施したのは米国ニューヨークのマンハッタンにあるニューヨーク大学ランゴン移植研究所である。研究所では拒絶反応が起こらないように遺伝子操作したブタの腎臓を作成し、それを腎機能が低下していた脳死者に移植することが試みられた。移植はブタの腎臓を脳死者の体外で血管でつなぐ方式であった。さらに移植の際には、拒絶反応が起こりにくくするために胸腺も移植された。54時間観察したところ、脳死者は正常な腎機能を回復し、拒絶反応も起こることもなかったとされる。ブタの腎臓が移植されたのは女性の脳死者だったという。彼女は脳死状態になる前に臓器提供の意思を示していたが、臓器が移植に適さなかったために提供は断念せざるをえなかった。そこにこの移植実験の話が提案され、家族が同意したので、移植が実施されたのである。報道によれば、実験終了後、生命維持装置が取り外され、女性は亡くなった。

この実験について英国のBBCのニュースは、自局のテレビ番組で移植を実施したチームの外科医ロバート・モンゴメリーが語った言葉を伝えている[2)]。モンゴメリー医師は、「私たちが確認した限り、腎臓は基本的に、ヒトの腎臓を移植したのと同様に機能した。通常のヒトの腎臓がする全てのことを、同じようにしていると思われた」と説明している。

自身も心臓移植を受けているというモンゴメリー医師は、「現在多くの人が移植を待っており、早急に臓器を確保する必要がある」ことを指摘している。しかし、「今回の移植が議論を呼ぶことも理解している」として、次のように語っている。

「誰かを生かすには誰かが死ななければならないという昔ながらの仕組みは、絶対にもたない」
「懸念はもちろん理解している。ただ私が言いたいのは、移植を待っている患者の約40%が現在、移植を受ける前に死んでいるということだ」
「私たちはブタを食べ物として使っている。医療目的で弁や薬にも使っている。移植も大きな違いはないように思う」

このBBCのニュースは、3日間ほどの実験が今回成功したからといって、ブタからの臓器移植がただちに実用化されるわけではないことにも注意を促している。技術的な困難は今なお数多く残っているのである。

さらにBBCは英国の国民保健サービス（NHS）で腎臓治療と集中治療を担当しているマリアム・コソラヴィ医師の言葉も伝えている。コソラヴィ医師は、ニューヨークでの試みに大きな関心を持っているとしながら、倫理面に関しては「単に可能だからといって、実施すべきだとはならない。コミュニティー全体で答えを出す必要がある」と述べている。

BBCのニュースに登場する医師たちの言葉には、この移植実験に含まれる多様な問題点がよく示されている。それを手がかりに、現代における死と密接にかかわる医療技術の特徴を押さえておくことも可能である。ここでは、関連する論点の幾つかを取り上げ、まとめておくことにしたい。

2. 脳死者は死んではいない

ブタ腎臓の移植実験については、報じられてすぐに米国の生命倫理研究のメッカ、ヘイスティングス・センターのオンライン・マガジンに論評が発表された。タイトルは「脳死を宣告された人は生物学的に生きている」となっていた[3)]。執筆したのはセンターの研究員でワイル・コーネル医科大学の医療倫理学教授のフランクリン・G・ミラーである。

ミラーは今回の実験が新たなタイプの臓器移植の可能性を示唆することを認める。しかし同時に、「異種移植の倫理をはじめとする多くの倫理的問題（a host of ethical issues）を引き起こす」ことも指摘する。そこで特に論評されるのは、そのタイトルからも分かるように、実験が行われた脳死者のこと、より正確に言うと「脳死（brain-dead）ないし神経学的な基準によって死亡宣告がなされ、自発呼吸ができずに人工呼吸器の助けによって病院で維持されている個人の状態」をめぐる問題であった。

ミラーはまず、移植実験を報じた『ニューヨーク・タイムズ』の記事[4]に言及している。「ニューヨークの外科医たちが、遺伝的に改変されたブタの体内で成長した腎臓を人間の患者に結びつけることに成功し、その臓器が正常に働くことを確認した。この科学的ブレイクスルーによって、やがては重篤な病気の患者に対する途方もなく巨大な臓器供給源が新たに確保されるかもしれない」。こうした言葉で記事は始まっている。そこでは、異種移植の可能性が、執刀したモンゴメリー医師のインタビューの言葉を紹介する形で述べられている。

しかしミラーが問題にするのは、そうした可能性ではなかった。ミラーによれば、この記事では最初、実験の被験者が「人工呼吸器で生かされていた（kept alive)」と書かれていたが、数日後には「人工呼吸器で維持されていた（sustained)」という語句に変更されたという。脳死者であるのに、生きているという表現はおかしいと思ったために訂正されたのであろう。しかし、ミラーは、ブタの腎臓につながれた人間の身体が完全な死体であったとすれば、実験そのものが成り立たなかったはずだと言う。たとえ遺伝子改変してあろうが、冷たい体にブタの腎臓をつないでも機能するわけはない。「言い換えると、脳死の被験者に生物学的生命が継続しているから実験が成功することも可能となるのだ」。

たしかに米国では脳死者は1970年代初頭から法律で死者とされてきた（香川 2000, 113–127)。さらに1981年の米国大統領委員会の『死の定義（*Defining Death: Medical, Legal and Ethical Issues in the Determination of Death*)』[5]から2008年の大統領評議会の『死の決定をめぐる論争（*Controversies in the Determination of Death*)』[6]に至るまで、理由の中身には大きな変化はあるものの、脳死状態は人の死と認定されてきた。日本の場合も、臓器提供が行われる場合には法的に死だとされている。

しかしこの実験から分かるように、脳死者は生物学的に死んでいるわけではない。じっさい、ミラーが言うように、この移植実験は脳死者が生きているから意味をもつはずである。そのうえ、移植実験に関する記事を見ると、脳死者は死者として扱われているとは言いがたい。その点は『ニューヨーク・タイムズ』の訂正された記事に限った話ではない。冒頭に述べたように、被験者は移植後に正常な腎機能を回復したものの、実験終了後に人工呼吸器を外されて、亡くなったのである。生きていなければ、機能を回復することも、亡くなることもないはずである。脳死者は生物学的に生きているし、社会的に死者としても扱われていない。しかし、法的には死とされている。『ニューヨーク・タイムズ』の記事はそのことに合わせて修正された。そうしなければ、実験はおぞましい生体実験とされかねないからである。

ミラーの主張は、こうした修正が端的に欺瞞だというところにある。脳死状態は生物学的な死ではない。人の死は、社会的に決められるという側面はあるにしても、本来、生物学的な事実を離れて語ることは不可能である。社会的動物であるとはいっても、動物であることを無視した社会性はありえない。にもかかわらず、法律によって脳死状態にある人を死者だと決めてしまった。すると、この記事のように、語句を修正するといった無理が生じる。それは死んではいない者を死んだことにする欺瞞から生じた無理にほかならないというのである。

ミラーはこの欺瞞の起源を「《ドナーは死体》規則（the dead donor rule)」に求めている。基本的には生きている人間から臓器摘出をすることは許されない。その点は、特に心臓のように生存に不可欠な臓器の場合を考えてみれば、明らかである。臓器移植の倫理的正当性を言うためには、臓器提供者は死んでいなければならない。そのため臓器移植には最適な、脳死と呼ばれる状態を人の死とするといった無理が生じたのである。だから、ミラーはその嘘をやめ、正直たれと言う。歴史的にも、「脳死」状態の最初の医学的記載は「超昏睡」であった（Mollaret et Gouon 1959, 3–15)。その状態は最初から人の死と受け止められていたわけではない。死体が昏睡状態に陥ることはありえない。歴史的には「脳死」という言葉は臓器移植との関連で広まることになったことが確認できる。ただし、ミラーの「脳死状態は人の死ではないと認めよ」という主張は、それゆえ「脳死からの臓器摘出は認めるべきではない」という結論を導くわけではない。採られるのはむしろ正反対の立場である[7)]。

こうしたミラーの指摘や主張は、最後の点も含め、別に目新しいものではないであろう。さんざん脳死問題を議論してきた日本では、脳死が生物学的には死であるとするのはどだい無理な話であという指摘はかつて幾度となく繰り返されてきた。ただし、そうした指摘は反復されたものの、少数意見にすぎなかった。脳死を人の死として、そこからの臓器移植を推進すべきだという意見は、日本でも多数派を形成してきた。それとともに、臓器移植が日常化している欧米先進国に比べると、脳死を死と認めないのは日本の後進性を示すものにほかならないという言説も流布されてきた。そうして、長い議論の末に、1997 年に臓器移植法（「臓器の移植に関する法律」）が成立した。この法律によって、臓器移植に係る場合という限定がついているものの、日本でも脳死は法的な死となることになった。それでようやく臓器移植後進国日本も、遅れを取り戻したと言われたりもした。冒頭に引いたモンゴメリー医師の言う「誰かを生かすには誰かが死ななければならないという昔ながらの仕組み」が日本にも公式に導入されたのである。

米国などでは、1970 年代から脳死を人の死とする法律を作り、臓器移植を進めてきた。その動きは日本に 30 年近く先んじていた。しかし、そうして長年、脳死を死とする形でやってくることで臓器移植先進国では逆に、1990 年代に入るあたりから脳死を人の死とすることの無理が指摘されるようになる。脳死は人の死であるというのは生物学的事実を無視したもので、「デッド・ドナー・ルール」を背景にする欺瞞だとする議論が出てくるのである。上に触れた 2008 年の大統領評議会の報告書もそうした《脳死＝人の死》否定論の流れを受けて出されたものであった。そこでは、結論的には従来の立場が維持されることにはなったものの、「脳死（brain death)」という言葉は不適切だとされ、「全脳不全（total brain failure)」と言い換えるようにという提案が出されている。

そうした米国などでの最近の論点は、遅れたとされていた日本では昔から聞き飽きるほど繰り返されていたものがほとんどであると言える。脳死をめぐって遅れていたとされた日本がじつは議論では先頭を切っていたわけである。その日本は法律を作ることによって、皮肉にも遅れているという定位置を再度確保したわけである（香川 2021, 261–288)。

ともかく、ミラーの論評はブタ臓器移植実験が臓器移植の基本的前提の問い直しに直結する可能性を示している。脳死を人の死でないとすると、脳死臓器移植は死んでいない人から臓器を取り出すことになる。しかし、すでに触れたように、ミラーたちの立場は、だから臓器移植は断念すべきだという主張にはならない。脳死状態は人の死ではないけれども、その状態から臓器を取り出しても構わない。むしろ他者の救命につながるのだから、そこからの臓器摘出は善なのである。そう認めることが、脳死状態をめぐる事実に即した正直な立場だというのである。こうして、ミラーたちの議論は現代医療における人体の資源化という問題を顕在化させることになる。

3. 知識のパッケージ化の下での人体の資源化

ミラーの脳死をめぐる指摘からすると、脳死臓器移植が社会的に定着してきたのは欺瞞を介してのことだということになる。それを可能にしたのは、脳死を人の死とする法律にほかならない。山口裕之が指摘するように、「倫理は、感情から始まって法律で終わる、と言ってもよい」ところがある（山口 2016, 190）。いったん立法化されれば、本当に脳死は人の死と呼べるか否かを問わなくとも、一定の手続きを踏んだ臓器移植は正当なものとして社会的に容認できることになる。そうなると、脳死臓器移植に慎重な立場の人たちがしてきたように、脳死が人の死かという問題を懇切丁寧に議論し、それが死ではないことを指摘しても、議論は効いてこない。議論の継続はただ慣れや論争疲れを生むだけである。たとえば、早い時期に法律をつくったアメリカの場合を考えてみればよい。同じことは 1997 年の臓器移植法成立以後の日本にもあてはまる。そこに働いているのは、山崎吾郎が指摘する「知識のパッケージ化」というメカニズムである（山崎 2008, 39–57; さらに山崎 2015）。

山崎は脳死状態からの臓器提供に同意した家族への聞き取りを精力的に行ってきた。その調査結果を踏まえて指摘されるのは、脳死は人の死かどうかといった日本でかつてさんざん議論されてきた論点は、脳死からの臓器移植を家族が決断する際に大きな役割を果たしていないということであった。山崎によれば、「脳死について特段深い理解を持たなくても、また脳死がどのような人間の生体プロセスから導かれる結果なのかを詳細に知らずとも、脳死が死であることを受け入れ、決断することは可能である。そのとき、脳死が死であるか否かという、科学的な理性が厳密に問うてきた問題は不問に付されてしまう」。あるのは、法的にお墨付きを与えられている手続きを通して、正しく遂行されていく行為だけである。現在の日本では、すでに「脳死についての詳しい知識がない状態でも、何ら法的に問題がない形で、家族が……臓器提供に同意できる」のである。

ここで問題にすべきなのは、そうした行為を正当なものとして、あたかも何らの問題もないかのように受け入れさせる社会のあり方、そのメカニズムである。それが働いている場面は、脳死臓器移植の問題だけに限られない。同じことは、現代社会一般に広く見られる。というよりも、そのメカニズムは現代社会を支える機構にほかならない。社会を制度的に動かしているさまざまな制度は、その細かな内容や仕組み、さらに場合によってはそこに含まれている不確かさなどをいちいち問題にしなくとも、一定の手続きに従えば働いて、望みにそったように思わせる結果を生み出してくれる。そこに素人にはわからないブラックボックスが含まれていても、大きな問題が出てこなければ、それで十分なのである。そうした制度が私たちの便利な生活を支えている。私たちの社会には、さまざまな不可視のブラックボックスが働いている。

そうした仕組みを山崎は「知識のパッケージ化」と呼んでいる。いったんそうした知識のパッケージ化が成立すれば、臓器提供の決定は、脳死は人の死かという論点をめぐってさんざん議論されてきたような内容とはかかわりなしに下される。そうなると、上述のように、いくらパッケージの中身に関して、脳死臓器移植の問題性について本当の話をしても、効いてこない。事実は人の意見を変えられない（シャーロット 2019 を参照)。そうしたメカニズムによって、現代社会においてさまざまな体制が生成してくる。それに私たちは知らないうちに慣らされていく。気がついたときには、すっかり社会の風景が変わっているはずである。変化は個々人の意図を超えて生じるのである。

いわゆる脳死臓器移植が知識のパッケージ化を通して推し進めているのは「人体の資源化」という事態にほかならないであろう。脳死状態を人の死とすることに欺瞞性を指摘するミラーたちは、脳死状態からの臓器摘出を積極的に進めるべきだという立場をとっていた。人体はきわめて有用な資源である。役に立つ臓器、人体は有効に利用しなければならない。

特に日本の臓器移植法との関連で人体の資源化という視点を明確に指摘したのは、田中智彦である（田中 2010, 235–257)。田中によると、臓器移植法は他者への臓器の提供という無償の愛を法律的に保証することになるものだったが、「しかし他面では、『もっとも貴重な資本は人間である』という思想が、民主主義のもとでも貫徹されうることを知らしめるものでもあった」。

田中は、こうした指摘が二面性をもつ事実の一面を述べたもので、臓器提供という「善意」をひっくり返す「悪意」によるものではないことに注意を促す。システムそのものも、そしてそこから生成してくるものも、ともに善意に基づき、それを動因とするという体裁をとるはずである。ともかく、そうした注意を促したうえで田中は指摘の傍証として1997年の臓器移植法成立を受けて書かれた当時の日本移植学会理事長の言葉を引用している。そこには指摘された事柄が含む意味が端的に示されている。長いが、その文章は何度も引用するに値する。

> 「死後に自分の臓器を社会へ提供します」ということを、もう一歩進めたら、それは有用な医薬品をつくるとか、医療用材料をつくるのにも「自分の組織や細胞を使っていい」という話に展開していくことになります。[……]脳死後の臓器提供を承諾された人は「自分の身体から離れたものはもはや自分のものではなく社会に帰属する」ことを認めてくれている。つまり合意されているわけで、いまはなばなしく離陸しようとしているバイオ産業も臓器移植が実現しないかぎりは無理だったのです。[……]バイオ産業については、通産省、農水省、科学技術庁、文部省、それに厚生省の五つの省庁の大臣が「二〇一〇年のバイオ産業を年間二五兆円規模の基幹産業に育成する」という同意書を交わしています。(野本 1999, 175–176)

脳死臓器移植が法的に肯定されることによって、死体はいわば公共財となる。そうして、人体を介した有用な医薬品や医療用材料の開発などが促進可能となり、バイオ産業ははなばなしく離陸できるというのである。臓器移植法が成立した後を生きている私たちがおかれているのは、人体の資源化が政策的に推進される社会である。知識のパッケージ化によって、そのことに慣らされ、私たちの現在はある。言うまでもなく、こうしてはなばなしく離陸したバイオ産業と呼ばれるものと遺伝子改変されたブタの利用とは直結している

4. 臓器移植と「失敗する勇気」

冒頭に触れた脳死者への実験は、遺伝子改変を施したブタの腎臓を使った異種移植であった。人からの移植が日常化した現時点から見ると、異種移植は奇異な印象を与えるかもしれない。しかし、元々、臓器移植は異種移植として始まっている。

通常、臓器移植は1902年にフランスのアレクシス・カレルが血管縫合術を開発したことが出発点だったとされる（たとえばMoore 1964, 9ff.)。カレルは3本の糸で2つの血管を支えて、縫合してやる手法を考案した。これによって臓器の移植も可能となった。すぐ同年には、この血管縫合術開発にも携わったオーストリアのエムリッヒ・ウルマンがイヌの腎臓移植実験を試みている。さらに早くも1906年には、人間への移植も行われていた。フランスのマチュー・ジャブレイが患者の両肘にブタの腎臓とヤギの腎臓を移植したのである。このように、人間への臓器移植は異種移植から開始された。いずれの腎臓も壊死を起こし、3日後に摘出されている。基本的な免疫系の知識がまったくなかった時代のことである。今からすると、そこにあるのは無謀な「失敗する勇気」[8)]だけにしか見えない。

移植で初の成功例とされるのは、はるか後の1956年に出てくる。米国のハーバード大学のマレーとメリルによる一卵性双生児間での生体腎移植がそれである。一卵性双生児間であれば、拒絶反応の問題は回避できる。腎移植を受けた患者が亡くなるのは1964年で、当時としては画期的な生存年数であった。こうして臓器移植は医療化を目指して試行が続くが、その間も異種移植は断続的に行われていた。1967年末に南アフリカで行われた世界初の心臓移植は、臓器移植という医療技術を広く世間に知らしめることになった。執刀医のクリスチアーン・バーナードはその心臓移植手術を手掛けるよりも前に、25歳女性にヒヒの心臓、60歳男性にチンパンジーの心臓を移植することを試みていた。いずれの異種移植でも患者はただちに死亡している。その失敗を受けて、臓器の大きさの観点などから、バーナードは人間間の心臓移植に踏み切ったのである。

その後、1980年代に入ると、新しい免疫抑制剤の開発などによって臓器移植はようやく医療と呼べる水準に近づくことになる。それは同時に提供される臓器の不足が深刻化することをも意味した。そのため、異種移植の可能性に期待がかけられることにもなった。1980 年代後半から 90 年代にかけて積極的な移植実験も行われ、移植用のブタを開発するベンチャー企業がスイスに現われたりもした。さらに 90 年代末には、臓器移植に遺伝子改変技術の利用が加わる。しかし、異種移植は激しい拒絶反応への対応がきわめて困難であるだけではなく、ブタ内在性レトロウイルスのヒト細胞への感染といった感染症の問題も判明し、長く停滞することとなった（小林 2005を参照）。そうしたところに登場したのが、今回のブタの腎臓移植実験である。それは『ニューヨーク・タイムズ』が報じたように「科学的ブレイクスルー」となるのかもしれない。

臓器移植の展開を振り返ってみると、この技術が医療として定着するまでには一世紀近くもの時間がかかっていることがわかる。これは新たな医療技術が定着するまでに必要となる期間の典型例なのであろうか。その点はにわかには断定できない。技術によっては、よく例に出される脳のロボトミー手術のように、短期間で世界中に広まったものの、問題が多すぎて中止され、消えてしまうものも少ないだろう。逆に、体外受精・胚移植技術のように、ごく短期間で受容されたように見えるものもあるだろう。しかし、ある新技術が定着するまでにはそれなりの期間が必要なことだけは確かである。特に世代交代に長期間を要する人間を対象とする医療技術については、その厳密で正確な評価には数十年の期間では不十分であるはずである。わずかでも救命の可能性があれば賭けてみるという一種の英雄主義、冒険主義は、医療の発展には不可欠な動因であるのかもしれない。しかし、その歴史には尊い犠牲といった美辞では回収しきれない負の側面もある。ともかく医療技術の定着には、時間的な長短はあるにせよ、「失敗する勇気」による試行期間が必要となる。

問題はそうした「失敗する勇気」はどのようにして、あるいはどのような場合なら許容できるのかというところにある。その問いは医療は進歩するといった前提が成り立っているような時代には、絶えず登場してくるはずである。現代では、いわゆるインフォームド・コンセントという原則が出来上がっていると言われるかもしれない。しかし問題は、当事者の同意の有無の確認の手続きにあるのではない。そうした有無が問われるような問いそのもの、新たな選択の可能性を提示する医療技術の登場を支えている構造が問われなければならない。真の問題は、パッケージ化される知識自体の成立そのものにある。

今回のブタ腎臓移植実験については正式な報告は出されていないので、研究の詳細はまだよく分からないところがある。ただ、この「ブレイクスルー」には遺伝子改変技術の急速な発展が関係していることは間違いないだろう。次々と登場する遺伝子改変や細胞作製の技術が人体の資源化の新たな局面をもたらそうとしている。最後にその点について触れておこう。

5. 生命資源作出の時代

1996年にクローン羊ドリーが誕生したことを受けて、人間のクローン誕生を阻止しようとする動きが世界的に出てくることになった。日本でもクローン人間の誕生を禁止する「クローン技術規制法」(「ヒトに関するクローン技術等の規制に関する法律」)が2000年に作られている。その法律にはクローン技術などによって人工的に作られる「特定胚」と呼ばれるものが定義され、それを子宮へ移植し、個体を生み出すことが基本的に禁止されている。この「特定胚」には、ヒトクローン胚、ヒト動物交雑胚、ヒト性融合胚、ヒト胚分割胚、ヒト胚核移植胚、ヒト集合胚、ヒト性集合胚、動物性融合胚、動物性集合胚の計9種類が列挙されている。「特定胚」という概念は日本特有のもののようだが、それら特定胚による産生の禁止は、2010年代以降、しだいに解除されつつある。

特定胚のうち、動物性集合胚とは、動物の卵子と精子が受精してできる受精卵が分割し発生する胚に、人間の細胞を注入して作られるものを指す。この動物性集合胚については、2013年の生命倫理専門調査会が動物の体内で人の臓器を作る基礎研究については容認する見解を打ち出した。その後、文部科学省の専門委員会(特定胚等研究専門委員会・動物性集合胚の取り扱いに関する作業部会)が検討を重ね、2018年に実際に動物性集合胚を動物の子宮に移植して、個体を産生することを認める方針が示された。文科省はそれに合わせて関連する指針を見直すことになった。

対象となる研究としては、人間の膵臓をもつブタを作るといったものが想定されている。まず膵臓がないブタになる受精卵を作り、代わりに人間の膵臓ができるようにそのブタの受精卵に人間のiPS細胞(人工多能性幹細胞)を入れて、動物性集合胚を作る。使われているのは胚盤胞補完法と呼ばれる技法であり、近年、急速に利用が進んでいる。次にそうして作られた胚をブタの子宮に移植してやる。誕生にこぎつけられれば、人間の膵臓をもつブタが得られることになる。そうして出来上がった膵臓を臓器移植に利用しようというのである。このように遺伝子改変技術の進展は、異種の動物に人間の臓器を作らせる可能性をも現実化しつつある。長年試みられてきた異種移植実現の難しさを考えれば、動物の体内で拒絶反応が起こりにくいヒト臓器を作り出すというアイデアが有力なものと浮上してきたことは当然かもしれない。それに応える技術や細胞が急速に発見、開発されつつある。

移植に必要とされる臓器は慢性的に不足している。冒頭に引いた記事のなかで、モンゴメリー医師は「懸念はもちろん理解している。ただ私が言いたいのは、移植を待っている患者の約40%が現在、移植を受ける前に死んでいるということだ」と述べていた。臓器移植の適応がガンなどの一般的な病気（コモン・ディジーズ）まで広がっていることを考えると、移植用の人間の臓器が十分供給されるようになるとは考えにくい。モンゴメリー医師が語っていたように、「誰かを生かすには誰かが死ななければならないという昔ながらの仕組みは、絶対にもたない」のである。そこで人間以外の哺乳類からの臓器移植が考えられてきたのであった。再度繰り返せば、チンパンジー、オランウータン、ヒヒの心臓や肝臓などが移植されたこともあった。また、移植用のブタの開発が試みられてきたのは、臓器の大きさからするとブタが最適であるということが理由であった。しかし、異種移植は拒絶反応や感染症などの対策が難しく、実用までには至っていなかった。そこで、拒絶反応が起こらないようにヒトの臓器をブタなどに作らせようというアイデアが登場した。患者のiPS細胞から臓器ができれば、移植しても拒絶反応は起こらないはずである。

体細胞から作られるiPS細胞を使えば、原理的には人間のさまざまな細胞や組織、さらには臓器を分化させられる。すでに皮膚だった細胞をiPS細胞に変えて、拍動する心臓の細胞が作られている。マウスではiPS細胞やES細胞（胚性幹細胞）から精子と卵子が作られており、2018年には中国でオスのマウスから作った卵子を受精させて、代理母出産までこぎつけたという報告も出されている。さらに、2021年12月にはオーストリア科学アカデミー分子生物工学研究所（IMBA）などのグループが「さまざまな細胞に変化することができるES細胞（胚性幹細胞）、iPS細胞のそれぞれから受精から5～6日目の『胚盤胞』によく似たものを作った。さらにヒトの子宮内膜の組織から作った子宮内膜にそっくりなミニ臓器（オルガノイド）を使い、内膜に付着することを確認した」[9] ことが報じられ、論文は『*Nature*』に掲載された（Kagawa 2021）。2021年3月に発表されていた胚盤胞に似た「ブラストイド」を作る技術に、2017年に報告されていた子宮内膜にそっくりなオルガノイド作製技術を結びつけた成果であった。この研究自体は体外受精の成功率を高めるための基礎研究であるという。しかし、内容的には、完全に実験室内で人工的に新たな生命を誕生させられる可能性を示したものとも言える。そうした生命科学研究の可能性がかなりの現実味を帯びてきていることも認識しておくべきである。

しかしiPS細胞からほとんどあらゆる細胞を作り出せるにしても、今のところ、そこから、さらに実験室内で完全な臓器を作るというのはかなり難しそうである。そこでブタなどに人間の臓器を作らせる試みに拍車がかかることとなった。臓器は人間の臓器でも、作るのはブタだから、死の判定といった面倒も起こらないし、大量生産の体制が構築できれば、臓器不足も解消できるというわけである。2017年には東京大学医科学研究所などのグループが膵臓のないラットの体のなかにマウスの膵臓を作り、それをマウスに移植したところ、移植直後の5日間以外は免疫抑制剤がなくとも膵臓が正常に機能したことが報告されている。

現在はヒトの細胞をブタの細胞に定着させるといったものも含め、動物実験が行われているだけで、まだとても人間の臓器移植に利用できる段階ではない。しかし実験研究が積み重ねられ、やがて臓器不足は解消できるのかもしれない。

ギリシア神話には頭がライオン、胴はヤギで、毒蛇のしっぽをもつキメラという怪物が登場する。キメラは口から炎を吐き、山火事を起こして歩いていたが、やがて英雄ペレオポンに退治されてしまう。動物性集合胚から誕生する個体はこの神話になぞらえて、キメラ動物と呼ばれる。キメラ動物は一つの個体の細胞が異種の遺伝情報をもつものを指す。ヒョウとライオンとの間に生まれたレオポンのような雑種とは違う。

人間に有用であればキメラ動物もどんどん作成すればよいのかもしれない。ただし技術的安全性をクリアすることは、少なくとも当面は難しいだろう。安定して狙った臓器だけをヒトにするのがまずかなりの困難を伴うであろう。おまけにそうした「失敗する勇気」期間を置いて試行を続けていくべきなのか、さまざまな疑問も生まれてくる。ここではいわゆる倫理原則を立て、道徳的地位に関する検討を経て、実現の可能性や目的の妥当性を具体的、個別的に検討するといったような途は取らない。ただ素朴な形で疑問を列挙しておくことにしたい。

ヒトの心臓をもつブタの脳にヒトの細胞が大量に入り込めば、そのブタはブタ人間にはならないのか。できた臓器が仮にヒトの臓器だとしても、それを移植して大丈夫という保証はどのようにして得られるのか。臓器を摘出されるブタに問題はないのであろうか。研究者はマウスの脳にヒト iPS 細胞を入れる実験はすでに行われており、ブタ人間という空想はバカげていると言うかもしれない。人間の心臓をもつだけのブタはブタにすぎないのであり、『わたしを放さないで』（イシグロ 2006）で描かれたような臓器移植用クローン人間とは違って、人間のためにいくらでも利用してよいということになるのであろうか。モンゴメリー医師は「私たちはブタを食べ物として使っている。医療目的で弁や薬にも使っている。移植も大きな違いはないように思う」と述べていた。たしかに、ブタの心臓弁などはすでに人間に利用されている。そもそも、ブタを食べているのと大差ないのかもしれない。問題は単なる慣れの問題にすぎず、人間、何にでも慣れるものなのか。しかし、脳がヒト化しているキメラ・ブタなら、大差なしとしてすませることはできないと思われる。ブタ人間を作りだすようなことをすれば、作り出した人間はペレオポンに退治されたりはしないのであろうか。複数の死体から「モンスター」を創り出したドクター・ヴィクター・フランケンシュタインの名前はモンスターそのものの名として流通してきた。そのことを考えれば、作出者も退治される運命にあるのかもしれない。そうした空想は、あまりにも無知で素朴な原始的な妄想にすぎないのであろうか。いずれにせよ、キメラ動物の作出はある種の惧れを抱かせるところがあることは否定できない。

2018 年の文科省の委員会での議論を紹介した「ヒト動物『キメラ』研究解禁に慄然」という記事は、議論が「上から目線の議論に終始」という小見出しをつけている。委員会での議論は専門家から見ればバカげた妄想にとらわれる素人をいかに啓蒙するかという問題に終始したように見えたというのである（無署名記事 2018, 56–57）。しかし、科学はすでに人間とその社会を根底から覆しかねない力を獲得している。残念ながら、ゲノム編集に代表される遺伝子改変技術を用いる研究にしろ、iPS細胞研究にしろ、素人は黙って、その成果を待っていればよい時代ではなくなっている。

最後に、冒頭に触れた記事で英国のコラソヴィ医師が述べていた言葉を再度、引用しておこう。彼は「単に可能だからといって、実施すべきだとはならない。コミュニティー全体で答えを出す必要がある」と述べていた。そこで言われる必要性を真剣に考えざるをえないところに私たちの社会は立たされている。そのことだけは間違いないように思われる。

注

1) たとえば、“In a first, US surgeons attach a pig kidney to a human successfully,” *The Straits Times*, October 20, 2021, 7:29 AM SGT;「ブタの腎臓、人につなげて尿つくる機能確認　米研究、専門家も驚き」『朝日新聞デジタル』2021 年 10 月 23 日 7 時 00 分、など。
2) BBC ニュース：「ブタの腎臓、ヒトに試験的に移植　米外科医チーム」2021 年 10 月 22 日 https://www.bbc.com/japanese/59005374
3) Franklin G. Miller, “Individuals Declared Brain-Dead Remain Biologically Alive,” in *Hastings Bioethics Forum*, October 27, 2021. https://www.thehastingscenter.org/brain-death/#:~:text=For%20the%20past%2050%20years,a%20biological%20conception%20of%20death.&text=The%20pig%20kidney%20experiment%20offers,considered%20brain-dead%20remain%20alive.
4) “Breakthrough On Pig Organs In Transplants,” *The New York Times*, October 21, 2021. Roni Caryn Rabin が執筆した記事は、*In a First, Surgeons Attached a Pig Kidney to a Human, and It Worked* として、以下で見ることが可能である。https://www.nytimes.com/2021/10/19/health/kidney-transplant-pig-human.html
5 https://repository.library.georgetown.edu/bitstream/handle/10822/559345/defining_death.pdf?sequence=1&isAllowed=y
6) https://bioethicsarchive.georgetown.edu/pcbe/reports/death/
7) こうしたミラーの主張は Miller et al. (2021) として発表されている。そこで共著者となっているトゥルオグはすぐに触れる 1990 年代から英語圏で出されていた脳死批判の代表的論者の一人である。
8) Cf., Fox, R. C. and Swazey, J. 1974. ただし、この本で考察される「失敗する勇気」は単なる冒険主義として片付けられているわけではない。
9) 「iPS などで『受精卵』『着床』も再現」『朝日新聞』朝刊 2021 年 12 月 3 日。

参照文献

Fox, R. C. and Swazey, J. 1974: *The Courage to Fail: A Social View of Organ Transplants and Dialysis*, Chicago: University of Chicago Press.

Kagawa, H., et al., “Human Blastoids Model Blastocyst Development and Implantation," *Nature*, 2021. DOI: 10.1038/s41586-021-04267-8. Published: 02 December 2021.

Miller, F. G., Nair-Collins, M. and Truog, R. D. 2021: "It Is Time to Abandon the Dogma That Brain Death Is Biological Death," in *The Hastings Center Report* 51 (4), 18–21.

Mollaret, P., et Goulon, M. 1959 : "Le coma dépassé (mémoire préliminaire)," *Revue Neurologique*. 101(1, Jul.), 3–15.

Moore, F. D., 1964: *Give and Take: The Development of Tissue Transplantation*, Philadelphia and London: Doubleday.

イシグロ、カズオ　2006：『わたしを離さないで』土屋政雄（訳）、早川書房（Ishiguro, K. 2005, *Never Let Me Go*, London: Faber and Faber）。

香川知晶　2000：『生命倫理の成立：人体実験・臓器移植・治療停止』勁草書房。

――― 2021：『命は誰のものか（増補改訂版）』ディスカヴァートゥエンティワン。

小林孝彰　2005：「異種移植の現状と展望」『日本腎臓学会誌』47(2)、83–93。

シャーロット、タリー　2019：『事実はなぜ人の意見を変えられないのか』上原直子（訳）、白揚社（T. Sharot, *The Influential Mind: What the Brain Reveals About Our Power to Change Others*, London, 2017）。

田中智彦　2010：「生命倫理に問う：忘れてはならないことのために」小松美彦／香川知晶（編著）『メタバイオエシックスの構築へ：生命倫理を問いなおす』NTT 出版、235–257。

野本亀久雄　1999：『臓器移植：生命重視型社会の実現のために』ダイヤモンド社。

山口裕之　2016：『人をつなぐ対話の技術』日本実業出版社。

山崎吾郎　2008：「脳死：科学知識の理解と実践」春日直樹編『人類学で世界をみる』ミネルヴァ書房、39–57。

――― 2015：『臓器移植の人類学』世界思想社。

無署名記事　2018：「ヒト動物『キメラ』研究解禁に慄然：動物の受精卵にヒト iPS 細胞を入れ臓器を作る。ヒト細胞は臓器以外に広がる恐れ」『FACTA』2018 年 APRIL、56–57。

The Era When Human Bodies are Treated as Resources

by KAGAWA Chiaki

In October 2021, it was reported that an experiment to transplant a genetically modified pig kidney to a human was successful at the Langone Transplant Institute of New York University in Manhattan, New York, USA. This xenotransplantation experiment encapsulates various problems surrounding humans in modern medicine. Among these problems, I will discuss topics such as the deceptiveness of the concept of brain death, how human bodies are treated as resources, the modern social system of packaging knowledge that makes utilization of these resources possible, the courage to fail in the process of developing transplants, and the creation of new biological materials by genetic modification. This paper will point out the need for social discussions about the current state of technology and its future.

〈論文〉

傾聴をどう学ぶか
――上智大学グリーフケア研究所での経験から[1]――

葛西　賢太

1. はじめに

私たちは人生の中でさまざまな喪失を味わう。家族やペットや大切な友人を喪い、大切なものを紛失し、名誉や地位を失い、そして自分自身の死も迎える。生を承けることは、やがて失う定めにあるものを所有させられること、といえるかもしれない。

避けがたい喪失に直面している人を、他人が支えることができるだろうか。この疑念は、たとえば、重篤な病に伏している友人のお見舞いに行くべきか悩み続けたすえに、結局、行きそこなう、といった結果をもたらすこともある。だから、医療や福祉の現場で活動する専門職だけでなく、ふつうの人が、喪失の語りを聞くことにも一定の意味があるのだとおもう。またそれを学ぶとしたら、どのように学びうるのか。

グリーフケア／スピリチュアルケアと呼ばれる傾聴のあり方、またその学びは、つかみどころがないともいえる。そのため、比較するよりどころとして、臨床心理の傾聴との共通点と相違点にも触れながら論じてみたい。まず、人生を物語る意味、傾聴する意味について考えながら、傾聴をめぐって誤解されがちと私が考えていることを指摘したい。そして、私の奉職する上智大学グリーフケア研究所の成り立ちと、人材養成講座の概要について紹介し、どのような傾聴者養成が行われているかを説明する。ついで、傾聴者のモデルを考えるよりどころ――臨床牧会教育と臨床心理――を並べてみる。その並置によって、私たちが傾聴者に期待する専門性とは何か、傾聴について学ぶことにどんな意味があるのかを確認しておきたい。そして、グリーフケア／スピリチュアルケアという実践を持続可能にするためには私たちが何を心得ればよいかを問うて、まとめたい。

2. 人生を物語る意味、傾聴する意味

グリーフケア——喪失の痛みへの手当て——ということを考えるとき、私たちの常識に二つの誤解があり、補足の必要があると、私は考えている。

第一の誤解と補足は、喪った人や物を忘れられるよう手当てするのではなく、むしろていねいに思いだすことに、痛みを部分的にやわらげる道があるのではないか、ということだ。また、悲しみを忘れるように期待したり促したり、あるいは忘れないあり方をその人の人格的な弱点とみなしたりするのではなく、忘れないという選択があると認めることだ。

『ナルニア国物語』などで知られる作家C・S・ルイスは、彼自身の愛妻を亡くした痛みを観察し、『悲しみをみつめて（*A Grief Observed*）』[2)]を著している。彼は、喪に服している彼にそそくさとおくやみを述べてすぐに距離をとる周囲の人々が、彼との適切な接し方に迷いとまどっているのを感じ、困惑している。いつ終わるともしれない、彼女はどこにいるのかと悶々とする手探りの中で、彼は自身が、“悲しみに打ち克って妻のことを忘れられるようになる”のではなく、むしろ「部分的に打ち克ったからこそ彼女のことをよりいっそうよく思いだしている」と気づく（Lewis 1994, 44–45)。いいかえれば、妻を亡くした痛みを忘れるのが目指すべき方向なのではなく、妻のことをいっそうよく思いだしていくことのなかに、痛みの部分的な緩和もあるのだと。そして、また遺族たちが「故人を忘れたくはない」としばしば述べるように、ルイスも、妻を忘れることを望んではいないことを強調する。

悲しみに部分的に打ち克つこととは、故人をいっそうよく思いだすことである、というルイスの洞察には、故人との関わりを絶つつもりはないという強い意思が確認される。同時に喪失の悲しみ・痛みが完全に消去されるわけがない、なぜなら故人はかけがえのない存在であるからという確信も裏書きされる。であれば、忘却ではなく記憶の強化という逆説は、遺族としての心からの願いに沿った向き合い方といえるだろう。世の常識とは異なるけれども。

第二の点は、ケア（care）という語の原義が、けっして好ましいものだけを指示してはいないことである。日本語では「ヘアケア」「スキンケア」といった用法にみるように、「ケア」は好ましい「世話」「手当て」を限定的に

意味する。そのために日本語の文脈ではケア「する」ことへのこだわりや、成果主義的な評価が課せられることもある。

しかし英語の“care”は、「世話」や「手当て」に加え、「気にかける」「気にする」「気に病む」という否定的な意味も含み、英英辞典には同義語として“grief”があげられてさえいる。そうみるとgrief careとは、同語反復のようだ。喪失の痛みを痛むこと（griefをgriefすること）、という意味になってしまう。いや、同語反復こそ、グリーフケアという実践の実際なのではないか。つまり、グリーフを遠隔操作で「癒やしてあげる」方法などなく、むしろ一緒に「痛みを痛む」ことが実際なのではないか。

だからこそ、喪失の痛みを言葉にしてもらうこと（グリーフケア）の意義がある。が、それは、胃から溢れそうな内容物を「吐き出してしまえばすぐに楽になる」ような簡易なもの[3)]ではなく、言葉にするに苦しみ、言葉に出したあともその是非の悩みを引きずる、聴いた人も（同じではないが）痛みや苦しみを味わう、という重い行為である。そのような行為に関わる傾聴者は、語る人のそばで聞くことを許されうる者であるほうがよい。たとえ料金をとる専門職でなかったとしても、言葉にされる場所に立ち会う注意深さをそなえた人であることが好ましい。

グリーフケア研究所は、そのような傾聴を学ぶ場所として存在している。

3. 上智大学グリーフケア研究所[4)]の成り立ちと概要

グリーフケア研究所ができるきっかけとなったのは2005年4月25日、JR西日本で起きた、107名が犠牲になった列車脱線事故であった。JR西日本は、けがをした乗客や、犠牲となった遺族への謝罪を続けるとともに、「『安全で安心できる社会づくり』の一端を担いたいとの思いから、事故や災害に遭われた方々などへの心身のケアに関わる活動や、地域社会における安全構築に関わる活動に対する支援及び安全に関する啓発活動等を行」う、JR西日本あんしん社会財団[5)]を設立した。事故の場所に最も近い聖トマス大学の教員であった髙木慶子シスターは、それ以前から遺族会での傾聴活動を続けていた。JR西日本は彼女に、「事故や災害に遭われた方々などへの心身のケアに関わる活動」の担い手の養成場所として、日本グリーフケア研究所の設立を託した。聖トマス大学の閉学に伴い、この事業が上智大学に移管されることになり、2009年より大阪サテライトキャンパスで、また、2014年より東京の四谷キャンパスでもグリーフケア研究所の人材養成講座がスタートすることになり、現在に至っている。

現在、600名を超える修了生が、社会の中でさまざまな活動を行っている。2020年度に在籍していた受講生は260名で、遺族と看護師が多いが、福祉職や心理職、また医師もいる[6)]。グリーフケア研究所の授業は、最初の2年間の学び（人材養成課程）ののち、選抜を経て三年目の「資格認定課程」、さらに選抜を経て、臨床現場での多職種連携を意識した四年目の「専門課程」が隔年開講で用意されている。水曜夜と土曜日1日がかりで行われる授業は、講義形式の座学と、グループワーク中心の演習とに分かれている。座学の授業では、キリスト教人間学[7)]、宗教学、死生学、グリーフケア原論、スピリチュアルケア原論、グリーフケア援助論、精神医学、臨床倫理等の科目で、私たちの価値観を支える諸宗教や諸文化の知識、実践を支える理論などを学ぶ。いっぽう、演習科目では、グループワークで話を聞きあう実践を重ねる。“傾聴される経験を通して、傾聴されるとはどういうことかを経験していく”のだ。そして、“他者理解のために自己理解も深める”ことに焦点がおかれる。

傾聴は他者理解を目指すとおもわれるのに、なぜ自己理解にも焦点が当たるのか。その理由はいくつかある。一つは、他者の感情を認知するために、人間が自己の感情を参照することが知られているからだ（鈴木 2016, 110–111）。相手の話を正確に聞き取り、正確に理解することは大前提ではあるが、自己の感情や価値観を通して他者の感情は想定され、また聴いた話は感情や価値観によって色づけられる。押しつけの助言癖、先入観による見下しや否定、当たり障りのない応答としての全肯定、問題解決を急ぐ傾向などは、グループワークで現れるので、自覚すれば修正することもできる。他者の「完全な理解」「完全な受け入れ」「完全な寄り添い」はあり得ないのであれば、自分本来の聴き方も生かしつつ（自己理解があってこそ、その自己の聴き方を受け入れることができる）、他者が語る一期一会の場にしっかりと立ち会えるよう自分を整えていくことが、残された道となる。また、「完全な他者理解が可能」という幻想を解き、「不完全だが誠意を込めた他者理解を探究する」謙虚な姿勢を確認することによって、必要以上に自責や他責の感情を生まぬように心がけることが肝要だ。

4. 傾聴者のモデル――臨床牧会教育と臨床心理

私たちは、傾聴者のモデルとして、臨床心理学を学んだ心理職であることを前提としていない。宗教文化を重要な学びの源泉としているが、「宗教者であれば傾聴ができる」などとも考えていない[8)]。自分自身の生育歴を知り、癖を知り、(ひょっとすると未自覚の) 可能性を知ることによって、自分自身のあり方を徹底して確認しておく。自分にできないことがたくさんあることを知っているから、不必要な引け目や罪責感を抑えることができる。備えがあるから、病む人や痛む人のそばに立つとき、不必要な遠慮を抑えて、耳を傾けることがかろうじて可能になる。それは、いつの日か自分自身が病み痛むときに、ただ病み痛むだけに終わらない経験にもつながるだろう。

心理職ではない傾聴者として私たちが想定しているのは、臨床牧会教育 (Clinical Pastoral Education) という訓練を受けた、チャプレンと呼ばれる存在である。もともとは施設付きの牧師を指す言葉であったが、その職務の一つとして行っていた傾聴のための訓練が、臨床牧会教育として独自の発展を遂げたと考えることができる。

チャプレンはさまざまな施設や場所に勤める。米国では、学校や病院、刑務所や軍隊の他、米国議会、レース場、警察、精肉会社等々、さまざまな場所[9)]で、病む人や痛む人の声を聞く (Doblmeier 2015)。臨床牧会教育の場所も上述のような施設で、そこで実際に傾聴者として働きながら、同時に、自分自身を掘り下げるためのグループワークや、指導者とのスーパービジョンを重ねる。

現在は、キリスト教以外のさまざまな宗教の、あるいは無宗教のチャプレンがいる。けれども傾聴の場は、チャプレンの宗教に合わせて語り手が存在するのではなく、語る人がいて、チャプレンがそれに合わせて聴くのである。だから、仏教徒やムスリム (イスラーム教徒) のチャプレン[10)]が、患者から、新約聖書を読んでくれなどと頼まれることやキリスト教の祈りを求められることがあるし、場合によっては篤信の患者に教えてもらってでも、それらを真摯に行ったというエピソードを耳にする。

臨床牧会教育を創始したのは米国の Anton T. Boisen という人物である。

複数の病院、とくに精神科での患者の苦しみを傾聴して深く理解する必要を説き、じっさいに彼自身が個々の患者の内面を受けとめる仕事を重ねた。彼は、当時の宗教心理学や精神医学の研究を渉猟して、一人一人の人間を尊重し「人間という生きた教科書（Living Human Documents）」を読んで学ぶことを提唱する（Boisen 1936, 185; Asquith 1982)。これは事例研究の先駆的なものとみることができるが、Boisenのこの語は、事例を集めて普遍的な現象を見いだすことよりも、各人の唯一無二の個別性を読むことが強調されている。

彼は長老派の牧師であったが、両親から受けたかなり厳格な道徳観に苦しみ、のちに会衆派に移ることになる。友人であり助言者でもあり、彼が心から結婚を願った女性がいたが、彼の愛を向けられた彼女はそれを断ったまま病没してしまう。きわめて親しい女性への愛情がなぜか受け入れられない状態の中で、彼はいくどか統合失調症の症状を呈するようになる。みずから精神科の患者を体験するが、彼女の死後は症状が現れなくなる(Hiltner 1965, 7–8)。彼の「人間という生きた教科書」を精読するという着想は、弟子たちに受け継がれ、現在は臨床牧会教育を受けた一万人を超えるチャプレンが、米国臨床牧会教育協会（Association for Clinical Pastoral Education）で活動している。

この臨床牧会教育をそのまま導入するのではなく、世俗化し宗教的なリテラシーが下がった日本社会に合わせて調整したプログラムを、上智大学グリーフケア研究所では提供している[11)]。そのために、諸宗教や諸文化について教養として学ぶ科目を用意するいっぽうで、自身の宗教的あるいは非宗教的な価値観を確認しつつ、他者のそれと比較もしながら相対化／再評価していくことを演習科目で行うのである[12)]。

5. 傾聴者の専門性はどこにあるか

グリーフケア研究所が想定するのは、大切な人・あるいは物の喪失という、原状復帰が困難な事柄である。その痛みを忘れるのではなく、むしろ失ったものをていねいに思いだすことが部分的な痛みの緩和につながるという、ルイスの発見を先に述べた。癒えない痛み、癒やしたくない悲しみもある。この世にはとてつもない不条理もある。それらを前にした人間の無力を認め、無力な者として、しかし真摯な姿勢で相手を「敬」聴する営みを目指す。それは、癒やしてあげる、あなたの苦しみはわかる、という思い上がった姿勢とは対極にあるし、無力が出発点だから、「見舞いに行くのが怖い」のは当然で、むしろつねに恐れをもってお相手に関わるほうが自然である。

このような姿勢は、しばしば、「Doing より Being」と説明される。何かの行為をすることではなく、時間を割いてそこにいる（presence）ことが大事で、たとえば医療者が行う医療行為と傾聴が対置されるのである。これも誤解されやすいことだが、この Being/presence は、実のところ、無為とは言いがたい。痛む人のそばにいるとき、傾聴者の身体は静かに坐っていたとしても、同時に傾聴者は痛む人を観察し、病む人の内面を探り、傾聴者自身の内面も探り、人間を超えたものの加護を求めるという精力的な活動を行っている（武田 2021, 106–111）。

この Being/presence は、座学では教えることができないと私は考えている。なぜなら、痛む人の語りを聴くとき、傾聴者側の内面でなにが起こるかを正確に語る言葉・それを正確に受けとる言葉を私たちは共有していないからである。哲学者や神秘家や宗教者の仕事などはそのような言葉にあたるかもしれないが、広く共有されているとは言いがたいであろう。傾聴者の内面で起こることは、傾聴者の生育歴や価値観、信仰の有無や性格によってことなり、おなじものはないはずだ。性格や価値観や自身の経験が、語り手の言葉にどのように反応するのか、自覚している人は少ない。だから、グループワークの中で、他のメンバーとの間に起こることと、他のメンバーからフィードバックされることと、自分の内面に起こることとをすりあわせて、「そこにいる Being/presence」とはどのようなことかを自分の経験に位置づける、臨床牧会教育の方法が意味をもつ。

このような方法論の前提にあるのは、語り手となる痛む人が、一方的に、情報を提供する「対象」となったり、観察や診察の「対象」となったり、治療の「対象」となったりするのではなく、そこに関与する傾聴者も、場を構成する一人として語り手から影響を受けつつ語り手にも場にも影響を及ぼす、という双方向の関わりをみる立場である。この点で、臨床牧会教育も臨床心理も関心が重なっている。

臨床心理の傾聴の効果を左右する要因についての研究が行われている。さまざまな技法や流派があるが、じつは、技法の違いによる効果の差は少なく、むしろ、さまざまなアプローチや技法に共通する、関係構築に寄与するような要素がもたらす効果のほうが大きな差を生み出すことが知られている(Lambert and Cattani-Thompson 1996, 603–604)。

効果を左右する要因として挙げられている第一は、語り手側の動機づけが高く、人間関係力も高く、自己洞察力も高い場合である。そのような人は、言語による自己表現も巧みであろうし、語ることを通して新しい経験・挑戦・発見をすることに開かれているであろう。だがそのような条件の整った人はむしろ少なく、また、そのような人のように見えて、強い価値観の枠組みや経験の軛で内面が縛られていることもある。だから、第二の、聴き手が、温かみ、共感的理解、共感的関与の程度が高く、関心・理解・尊敬を示し、語り手から信頼される場合に、語り手のもつ前述の力が促進されうることのほうが現実的である。また、傾聴の勉強が進んでさまざまな技法を学んだ上級生よりも、勉強を始めて日が浅くまだ技法を習得していない、(語り手に対して)新鮮かつ真摯な態度を取る下級生のほうが、語り手からの全般的な評価が高いこともしばしば指摘されている。

臨床牧会教育による傾聴者養成は、このような聴き手の姿勢について学ぶために、聴き手自身が自己探究するように促すところに特徴があると私は考えている。ただし、訓練や座学による学びはもちろん無駄ではない。なぜなら、他者の人生を理解しようとするいとなみには、知らないと私たちが陥りがちな誘惑が随所にあるからだ。

6. 人生を理解しなおす

私たちが目指す傾聴者は、苦痛の解消を第一に目指すわけではない、けれども、人生を理解しなおすことによって、結果として苦痛が緩和される(癒える)可能性はあるかもしれない。その際に、家族だから気持ちがわかるという思い込みや期待、心理学の知識があるから癒やせる、深い信仰があるから癒やすことができるといった思い上がりへの誘惑には注意する必要があるだろう。

社会学者のアーサー・フランクは、自分自身ががんに罹患した際に、自分の語りがどのような力に絡め取られ、周囲の人々が自分の語りをどのように変形して受けとめるかについて述べている(Frank 1998, 200–206)。がん患者としての彼の語りは、三つの語りに絡め取られてしまう。三つとは、原状復帰の語り（おかげさまで治りました……実際には再発を恐れながらの寛解であっても）、混沌の語り（原状復帰を期待する周囲の人々の前で、不安や恐れに動揺している自分を突きつけてしまい、周囲をとまどわせ、距離をとられてしまう）、探究の語り（病の深い意味を悟る話を周囲は喜んで聴くが、病が重篤になると話を聴くのを避けるようになる）の三つである。

私にとってとくに興味深かったのは、親友や家族の傾聴ならではの難しさとしてフランクが挙げていることがらである。原状復帰の語りや探究の語りにみるように、親友や家族が患者の話を聴くとき、彼らの意識にあるのは、元気な時の患者の姿であり、いつかそれが取り戻されると期待している。元気を失ってしまった患者、以前とは違う患者は、文字通り彼らにとって別人であり、無条件の親友、無条件で愛せる家族ではなくなってしまうのだ。両者のずれが家族も友人も、そして患者をも苦しめることになってしまう（Frank 1998, 205; 208）。フランクは、原状復帰や混沌や探究の話にからめとられずに、「ただ聴く」姿勢について詳しく述べて、それが、刻々と変化する患者のそばに居続ける方法ではないかと提案する（Frank 1998, 206–208）。

フランクの指摘は、私たちが健康か病気かの二分法にとらわれがちであることも示唆する。実際には、両者の間にさまざまな状態がある。がんに罹患して手術などの治療を行い、再発するまでの寛解の期間は、健康といえるだろうか。ぜんそくなどの慢性疾患を抱えて「元気に」生きている状態は、健康といえるだろうか。多様な、そして他者の未知の状態に耳を傾けて、他者の体験に関心と敬意を保ち続けるためには、人生を導くような信念や信仰も、時には、軛となるだろう。たとえば、男はこうあるべき、女はこうすべき、○○はこのようになるべきだ、といった価値観。あるいは、××していれば△△にはならなかった、という後悔の念には、△△は受け入れがたい、××は好ましい必要なこと、という価値観がある。このような、人生を拘束する信念（拘束的 constraining ビリーフ）と、人生を展開させる信念（助成的 facilitative ビリーフ）とがあることを自覚し、両者を拾い上げてていねいに取り扱っていくことが、苦しみをやわらげるための方策でもあると、家族看護学のロレイン・ライトは提案する（ライト 1996, 44–45）。人生は直線ではなく、選んだ人生と共に、選ばれなかった人生にも光を当てるような心理学研究も近年提唱されている（サトウ 2006）[13]。これら周辺諸学の成果を取り入れて更新される教育を、グリーフケア／スピリチュアルケアについて、提供していきたい。

7. 臨床心理の教育と臨床牧会教育

臨床牧会教育の独自性を説きながらも、私は、しばしば臨床心理の研究を引き合いに出してきた。認知行動療法が隆盛を誇るいっぽうで、近年、感情焦点化療法のような、心理療法の統合が試みられている。感情をどう扱い、自分自身や他者についての大きな気づきをもたらすことに焦点が当てられている（グリーンバーグ 2006, 24)。「宗教的か否か」で、そのような気づきの深浅を問うことは、あまり意味がない。

臨床牧会教育が目指しているグリーフケアやスピリチュアルケアの実践は、臨床心理よりも、実存、意味、超越（宗教が扱う事柄としての人間を超えたもの）に力点を置くが、真摯な臨床心理実践は、当然のことながらこれらにも踏み込む。グリーフケアやスピリチュアルケアには、臨床心理実践の知見が取り込まれてきた。それは、善意や宗教的献身だけでは限界があり、語り手をよくみず、場をよく吟味せずに提示される善意や宗教的献身には弊害も多くみられたからである（大村 2015)。

現在の臨床心理の面談が、「主治医の指示のもと」で、初回面接で治療契約を結んで約束事を確認するという手続の上に展開するのに対し、グリーフケアやスピリチュアルケアの場合には、そのような形を取り得ない。立ち話や声かけからぐっと深い話が展開することがしばしばで、それが最後の機会になることも多い。ともに一期一会の出会いの中で、二度と聴くことのできないお話を聞かせていただく。語ることで治療する（「悪いものを吐き出させる／取り出す」）ではなく、語りながら人生を再確認・再構成していただくための伴走者として、消えることのない痛みや苦しみを抱えたまま、それらを緩和することを目指す姿勢は、治癒（cure）を目指すのではなく回復（recovery）を目指すともいうことができる。

臨床心理から臨床牧会教育が学ぶべきものとして、私が近年、必要を強く感じているのは、一つは臨床心理の倫理である。そしてもう一つは、認知の凹凸（discrepancy）についての視点である。

発達障害の特性の理解と早期からの対策は、本人自身の幸福のためにも、また社会環境の保持のためにも、近年重視されており、複数の心理テストによって発達障害をスクリーニングすることができる。その治療は、臨床牧会教育を受けた傾聴者の直接の仕事とはいえないだろう。むしろ心理職や医療職の領分だ。だが、発達障害よりも弱く個性よりは強いような「認知の凹凸」はどうだろうか。[14)]

たとえば、「聴力」にはなんの問題もないが、口頭で指示されたことを耳で聞いて心に留めて理解し行動するのに苦労する人がいる。そのために他の優れた能力が認められない人もある。いっぽうで、このような人が、言語の処理能力が高いために「出世」して、他人の人生を左右する役職に就きながら、本人も周囲も苦しんでいることもある。こうしたひとたちは、どのような人生経験をしているだろうか。

痛み病む語り手の人に、このような「認知の凹凸」があるかもしれないと予測して聞くのは当然のことである。忘れてはならないのは、傾聴者の側にも（立派な宗教者や訓練を重ねた教師になっていても）「認知の凹凸」があってそれに気づいていない可能性である。傾聴者の善意や愛を強調するだけでなく、このような「認知の凹凸」の有無や状態が人生をどのように色づけるのか、それを学んでおく必要があるのではないだろうか。その上で、宗教の問題や価値観のずれを扱うことができる臨床牧会教育の強みを生かし、臨床心理との共存が可能になるのではないだろうか。

8. おわりに――持続可能であること

私は、グリーフケア研究所での傾聴実践の訓練について、いくつかの課題があると感じている。受講生の中で最大の集団は緩和ケアに関わる医療者である。しかし、「死の床」に臨むものだけに限定されない、自然に話を聴く市民のボランタリーな広がり（Kellehear 2012）を作り出していきたい。そのためには、狭義のケア専門職だけでなく、それ以外の人たちの参加が欠かせない。

なにが「ケア」なのかをある程度説明できるような専門性や倫理の共有と確立も必要である。グリーフケア／スピリチュアルケアは、最初の出発点が宗教的な献身から生まれたものであるために、愛や善意からでる無限の献身と期待され、かえって傾聴実践のハードルが高く考えられがちである。ひとりひとりの愛や善意による事柄ではあるけれども、それを維持するためには、個人の愛や善意に頼らない、合理的に「持続可能」な傾聴実践を整えていく必要がある。そうならなければ、一時的な「こころのケア」の流行にとどまり、他人を癒やせる自分になりたいという欲望をくすぐるだけで終わってしまうのではないかと危惧するのだ。

注

1) 本論考は、2021年7月31日、東洋英和女学院大学死生学研究所の公開連続講座「スピリチュアルケアの可能性」での講演内容に基づき加筆したものである。
2) 本書は、まず1961年に、N. W. Clerkの筆名で発表され、ルイスの死後の1966年に本名で刊行されている。
3) 「吐き出せば楽になる」という助言には、記憶を、きれいに排出できる質量をもったもの（嘔吐物のような）のように考える不正確な喩えが背景にあると思われる。実際には記憶は、消えない痕跡とみる方が自然だ。古い断層が地震を引き起こし、その地震が新しい断層を作り、その断層がさらに将来の地震を呼び込むように、移動や変形はしても消えないものと考える方が適切だろう。
4) 1974年に創設された上智大学カウンセリング研究所のカウンセリング講座は、2014年度をもって閉じた。大学の心理学科とは独立した講座であった。創立者のイエズス会士・小林純一は、参加者の自己理解のための実験的なグループワークの方法（グループメンバー同士が観察しあいフィードバックしあうマイクロ・ラボラトリー・トレーニング）を工夫し、40年の歴史のなかで6000人が受講したという。小林の没後は進路指導のための研究が中心となっていたようだ。直接のつながりはないが、グリーフケア研究所はかつてカウンセリング研究所があった場所を引き継いでいる。
5) JR西日本あんしん社会財団ホームページ（https://www.jrw-relief-f.or.jp/）、2021年11月3日参照。
6) リタ・シャロン（2011, 27–29; 83）や井口真紀子（2021, 30–33）が指摘するように、医師に「高い人間性」を求めるのだから、人間として医師が迷い悩むことも許容されるのみならず、迷いや悩みを表現するよう推奨されてよい。医師教育の中で倫理教育を重視する流れがあるが、こうした「べき」だけでなく、おそらく、医師自身の迷いや弱さ——弱くあること——を適切に扱うことが、患者や家族の弱さを適切に扱うことにつながるのではないかと、私は想像する。
7) 上智大学はイエズス会が設立母体のカトリックの大学であるが、大学そのものは世俗の大学である。ときに尋ねられることだが、グリーフケア研究所で学ぶにあたりクリスチャンになることを求められることはない。「キリスト教人間学」は、信者になるためではなく、人間理解のよりどころとして、（上智の場合は）キリスト教の経験を共有することで利他精神や人間性の深化を促そうという科目である。学部学生にもこの科目が開講されている。
8) 日本の事情に即していえば、世襲の宗教者の多くは定まった儀礼以外は自信がないであろうし、一代目は世代を超えた経験の共有が不十分であろう。「宗教者だから死生観が定まっているに違いない」「宗教者だから死後の世界を信じているので死は怖れない」とみなすのは、宗教者が一人の限界ある人間であることから目をそらしていると私には感じられる。

9) 学校、病院、刑務所、軍隊のチャプレンについては少し知られていても、米国議会、レース場、警察、精肉会社のチャプレンというのは想像しにくいかもしれない。米国議会の議員やそのスタッフは常に緊張を強いられるし、正論が常に通るわけでもない不条理感を味わうだろう。その時に一人の人間として弱さを打ち明けたり、一緒に祈ってもらったりする存在として米国議会のチャプレンはいる。米国議会に勤める人たちのための宗教儀式を司式したり、非常時には議会そのものの倫理的な助言者として発言したりもあるが、政策には関与しない。レース場のチャプレンはレーシングチームの一員の出自で、事故死の危険を伴う場でみなのために祈り、レーサー自身や家族の声を聴き、葬儀を司る。警察のチャプレンは、警官と容疑者との間を取り持ったり、拘束されている容疑者のために礼拝の機会を提供したりして、人権擁護と和解のために働く。精肉会社で働くのは、英語に不自由もあり、身内が近くにいない移民などが多く、その不安を聴き、適切な専門家につなぐ仕事をするのが精肉会社のチャプレンである。

以上のように説明すると改めて浮き彫りになるであろうが、日本でいう信教の自由（公的領域に個人の宗教が持ち込まれることを防ぎ、また信じない自由を確保する）と異なり、宗教者としてのチャプレンの仕事は、宗教実践をする自由や機会を、それが難しい場所で確保することにもある。

10) イスラームの神学を学び、イスラームのチャプレンのための臨床牧会教育を提供する機関として、たとえばコネチカット州のハートフォード国際宗教平和大学（2021年まではハートフォード神学校）がある。

11) 臨床牧会教育は、1960年代に、一度、関西を中心に導入が試みられた。関西牧会カウンセリングセンターおよび日本牧会カウンセリング研究会の関係者には、ユング心理学者として知られている同志社大学の樋口和彦、牧会カウンセリングの重要な著作の邦訳と教育に携わった聖和大学の西垣二一、淀川キリスト教病院にホスピスを設立した精神科医の柏木哲夫、同病院のチャプレンをつとめたのちに関西学院大学で教鞭を執った窪寺俊之、ルーテル神学大学で30年間カウンセリングを指導したケネス・デールなどがいた。大学などにおける牧会カウンセリングはほぼ臨床心理の学科とカウンセリングに取って代わられてしまった。

けれどもそれは宗教的傾聴者の消滅を意味しない。谷山らの調査（谷山他 2020, 30）では、宗教立の病院のみならず、さまざまな緩和ケア病棟に出入りしている宗教者がある。また、現在、病院の国際的な格付けの基準の中に、宗教的な事柄を取り扱うことのできる相談者の在籍があげられている（Joint Commission International 2021）。

12）多様な宗教や価値観を背景にしたさまざまなチャプレンが実際に存在するという事実に触れることは、傾聴者にとって学びにも励みにもなる。2021 年より「チャプレン研究会」という学びの会（https://chaplaincy-studies.blogspot.com/）を行っている。

13）サトウタツヤらが提唱するのは、不可逆的な時間の中にある人生を、複数の選択や分岐点を持つものとして、対極的な選択も視野に入れて確認することで、単線的なものではあり得ない人生と文化との関わりを豊かに捉えようとする質的心理学の研究方法論である。語りを重視しているたてまえの従来の方法論 (医療や看護の領域でよく用いられるグラウンデッド・セオリー・アプローチなど) は有用であるが欠点をはらむ。語られないこと、語るのを避けていること、選ばなかった選択を取りこぼしていることに気づかず、語り手や聴き手の価値観の枠の中で単線的な人生径路を想定してしまいがちであることを、乗り越えようとしている。研究方法論であるが、サトウらの提唱は、グリーフケアの傾聴者のあり方としても重要な指摘をはらんでいると考えられる。

14）臨床心理学のはじまりは、現在でいえば発達障害の特別支援教育に当たるようなクリニックをペンシルバニア大学に開いた L・ウィトマーである（亀口 2016）。発達障害への注目が高まるにつれて、彼の仕事の価値が見なおされている。ただし、私がここで強調したいのは、発達障害と明確には診断されないような「困りごと」が、日常生活の生きづらさの蓄積や、傾聴の場でのどのようなハードルをもたらすかに目を留めるまなざしである。

参考文献

Asquith, Glenn H. 1982: “Anton T. Boisen and the Study of “Living Human Documents”.” *Journal of Presbyterian History* 3, 244–265.

Boisen, Anton T. 1936: *The Exploration of the Inner World: A Study of the Mental Disorder and Religious Experience*, Willet, Clark and Company (1962 by Harper Torchbook).

Doblmeier, M. 2015: *Chaplains: on the Front Lines of Faith*, Journey Films, https://journeyfilms.com/chaplains/.

Frank, Arthur W. 1998: "Just Listening: Narrative and Deep Illness," *Families, Systems & Health* 3, 197–212.

Hiltner, Seward. 1965: “The Heritage of Anton T. Boisen,” *Pastoral Psychology* 8,

5–10.
Joint Commission International 2021: *JCI Accreditation Standards for Hospitals*, 7th Edition, Joint Commission International.
Kellehear, A. 2012: *Compassionate Cities: Public Health and End-Of-Life Care*, Routledge.
Lambert, Michael J. and Kara Cattani-Thompson 1996: "Current Findings Regarding the Effectiveness of Counseling: Implications for Practice," *Journal of Counseling and Development* 6, 601–608.
Lewis, C. S. 1994: *A Grief Observed*, HarperSanFrancisco.

井口真紀子　2021：「医師の変容可能性」『社会学評論』285（72/1）、19–36。
大村哲夫　2015：「心のケア・ワーカーとしての宗教者「臨床宗教師」とは何か？：臨床心理士との比較から」『東北宗教学』10、1–17。
亀口公一　2016：「臨床心理学の父・ウィトマーの『臨床的方法』とは何か：1907年原著論文『Clinical Psychology』の翻訳を通して」『臨床心理学研究』2、87–96。
葛西賢太　2021：「持続可能な善意」『福音宣教』オリエンス宗教研究所、27–33。
葛西賢太　2019：「スピリチュアルケアにおける身体・感覚・感情」『心身変容技法研究』8、188–195。
葛西賢太　2018：「傾聴者の意識と体験：上智大学グリーフケア研究所における傾聴者養成」『身心変容技法研究』7、94–102。
グッゲンビュール＝クレイグ、A.　2019:『心理療法の光と影：援助専門家の《力》』樋口和彦／安溪真一（訳）、創元社。
グリーンバーグ、レスリー・S. 他　2006：『感情に働きかける面接技法：心理療法の統合的アプローチ』岩壁茂訳、誠信書房。
サトウタツヤ他　2006：「複線径路・等至性モデル：人生径路の多様性を描く質的心理学の新しい方法論を目指して」『質的心理学研究』1、255–275.
シャロン、R.　2011：『ナラティブ・メディスン：物語能力が医療を変える』斉藤清二他訳、医学書院。
鈴木敦命　2016：「感情認知の心理・神経基盤：現在の理論および臨床的示唆」『高次脳機能研究（旧 失語症研究）』2、271−275。
武田光世　2021：「スピリチュアルケアにおけるプレゼンス：米英の心理学・看護学・チャプレンシーにおける議論」『スピリチュアルケア研究』5、2021年、105–117。
谷山洋三他　2020：「医療施設における宗教的背景と宗教家の活動形態：質問紙による実態調査」『東北宗教学』16、29–40。
ライト、ロレイン・M.／ウェンディ・L・ワトソン／ジャニス・M・ベル　2002：『ビリーフ：家族看護実践の新たなパラダイム』杉下知子／真弓尚也訳、日本看護協会出版会。

Teaching Clinical Listening at the Institute of Grief Care of Sophia University

by KASAI Kenta

We all experience loss and bereavement in our lives. We lose family members, pets, friends, precious items, our status, and at the end, ourselves. We are all destined to lose precious things when we are born. However, it is difficult to attend to a person who is about to experience serious loss. Sometimes we fail to visit our terminally ill friends in the hospital because we are afraid to see their suffering.

The acquisition of Clinical Listening, a semi-professional and non-denominational listening attitude, based on Clinical Pastoral Education, is what our Institute offers for people in this predicament. We suggest our students become aware of themselves by listening to each other in small groups. Their own experience of being well-listened to in training is helpful for them to learn how the experience of being well-listened feels. The formation of such attitudes is helpful not only for human care professionals, but also for citizens interested in care.

In this essay, first, I suggest that to remember the loss is crucial to partial recovery. Second, I briefly explain the process of the founding of the Institute of Grief Care at Sophia University, and its training program. I then compare the idea and practice of Clinical Pastoral Education and clinical psychology to understand the former better. Recent developments in clinical psychology encourages us to be conscious of the cognitive discrepancies of not only those being cared for but also the caregiver. To know oneself should be the foundation of Clinical Listening.

〈論文〉

聖書の死生観

――旧約における待望の蓄積から新約の時の満ち足りへ――

千葉　惠

「わたしは裸で母の胎をでた。また裸で帰ろう。主与え、主取りたまう、主の御名は褒むべきかな」(Job. 1:20)

「見ると、石が墓のわきに転がしてあり、なかにはいっても、主イエスの遺体が見当たらなかった。途方にくれていると、輝く衣を着た二人の人がそばに現れた。婦人たちが恐れて地に顔を伏せると、二人は言った。「なぜ生きておられる方を死者のなかに捜すのか。あの方はここにはおられない。復活なさったのだ」」(Luk. 24: 2–6)。

1. 死生観と神観念

1.1. 生と死の動的な関わりの探求

2021年夏、疫病の蔓延で医療崩壊のみならず、生が死に飲み込まれる人生崩壊の兆しさえこの国に広がった。人類が生存する限り問われる死が新たに問われた。死後についてなにがしか語ることは宗教の大きな仕事であるが、神など超越者をめぐっては、三つの態度が考えられる。そのなかで対立する二つの立場を突き詰めると、一方で一切を正確に知り公平な審判を遂行する一人の存在者がいるという唯一神論としての有神論となり、他方、個々人の一切はこの生の活動期間ののちに無に帰するという無神論となる。双方とも明確な信念のもとに生を構築する。第三の立場として神についてひとは知りえないという不可知論がその間にあり、最も理性的な態度のように見える。しかし、不可知論は神が存在する、それ故に死後、神の前に立ち何らかの審判を受けるという想定のもとで、日々迫られる個々の行為を選択するという生を構築できないため、有神論を懐疑においてであれ真剣に受け止めない限り、事実上、無神論に吸収される。

無神論に基づく死生観は、ここで展開する有神論の論述の否定として理解される。永遠の生命など存在せず、死後、肉体は自然とその生態系に還元されていくという見解である。不可知論は判断保留のまま生を遂行する。孔子は、弟子の子路が死について尋ねたとき、「わたしは生を知らない、どうして死について知っているだろうか」と応答した（『論語』先進 11-11）。孔子の立場は生が何であるかを知れば、死を理解できるかもしれないというものであり、強い不可知論ではない。とはいえ、これらの立場は生を死によって知り、死を生によって知るという動的な関係において捉えてはいない。

双方を分断したうえで、生の側から死を推し量ることがある。ひとは自らの過酷な生のゆえに死を望むことがある。そこでの暗黙の前提には死は一切の悪しきことの消滅であり、死後は、神ありなしに拘わらず、生のもつ過酷さをもたないかのごとき希望的観測がある。そうかもしれない、そうでないかもしれない。これに対し、双方を包括的に捉えるとは、生と死は何らか連続的であり、死が一刻一刻迫っているという事実こそ生に意味を与え、その生の内実が死に飲み込まれない肯定的なものである限り、死はその生の延長線上に肯定的なものとして開かれると捉える。その意味で死の何らかの理解が生を構成しており、生の何らかの理解が死を取り込んでいる。

生と死を包括的な視点から捉えることにより、生死の分断的な思考を免れることができる。ひとはそのような総合的な、しかも前向きな理解を求める。実際、ひとは生きていることの充実感を得るには未来に時間が開かれているという感覚を必要としている。死はその前向き、肯定的な生の構成要素でありうる。生死を支配する神は人類の歴史においてそのような機能を担うものとして看做されてきたのであり、信じること、あるいは懐疑においてであれ有神論を真剣に考慮することが生死を真剣に受け止めることを可能にさせる。突き詰めれば、宗教において生きて働く神を相手にするのでなければ、生死を動的な連関のもとで総合的に受け止めることはできない。「総合的」とは人類の歴史を考慮しつつそのなかに個人を位置づけ、各自が神への信仰、眼差しのなかで個々の古き自己の死と新しい自己の生命の再生の経験のフィードバック（送り返し）を介して、全体としての自己理解を形成深化させることである。死を支配する者があるという信なしに、死は不可知の闇に留まる。

1.2. 聖書の死生観――旧約から新約への飛躍

本稿において聖書が伝える死生観を紹介、吟味する。コンコルダンス（字句索引）によれば、聖書には「生命」（「命」）と「死」とその類縁語はそれぞれ約数百回見出すことができる（木田／和田 1997）[1)]。二千頁の一つの書物において均せば、二頁に一度はいずれかとその類縁語が現れていることになる。それ故にこの書は生命と死をめぐる書であると言ってよい。一方で、悪行や暴飲暴食が死を招くということや、他方で「ひとの生涯は草のよう、野の花のように咲く。風がその上に吹けば消え失せ、生えていたことを知る者もなくなる」という類の人生の儚さへの言及は、アダムの末の誰もが語るであろう一般的な理解である（Prov. 11:19, Lev. 10:9, Ps. 103:15, Job. 14:1）。

同様に、民族のリーダーたちは自らの使命の成就として長寿を全うしたが、そのこと自体に祝福された生を見ることも万国共通であろう。ユダヤ民族の始祖「アブラハムは長寿を全うして息を引き取り、満ち足りて死に、先祖の列に加えられた」（Gen. 25:8, 15:15）。エジプトのファラオの娘の子として育てられたモーセやその後継者ヨシュア、そして長老たちの死も生の成就でありその長寿は祝福されたものであった（Deut. 34:1–8, Josh. 24:29–31）。旧約において「ダビデは先祖と共に眠りについた」（1Ki. 2:10）という表現に見られるように、他の固有名の挿入によるこれと同じ構文は 40 か所以上で見られ、慣用表現であったことがわかる（木田／和田 1997, 745）。

この「眠りについた」という表現はエデンの園における「生命の木」に暗示されるように、生物的死が一切の終わり「永眠」というものではなく、覚醒の可能性を示唆していると言うことができる。この表現は新約における義人、聖徒の死が一時的な眠りであるという特徴づけを基礎づけたと推測される。もし神に背かなければ、アダムであれ誰であれ、たとえ生物として土に返ったとしても、義人の死は新約聖書においては「眠り」であると捉えられることになる（Mat. 27:52, 1 Cor. 15:6, 18, 20, 51）。

The Book と呼ばれる人類の歴史で最も読まれているこの書物は、一つの出来事を契機に二つの異なる文書が連続的な歴史の展開として編集されている。イエス・キリストの復活、即ち死者たちのなかからの甦りを契機にし

て、旧約聖書と新約聖書の死生観は断絶と呼べるほどの飛躍を遂げている。新約において「永遠の生命」と呼ばれるものの在り処が、歴史のなかで全人類に向けて神により知らしめられたと報告されている（John. 3:18, Rom. 5:21)。新約との著しい対比として、旧約において来世についての思弁や幻、永遠の生命の獲得とその希求の記録はほとんど見られない。その理由を探りつつ、人間の永生の可能性を基礎づける（神学的には御子の贖いの十全性故に）「ただ一度」(Rom. 6:10）限り生起したと報告される死者の復活、甦りの事件が両文書の連続性と飛躍を道理あるものと理解させる、そのような異なる記述を許容する同一の神についての理解を深めたい。

新旧約を貫く神の特徴づけは明確であり、唯一の神ヤハウェは宇宙万物の創造者として時空の外にあり、永遠の現在において過去も未来も現在のこととして了解している全知にして全能なる宇宙の栄光である（Gen. 1:1–2:4, Ps. 90:4, 91:1, 139:1–24, Rom. 1:19–20)。双方の相違としては、神は自らの愛の相手として人間を創造したが、楽園追放後の人間との関わりの仕方、即ち媒介が御子の出来事を契機にして判別される。一方、旧約においては天、主の使い、預言者そして洪水や疫病等自然事象を介してその都度の今・ここにおいて、具体的な状況にある人々に働きかけていることが記録されている[2)]。預言者たちは人格的な存在者として神の言葉を取り継ぐ。定型表現「万軍の神（主）は言う」は預言者たちにより150回以上用いられ、神の認識や判断が取り継がれている。神の審判の預言は至るところに見いだされる(eg. Hosea 7:13–8:14, Isa. 30:12–14, Jer. 5:14–17)。ユダの王ゼデキアはじめ高官たちは紀元前6世紀に70年間にわたりバビロンに拘束された（Jer. 25:11)。それはユダの堕落に対する神の怒りであった。「わたし［神］はエルサレムを瓦礫の山、山犬の住処とし、ユダの町々を荒廃させる。そこに住む者はいなくなる」(Jer. 9:6–10)。

他方、新約において、神は根源的な仕方で神の子であり同時に受肉により真の人の子である和解の執り成し手イエス・キリスト、ないし聖霊を介して関わっていると報告されている。ナザレのイエスが自ら天父の子であるという「神の子の信」、信の「従順」を貫きその都度の今・ここの働きにおいて完全に神の義と神の意志、計画を実現したことにより、神により御子として嘉みされ甦りを与えられたと報告されている（Gal. 2:20, Phil. 2:8, Rom. 4:25)。そのことにより、イエス・キリストは父なる神の信義の啓示および神の人間認識、判断の普遍的な仕方での啓示の媒介者とされる。そしてこれは父と子の協働の知らしめであるが故に、これは最も明白な神の自己顕現である（John. 16:32, Rom. 3:21–26, 2Cor. 5:19）。

かくして、この自己顕現に基づき旧約における自然事象また族長、預言者を介した神の諸顕現を理解することは道理あるものとなる。根源的かつ普遍的に知られる父と子の協働作業のほうが具体的な状況、とりわけ窮状にある個々人に受け止められた限りにおいて記述される神よりも純化された仕方で神の特徴およびその働きが理解されうるからである。さらに、御子の派遣は然るべき時に決定的な仕方でなされたとする限り、その充足の時に至る準備期間として他の一切の顕現は理解されるからである。永遠の生命の知らしめの準備として旧約が位置づけられる。

両文書の報告において、同一の神が自らの隠れと顕現において歴史を一直線に展開させていると理解される。パウロは433節からなる「ローマ書」において、旧約に先駆的形態のある信に基づく義・正義が、モーセを介した旧約の中心的啓示である業に基づく義・正義よりも神自身にとってより根源的であることを論証する。彼はそこでキリストにおいて成就された福音（信義論、予定論）を旧約から60節（箇所）以上すべて肯定的に引用することにより裏付けている（千葉 2018, 456, 155.n.3）[3)]。救世主の復活の知らしめこそがそれまでの旧約人の知らされざるなかでの苦闘と待望を特徴づける。彼らは一回限りの歴史の進行のなかで政治的メシヤの出現であれ他の何かであれ救いを暗中模索していたが、自ら知らずにも、あるいはわずかに自覚的に復活による永遠の生命を求めていたことが明らかになる。

2．アダム――その組成と堕罪

2:1 人類の始祖アダムとひとの心身の構成要素

人類の始祖の誕生神話によれば、神が土に生命の息を吹き込むことによりひとが生きるものとなったとされている。「主なる神は土（アダマ）の塵でひと（アダム）を形づくり、その鼻に生命の息（*pnoē zōēs*）を吹きこんだ。そして人間は生きる魂となった」(Gen, 2:7)。G. フォン・ラートは言う。「用いられる材料は土である、しかし人間は最初に神の口から神的な息のまったく無媒介的な吹きこみによって『生きもの（Lebewesen）』になった。この七節はかくして、ヤハヴィストには珍しいことであるが！、一つの厳密な定義を含んでいる」(v. Rad 1978, I,163)[4)]。

人間が地水火風という自然の構成要素と異ならないものにより形成されていることは、最も基礎的なこととして共約的に確認できることである。そのことは三十数億年の生命の進化の過程を経ての人類の誕生という理解にも道を備えることになるが、進化の問題をここで論じることはできない（千葉2018, 第二章一節四)。ここで確認すべきことは、なによりも、人間の構成要素に関するこの最も基礎的な事態が含意することとして、現代科学が対象とする人間と聖書の伝統のなかで新約の使徒パウロがナザレのイエスの生涯に基づき解明しようとする人間は、少なくとも同一の質料的な基礎を持つということである。パウロは旧約以来の伝統のなかで、「最初の人間アダムは生きる魂となった、最後のアダムは生命を造る霊となった」(1Cor. 15:45) と語り、生物的な生命原理として「魂」を提示し、またその延長線上に最後のアダムとしてのキリストをさらなる新たな永遠の生命の原理となる「霊」として提示している。

人間の心身の構成原理について確認する。伝統的に「魂 (*phsuchē*)」が生命原理として最も基礎的なものであると位置づけられる。そのうえに「心 (*kardia*)」に内属する感情や思考、信念等の心的事象が生起し、さらには「内なる人間」と呼ばれる心の底に内属する霊的事象が出現する (Rom. 7:24, 2Cor. 4:16)。パウロにおいては「人間」は、「最初の人間」とその生物的な死を介して「第二の人間」双方から成り立つと想定されている。第一の人間は「魂的身体」を持ち、第二の人間は「霊的身体」を持つ。第一の人間アダムは「土に基づき土製の」組成を持ち「生きる魂」となった。第二の人間は「天から」の者であり、「終局のアダム」と呼ばれるキリストが「生命を造る霊」となったことに基礎づけられる (1Cor. 15:44–48)。

この事態は神話的には、鼻に吹き込まれた「生命の息」と呼ばれる人間の魂体に関し、生物的な生命に関しては現代科学の知見は日進月歩であるが、現代科学がまだ解明できていないことがらを、あるいは異なる仕方で表現していることがらを、パウロがすでに把握している可能性を否定しない。パウロは「霊 (*pneuma*)」をその心身、魂体を統一する最も基礎的な要素として提示している。聖霊を受けたか否かについて、新約は帰結主義をとっており、愛の実践や平安、喜びの果実を得ているとき、即ち人格的成長が確認されるとき、その証があると主張される（Luk. 7:44, Gal. 5:22）。信が聖霊を受動する心魂の根源的部位において生起する限り、つまり正しい信である限り、真偽の知識に関わる理性の逸脱である狂信からも、心魂の人格的徳（善悪）に関わる身体的なパトス（受動的情念）の過剰（例、恐怖）である迷信からも自由とされ、賢者となり聖者となるからである（千葉 2018, 序文 32, 第二章三節, 四節）。

アダムの存在論的な身分はいかなるものか。土製の自然に還元できるのか。神が土製のものに息を吹き込んで「生きる魂」となった以上、人間は実質的には神的・霊的なものにより形成されている。しかし、聖霊が改めて注がれることは多くの箇所で語られている以上、この創造の息吹は聖霊を意味してはいない。生命原理としての魂のことが語られていることは明らかであり、その息吹は続いて与えられるでもあろう聖霊の注ぎを受けとる部位、「内なる人間」として理解することができる。少なくとも、単に土だけによって造られているわけではないので、何らかの神的行為に対応しうるもの、即ち通常の生命活動のただなかで聖霊を受け取るこのとのできる部位が力能において心魂の根底に内在していると理解すべきである。それが神的息吹の注ぎにより「生きる魂」となった人間の実質であると考えられる。

実際、次のようにも言われている。「魂的人間は神の霊のことがらを受け取らない。というのも彼は愚かでありそして知ることができないからである、というのもそれは霊的に吟味されるからである。霊的な者はすべてを吟味するが、彼自身は誰によっても吟味されない」（1Cor. 2:14）。「内なる人間」が実働することにより霊的な人間は最も包括的に人間であることを把握した者であり、人間は自らが、肉の魂的な生命に還元されないことを知っている[5)]。

2:2. 堕罪とその影響――「善悪を知る木」と「生命の木」

これらは誰もが持つ心魂の態勢、働きであると聖書は主張する。一方で、生命の誕生であれ長寿であれ、祝福は土から造られた自然的な心魂のうえに注がれる。創造は「はなはだ良かった」のである（Gen. 1:31）。自然的なものは草木であれ動物であれ、自らの生命の力能の十全な発揮においてこそ自然であり本来的である。人類の始祖アダムとエヴァは祝福のもとにあり、人類の隆盛に向けて生殖も祝福されている。「産めよ、増えよ、地に満ちて地を従わせよ」(Gen. 1:28)。もし罪がなければ、ひとの人生はすべて自然のままに祝福されたものであったであろう。楽園神話においてはひとは神の目前で生活しているがゆえに、霊の媒介の働きは必要とされていない。

神はエデンの園の中央には「生命の木」と「善悪の知識の木」を生えいでさせた。最初のひとは園の木の実を自由に食することが許されていたが、「善悪の知識の木からは、決して食べてはならない。食べると必ず死ぬ」と警告されていた(Gen. 2:17)。彼らは「神の如くになる」(3:4)という蛇の誘惑に負けて、この木の実を食した。すると目が開け裸であることを恥じた。ルターは「罪とはおのれの内側に曲がってしまった心である」と言う。彼らは神から自律した行為主体として善悪を判断して生きる道を選んだ。ひとは「啓蒙」と呼ぶでもあろうが、神の視点から言えば、従順の中での善悪の識別を介しての道徳的鍛錬は嘉みされたであろうが、神から離れての啓蒙は背きであり罪であった。神は「塵にすぎないお前は塵に帰る」という仕方で、自然的な生物的死を生命維持の労役とともに罰として与えた(3:19)。

楽園追放の理由は、彼らが「生命の木」からも取って食べ「永遠に生きる者」となる恐れがあったからである(3:23)。ここでは時満ちて御子の派遣を介して永遠の生命が与えられる、そのような歴史を踏まえることなしに、永遠の生命を一気に獲得することが問題視されている。なぜ人類には初めから永生が明らかな仕方で与えられなかったかが説明されねばならない。

ひとは道徳的となる力能および永遠の生命に与る主体となる力能を、その創造において所有していた。少なくともそれらが然るべきときに神から与えられた際には、それらの実を食し消化するする力能を備えていた。エデンの園から追い出せば、盗まれ食されることがなくなるという想定のもとに彼らは園を追放されたのであるから、それ以前も以後も彼らが食する力能を失ったわけではない。とはいえ、時が満ちたなら善悪の木のみならず、生命の木を食することが許されていたかもしれないが、最初の人間には許されなかった。

人類がその後もこの力能を所持していると看做すべきことは、一つの民族の展開のなかで、預言の成就として永遠の生命を担った御子の復活が生起したことから確認される。堕罪後人類の歴史は自然的制約というこの与件のもとで、神への背きと死の乗り越えを課題として引き受けることになる。生物的死が単に自然事象であり神への背きの罰であるという認識の欠如こそ神への背きを示しており、悔い改め立ち帰りがその都度求められている。それが原罪の持つ波及範囲の最も確かな理解である[6)]。

3. 神が生死を支配する——今・ここにおいて働く旧約の神

生物的死はこのように聖書において罪の罰であるという基礎理解のもとに、旧約における来世、永遠の生命への希求の記録の欠如についていかなるものとして理解しうるか考察したい。旧約人はアブラハムの信とモーセ律法により鍛えられることとなる。彼らの歴史における神の意志の明確な知らしめは、信仰に基づき義とされたアブラハムへの子孫の繁栄の約束と信仰に基づきエジプト脱出を導いたモーセへの十戒に見られる。この恩恵に絶えず立ち返ることは彼らのあらゆる神との関わりの規準、礎石となった。旧約の義人の系譜が信仰に基づくものであったことは「ヘブライ書」で旧約人 14 人の言及のもとに記録されている（11:1–40)。

モーセは神の命に従い、ヘブライ人をエジプトから導きだし、神の山ホレブにおいて神から律法（十戒）を啓示された。「汝はわたしをおいて他に神があってはならない。……わたしは主、汝の神。わたしは嫉む神である。わたしを否む者には、父祖の罪を子孫に三代、四代までも問うが、わたしを愛し、わたしの戒めを守る者には、幾千代にも及ぶ慈しみを与える。……汝の神、主の名をみだりに唱えてはならない。みだりにその名を唱える者を主は罰せずにはおかない」(Exod. 20:4–7)。

生命と死は、神の祝福と呪いの関連におかれる。「わたし［モーセ］は今日生命と幸い、死と災いを汝の前に置く。……汝の神、主を愛し、その道に従って歩み、その戒めと掟と法とを守るならば、汝は生命を得、かつ増える。……もし汝が心変わりして聞き従わず、惑わされて他の神々にひれ伏し仕えるなら、……汝らは必ず滅びる」(Deut. 30:15–18)。モーセは偶像崇拝に陥った民を一日で三千人処刑して、神の言葉を伝達した。「わたし［神］に罪を犯した者は誰でもわたしの書から消し去る。……わたしの裁きの日に、わたしは彼らをその罪のゆえに罰する」(32:28, 33–34)。

神が唯一であり他のいかなる神をも拝するなという唯一神の顕現とその神の名をみだりに唱えるなという戒めは、イスラエル民族の思考と行動を支配した。神になずむことへの禁止は、神への畏れのなかで死後への勝手な思弁や要求をブロックする。さらに口寄せや霊媒を通じての死者との交流の禁止は、神から知らされていない事柄に対する思弁や希求の禁欲を強いている（Deut. 18:11, Lev. 19:31, 20:6, 20:27, 2Ki. 21:6, 23:24, 2Chr. 33:6, Isa. 8:19, 19:4）。

彼らの思考の枠は、アブラハムの約束の成就への信とモーセ十戒の遵守による祝福と懲罰のもとに定められた。それはちょうど厳格な親の訓育のもと真面目で規範意識の高い子供が育つことと類比的である。パウロによれば、厳格な律法主義者には「誇り」が残り信に至らない可能性が指摘されている（Rom. 3:27）。それでも、どのような養育環境にあっても人間が人間である限り共通する心魂の働きである感情や憧れ、思考そして信念を抱いている、あるいは何らかの心魂の法則性のもとに心的事象は生起すると想定することは道理がある。

ここで旧約における死生観をめぐって彼らの特徴的な理解を幾つか挙げる。(a) 生と死一切が神の支配のもとにある。預言者エゼキエルはバビロン捕囚のただなかで神の言葉を取り継ぐ、「すべての生命はわたし［神］のものである。父の生命も子の生命も、同様にわたしのものである。罪を犯した者、その者は死ぬ」（Ezek. 18:3）。エレミヤはバビロン王ネブカドレツァルの侵攻を預言し神の言葉を取り継ぐ。「見よ、わたしは汝らの前に生命の道と死の道を置く。この都に留まる者は戦いと飢饉と疫病によって死ぬ」（Jer. 21:8）。生死は神に属するものである。「何ごとにも時があり、天の下の出来事にはすべて定められた時がある。生まれる時、死ぬ時がある」（Eccl. 3:1–2）。

(b) 神は生物的死や洪水、隕石の落下、そして疫病など自然的事象を介して自らの意志、とりわけ懲罰を知らしめる。(c) アブラハムは彼の子孫の繁栄に対する神の約束を信じ、それにより神と正しい関係に入った。旧約においても信仰義認の系譜がその民族に対する神の祝福、肯定的な交わりの源泉である。(d) 神を信じ畏れモーセ律法を遵守する者には祝福が与えられる。永遠の生命希求の代替として、指導者たちに見られる長寿とその祝福は定型句「眠りについた」により表現されている。(e) 祝福と懲罰の前提として、ひとは誰もが自らの責任ある自由のもとに生きており、神に背くことも立ち帰ることもできる。ただし、楽園追放の与件のもとで立ち帰りが常に必須事項となる。かくして、ひとは追放後さらに背くか、それとも主を畏れ立ち帰り神と正しい関係を結ぶに至るかが問われている。

ここでは（b）自然事象が神の意志を媒介するその擬人化、自然化について考察する。例えば、人類の悪の蔓延りに対する神の怒りがノアの洪水を引き起こしたと報告されている。「神はひとを創造したことを後悔し、心を痛めた」(Gen. 6:6)。神はノアの家族が生き延びるように箱舟の建造を命じるが、そのとき「すべて肉なる者を終わらせる時がわたしの前に来ている。彼らの故に不法が地に満ちている。見よ、わたしは地もろとも彼らを滅ぼす」(6:13)。

またソドムとゴモラの町が、その悪に対する神の怒りのもと硫黄の火により滅ぼされたと報告されている。この「硫黄の火」は近年の考古学的研究により、紀元前1650年頃死海近辺のヨルダン川東岸における隕石の落下であることが判明しつつある。ソドムについて神は三人の使いを介してアブラハムに告げた。「ソドムとゴモラの罪は非常に重い、と訴える叫びがとても大きい」(Gen. 18:20)。彼は神に願い、五十人の義人がいたとしても滅ぼすのかとソドムの都のために執り成す。彼は義人の存在を十人まで値切り、神から「その十人のために滅ぼさない」との応答を得ることができた。しかし、ソドムにはそれだけの義人を見出しえなかった。

ダビデの時代にイスラエルにおいて、北の端であるダンから南の端であるベエルシェバまで疫病がもたらされ七万人が死んだと報告されている(2Sam. 24:15)。「御使いはその手をエルサレムに伸ばして滅ぼそうとしたが、主はこの災いを思い返され、民を滅ぼそうとする御使いに言った、『もう十分だ、その手を下ろせ』」(24:16)。

この物語や義人の値切りにみられるように、旧約において神は擬人化されており、意見を変え得るものとして宇宙の栄光を捨てた人間的な神として描かれている。しかし、新約の視点から言えば、これらは真の媒介者キリストを知らない者たちへの神の憐みの表現として理解される。宇宙の栄光である神は自らが理解されるべく、旧約人の認知的制約のもとで自然事象を介して人間と関わる。このように旧約においては神についての普遍的な理論化は遂行されることはなく、個々の神とひとの今・ここの人間的な交わりが記録されている。かくして、旧約の神は、神とひととのあいだを分けない仕方でその都度の今・ここにおいて関わる「エルゴン（働き）の神」と特徴づけられよう。

4. 何故永遠の生命への追求は旧約人には わずかにしか見られないのか

旧約と新約の死生観の論述内容の相違は興味深い。御子の受肉、受難と復活を介して啓示された福音が相互の連続性と展開とともに、新約から見る限り旧約における欠落そしてそれ故に待望が明らかになる。ここで、新約の視点から明らかになる旧約における不在ないし僅少の例を挙げる。（1）永遠の生命の獲得の記録はもとよりその希求。（2）神と敵とのあいだの執り成しの働きとその祈り（とりわけ「詩篇」における）。（3）聖霊による肉の弱さにある個々人への内在を介した呻きを伴う神の肯定的な意志の執り成し。（4）指導者や預言者たちの有徳者であることの記録、そして立派な有徳な人間になることへの奨励、ただし神による義人の認証を除く。（5）聖霊による一つの身体としての集会、教会の形成。（6）異邦人の救い。これらの記述が皆無ないし僅かにしか見られない[7]。

ここでは（1）について考察したい。詩人は神への讃美の機会を失わないためにこの世の生存を嘆願する。「あなたは、わたしの生命を死に渡すことなく、あなたの聖者が朽ちることを許さず、生への道を教えてくださる」(Ps. 16:10)。「主よ、わたしはあなたを呼びます。主に憐みを乞います。わたしが死んで墓にくだることに何の益があるでしょう。塵があなたに感謝をささげ、あなたの真実を告げ知らせるでしょうか」(Ps. 30:10)。「あなたは死者に対して驚くべき御業をなさったり、死霊が起き上がってあなたを讃えるでしょうか。墓の中であなたの慈しみが、滅びの国で、あなたの真実が語られたりするでしょうか」(Ps. 88:11)。生きている限りにおいて、一切を支配し導く神に讃美を捧げることができ、そのなかで祝福を頂くことができる。

端的に言って、旧約人は直接的な仕方での永遠の生命を待望するということが、ヨブや預言者等特異な状況にある個人を除いては記録されてはいない。その待望は、民族の集団心理として、楽園追放以後、主の名前を「みだりに唱えるな」、「貪るな」という戒めに包摂されるタブー・禁忌であり、避けられたのであろうか。生命の木の実の実質は始めの人間の背きの故に言及することさえ許されなかったのであろうか。アダムが裸であることを恥じ、また茂みに隠れたように、旧約人は神への怖れのなかで自らの心情を吐露したり、最も重要な願望をさえ安易に要求できなかったのであろうか。復活はあまりに信じがたきことであったのであろうか（Mat. 22:23）。永遠の生命への希求の記録の欠落は、これらの複合的事情によるものであろう。

フォン・ラートは幾つかの箇所を論拠に挙げつつ、旧約人は来世を望むことがなく彼が「此岸性」と呼ぶ現実世界への集中を彼らの特徴としてあげる（Ps. 90:4–11, 34:14ff, 88:6–11, Job. 9:2–5, 29–31, Deut. 3:15ff, Isa. 38:11ff）。「旧約聖書には、死後の生に対する要求はない。それは、人間が簡単に要求できるものでもなく、まして、自分勝手にわがものにすることができるものではないことを知っており、それよりも、人間は完全に神の恵みに依存しているということの方が重要だったのです。……この待期期間、つまり、永生への希望の明白な欠如については、あたかも神が自分の共同体に、まず、初めに、完全な此岸を与えられたのではないかというふうに説明できるのではないでしょうか。実際、旧約の定めは、神の此岸に対する意志を含んでいます。……すべての不安が解消されるであろうと人々を誘惑する彼岸によって相対化されることはなく、むしろ、大地と人間は、神の側から、「出口なし」と示されて、それを真摯に受け止めたのです。……あらゆる彼岸信仰は、神の此岸に対する意志を無視する明らかな不服従と言うべきです」[8)]。

しかしながら、フォン・ラートによる旧約人のこの理解は正しいのだろうか。これまでの論述に基づくとき、少なくとも、「此岸性」と「彼岸性」、ひとの世界と神の世界の分断を含意するこの表現は、生と死を総合的に捉えることを不可能にしており、貧弱な死生観しか持ちえず、旧約人を矮小化してはいないであろうか。神から「出口なし」を示された人間はどこに希望を見出すことができるであろうか。より適切な表現を求めるべきである。

旧約においては神が人間と関わる媒体は洪水や疫病そして死等自然事象を介してであり、そこではこの世界の事象を媒介にして具体的に関わる今・ここのエルゴン（働き）の神の報告で満ちているがゆえに、何か彼岸即ち神の前の事柄が考慮されずに、此岸即ちこの自然的世界だけが考慮される、そのような印象を与えたのだと思われる。しかし、エルゴンの神はひとの現実世界から分けられてはいないだけのことであり、その同じ神がどこまでも宇宙の栄光の神である。この神は当然死を支配している以上、死後を考慮しているが、そのことは新約において明確に知らしめられた。神は旧約人にはアブラハムの信仰義認とモーセの業の律法に基づく義認の枠のなかで、自らが人間的に理解されることを許容しつつ、恩恵を思い起させることにより罪とその値である死の乗り越えを迫っていた。罪と死の乗り越えが彼らの課題でなかったはずはない。あたかも旧約人が此岸に閉じ込められたかに見えるのは、神が自ら譲歩して彼らの理解に応じて今・ここにおいて具体的に人間的な様相において関わったからである。

5. 旧約のエルゴンの神と新約のロゴス及びエルゴンの神

新約において、媒介者が真の人間であり真の神の子である場合には、神の前、即ち神自らの人間認識と判断から、ひとの前、即ち肉の弱さのもとにある人間の自由な責任主体を理論（ロゴス）上判別し、しかも両立的なものとして論じることができる（千葉 2018, 第三章)。ただし、イエス・キリストを介しての、神のひとへの関わりは神の前とひとの前を分けない今・ここの具体的な神的かつ人間的働き（エルゴン）であることは常に留意されねばならない。新約の神を「御子故のロゴスとエルゴンの神」と呼ぶ。まさに「ロゴス（理・ことわり）は神であった」(John. 1:1)。

旧約における啓示の媒介は預言者や自然事象であり、それらの今・ここの働きの蓄積であり、理論があるとしてもこれらの働きの経験の総合として帰納に留まる。旧約では未だに、一回限りの決定的な啓示に基づき、他の一切の顕現が理解される新約における総合的神学が構築されることはなく、それ故に神が自らいかに認識し判断したかの知らしめをそれ自身として析出することができない。此岸と彼岸の支配者である神が関わっているという限りにおいて旧約人が出口なき此岸に自らを閉じ込めたということではない。そこで報告されているのは、永遠の神が人間的となり旧約人と分断されない仕方で彼岸のメッセージを此岸にその都度伝えたことである。

二つの文書における一方の欠落と他方の充満の対比は興味深く、この著しい論述の相違、そしてそれにも関わらずその連続性をここまで確認した。それは同一の神が一つの計画のなかで、決定的な啓示、知らしめを介してそれ以前とそれ以後の人々の知識をめぐるコントラストを著しいものにしたという理解を道理あるものとする。ひとの心魂はいつの時代にあっても生死の根源的な理解においては同じ働き、反応をするという見解は道理あるものだからである。これは、例えば、人類が持つ同一の知性の展開のもとに科学が進み、人類が不老不死を獲得した場合、その後の死生観は今とまったく異なるであろうことと類比的である。

旧約における神は自らの正義と憐みを人類に理解されるよう自然事象を介して自らの人間認識と判断を伝達する、自然化され、擬人化された神として描かれることを許容している。即ち、人間に近い神であり、人間の自然的生存を左右する神として人間の、とりわけ窮境における神理解を投影されることを許容している。旧約人と関わる限りの神は、宇宙の栄光としての超越的な神というより、その都度怒りや後悔などと表現される仕方で人間に関わる内在的な神と言うことができる、もちろん旧約における宇宙の栄光としての神讃美は豊かなものでありつつ。新約では神の超越性は御子の媒介によりロゴス上確認される。神のエルゴンは御子においてその都度確認される。

預言者たちは今・ここの具体的な状況において民の罪を告発し、神への立ち帰りを要求している。このやりとりの集積が旧約人の歴史であった。かくして、旧約人は自らの心魂の内面において神の臨在と不在を感じつつ、今・ここの神との交わりにこそ自分たちの信仰の生命線を見ていたと言うことができる。救いが自らの外にイエス・キリストのうちに明確に立てられた新約とは異なり、エルゴンの神の隠れと顕現のもとに自らの心の up and down のなかで自らの心の状態が常に問われていた。「詩篇」はその記録であり、敵への執り成しを祈る余裕はなかった。旧約人は神について「隠れています神」と呼ぶことがあるように、十全な神の顕現が与えられない（Isa. 45:15, Deut. 29:28）。「いつまで主よ、隠れておられるのですか。御怒りは永遠に火と燃え続けるのですか」（Ps. 89:47–49）。新約においては、この訴えはなされえない。なぜなら、旧約において待ち望んだ「贖い主」、「仲保者」が到来したからである（Job. 9:33, 33:23, Isa. 43:13, 47:4, 49:7, 54:5）。

しかしながら、顕現も報告されている。ヨブが神の正義を疑い問いかけ追及したはてに、神が旋風のなかから顕現して言った（神義論については、千葉 2018, 456–462）。「これは何者か、知識もないのに、言葉を重ね、神の経綸を暗くするとは。男らしく腰に帯をせよ」と応答したその時に、その事実だけで、ヨブの一切の懐疑は払拭され、喜びに満たされている（Job.

38:1–3)。イザヤは「聖なる、聖なる、聖なる万軍の主」の顕現に恐れ慄きつつ「滅び」を覚悟したが、火鉢による唇の清めにより「汝の咎は取り去られ、罪は赦された」という今・ここの罪の赦しの経験にいたっている（Isa. 6:3–7)。旧約人はこの今・ここの働きを求め、何らかの顕現により満たされつつ待望を続けた民族であった。

6. 結論

エルゴンの神、即ちひととその都度の今・ここにおいて関わる神が前史として描かれなかったなら、父と御子の協働行為としての福音は正しく福音として位置づけられなかったことであろう。あの準備期間においてこそ、同一の神の御子の派遣の必然性と、さらには罪と死の克服としての受肉、宣教、受難、復活の主は正しく理解されるにいたる。かくして、他の民族の歴史からはナザレのイエスは誕生しなかったという理解は道理がある。同様に生と死も旧約のあの禁欲的な準備なしに、総合的な理解はかなわなかったであろう。

もしユダヤ人の歴史のなかでの受肉はもとより、何の歴史的交流なしにUFOのようにアブラハムの時代に神が全人類に突然現れ、神自身が人類の創造者であることを知らしめたとして、それは人類の歴史になんら関わらない神である。その神による救済は棚ぼた式であり、多くの人はたとえ宇宙船を操る認知的卓越性を認めたとしても、人格的な正義（公平）と愛（憐み）の両立を知ることはなかったであろう。即ち、信に基づく正義を介して自らの罪が贖われたこと、罪と死に対して勝利が与えられ、懲罰としての死が永遠の生命に飲み込まれたその神の愛を信じるに至らなかったであろう。

「見よ、わたし［パウロ］は汝らに奥義を語る。われらすべてが眠りにつくということにはならず、かえってわれらすべてが、不可分の間に、瞬く間に、最後のラッパにおいて、変化させられるであろう。というのも、死者たちもまた、ラッパが鳴ると、不死なる者たちとして甦らせられそしてわれらもまた変化させられるであろうからである。というのも、この朽ちるものが朽ちないものを着させられそしてこの死ぬものが不死を着させられねばならないからである。しかし、この朽ちるものが朽ちないものを死ぬものが不死を着させられるであろうとき、そのとき書き記された言葉が出来事になるであろう。『死は勝利に飲まれてしまった、死よ、汝の勝利はいずこにある、死よ、汝の棘はいずこにある』[Isa. 25:8, Hos. 13:14]。罪が死の棘であり、罪の力能が［罪の］律法である［Rom. 7:23]。われらの主イエス・キリストを介してわれらに勝利を賜る神に感謝する。かくして、わが愛する兄弟たち、あらゆるときに主の働きにおいて満ち溢れつつ、汝らの労苦が主にあって無駄なものではないことを知りつつ、動かされることなく、堅固たれ」(1Cor. 15:51–58)。

ユダヤ民族の歴史の展開においてモーセ律法（「業の律法」(Rom. 3:19–20, 3:27)）が先ず神の意志として啓示され、その正義の規準との関連で神への背きが告発され、この民は祝福とともに罪の懲罰を受けてきた。そのなかで時が満ちてもう一つの神の意志（「信の律法」(3:27)）が御子の受肉と信の従順の生涯により福音として啓示されている。罪とその値である死が克服された。

新約の視点から「ヘブライ書」記者は旧約の人々をこう特徴づけている。「この［旧約の代表的な］人たちは皆その信仰故に証人とはされていたが、約束されたものを受けとならかった。神はわれらのために、さらにまさったものを見通しておられたので、彼らはわれらを離れては完結されることがないためである」(Heb. 11:39–40)。旧約人は新約人を待って初めて彼らの生が何であったかが初めて明確にされ、完結されるものであった。

旧約人の宿命として、彼らは神と自らの交わりのエルゴンの積み重ねをアブラハムの信とモーセ律法のもとに続けた。そこには祝福と懲罰の経験があった。自らの心魂を離れて神の審判に耐えうる力はなかった。新約人は自らの外に、イエス・キリストのうちに自らの救いの力を見出した。旧約人は明確な知識をもたずにも神の義と愛という一本の道を忍耐のもとに歩み続けたそのただなかに、キリストを待望するエネルギーが蓄積されていったのであった。

注

1) 新約からの引用は私訳を用い、旧約からの引用は基本的に日本聖書協会『新共同訳』(1987) を用いる。
2) 「天」は旧新約全体で約650回使用のうち「天から」は旧新約それぞれ約60回現出、「御使い」は旧約で約50回、「天使」は新約で約200回現出。前掲辞典。
3) 本稿は多くの箇所において千葉 (2018) の論述を前提にしており、関連ないし詳述箇所は本文内で示す。
4) この文章で旧約の記者の一人であり神を表現する際、固有名「ヤハウェ」を用いる「ヤハヴィスト」においては具体的な記述が多く定義を企てることはないとされている。これはこの文書一般の傾向であり、理論的な展開よりも神とひとの具体的な関わりが記録されている。
5) 生命と魂そして永遠の生命につらなる霊について、即ち、聖書が展開する心身論についてのより詳しい議論は、千葉 2018, 第四章「パウロの心身論」を参照されたい。
6) カトリックとプロテスタントにおいて、最初の人間の腐敗はどれほど著しいかの論争がある (千葉 2018, 第八章、九章第二節一)。カトリック教会は4世紀ヒエロニムスによりラテン語に翻訳されて以来聖典とされたVulgata版を1970年のNova Vulgataにおいて、アダムの原罪が血を介して遺伝的に伝わるという遺伝罪という考えの典拠とされることもあった箇所 (「ローマ書」5:12) の翻訳を修正している。罪は神の前の概念であって自然的な概念ではなく、罪の遺伝子が子孫に伝達されるという類の議論はなされえない (千葉 2018, 上巻32, 705–710)。遺伝罪という理解は既に克服されたとして、人類はすべて神の前に罪を犯したと理解されている。アダム以来、ひとびとはずっとアダムを「模倣」(ペラギウス) してきたと理解される (千葉 2018, 第六章147)。あるいは、「模倣」という言い方が躓きを与えるとすれば、神の前に一度は嘉みされなかった者として振る舞ってきたことになる。「すべての者は罪を犯した」(Rom. 3:23, 5:12)。
7) 旧約人は新約において知らされているキリストの一つの身体を形成するそのような共同体や教会の観念をもたなかった。C. H. マッキントッシュは言う、「個々の霊の救と教会を一の特別の存在として聖霊によりて組成する事とは全く別事である。……旧約聖書にはどこにも教会の神秘について直接の啓示がない」(C.H.M. 1927, 16, 18)。「エペソ書」において使徒は言う。「キリストの奥義は、今彼の聖なる使徒たちと預言者たちに霊のうちに知らされたようには、[彼以前の] 他の時代の人の子たちには知らされてはいなかった」(Eph. 3:4)。
8) フォン・ラートはJ. ウェルハウゼンの問いを紹介する。「宗教的な動機をもった誠実な人たちが、それほど長く、死後の永生への希望なしにありえたのはなぜか」。ラートはこの問いが事実に即したものではないとし、「なぜなら、旧約聖書には、死後の生に対する要求はないから」と理由を提示する。しかし、これは人間本性からして、また生死の本性に鑑みて、旧約人に対する過度の要求、また過度の特殊民族性への要求が含まれている（フォン・ラート 2021, 67–68)。

参考文献

木田献一／和田幹男監修　1997：『新共同訳聖書コンコルダンス：聖書語句辞典』キリスト新聞社。

千葉 惠　2018：『信の哲学』上巻、北海道大学出版会。

フォン・ラート　2021：「旧約聖書における生と死についての信仰証言」『ナチ時代に旧約聖書を読む：フォン・ラート講演集』荒井章三（編訳)、教文館。

C.H.M（Mackintosh, C. H.）1927：『創世記講義』黒崎幸吉（訳)、一粒社。

Von Rad, G. 1978: *Theologie des Alten Testaments* 7 Auflage, München: Kaiser Verlag.

Life and Death in the Bible:
From Accumulations of Expectant Waiting in Preparation in the Old Testament to its Fulfillment in the New Testament

by CHIBA Kei

There is a salient difference in the treatment of life and death in the Old and New Testaments which are edited as a consecutive Book. While there are few appearances of passages in which people yearned for eternal life in the former, plenty such passages are found in the latter. Jesus Christ is truly a son of God and truly a man as the Mediator between God and man, whose resurrection is supposed to have taken place only once in human history. The event of his resurrection led to a leap in understanding life and death among people who received the Gospel which the Old Testament had prophesied.

Gerhard von Rad explained the attitude of the Israelites in the Old Testament as 'this worldliness.' By opposing this characterization which inevitably severs life from death, and things before God from things before man, I explain why 'there is no demand of life after death'(Rad) in the Old Testament. God associated with the people in the Old Testament through natural phenomena such as floods and meteorites, by allowing Himself to be described and personified with emotions such as regret and anger. This is an expression of God's mercy to be understood by those who do not know the Mediator. God is at work here and now through natural phenomena in the Old Testament and through His only son in the New Testament. In the latter, we can understand God not only by His unsevered acts between Him and man through the Mediator here and now, but also by the lucid universal account that shows God's will and cognition revealed in His son without appealing to Holy Spirit's work of intercession. Therefore, we can call the God of the Old Testament as 'God of *ergon* (being at work here and now)' and Him of the New Testament as 'God of both *ergon* and *logos*.'

〈論文〉

キケロとレオ一世
――「人間の尊厳」の最古層を尋ねて――

土井　健司

はじめに

新型コロナ・ウィルスの感染がパンデミックとなり、深刻な医療資源の不足を招き、人びとが満足な手当てを受けることもなく亡くなっていく。日頃は医療の場において一人ひとりのいのちを尊重する社会体制が敷かれていたとしても、この危機において満足に尊重することができなくなる。パンデミックという災害、戦場におけるような非常事態に社会が落ち込んでいる以上、そのようなお題目を唱えている余裕はなく、トリアージが必要だとの声を耳にする。「トリアージ」の名の下に医療資源の選択的配分が行われ、その結果、通常であれば助かる生命が助けられなくなるという。危機や災害時だから仕方がない、ただそういう時に見捨てられるのはいつも弱い者となってしまう。そうしてその人としての尊厳は踏みにじられる。もちろん誰もが必死なのであって、本意ではないことは分かる。それでも何とかならないのかと思う。

本稿ではそのような問題意識を背景として、「人間の尊厳」について思想史的考察を試みたい。「人間の尊厳」という言葉には歴史があり、またその思想にも歴史がある。この日本語は欧米の概念の翻訳であって、もともとは dignitas hominis 等のラテン語に遡る。人間の尊厳の思想史の範囲は長く、中世、ルネサンス、近世を含めるなら膨大なものとなり、筆者のような古代の研究者の手に負えるものではない。そこで身の丈に合ったところ、即ちそのはじまりのところに焦点を絞り、考察を展開し、いわば「人間の尊厳」の最古層を掘り起こす作業に徹したい。その最古層で見出されるのは、通常期待されるキケロではなく、古代キリスト教の教父となるであろう。

1.「人間の尊厳」とキケロ

いま「人間の尊厳」という思想は古代キリスト教に見出すことができると記したが、これは決して通説でもなければ、自明でもない。たとえばマイケル・ローゼンの『尊厳―その歴史と意味』を取り上げてみよう。そこでは歴史的考察が試みられており、この思想の起源をキケロに遡らせ、さらにその根元にはストア派の「世界市民」の思想があると指摘する（ローゼン 2021, 16)。しかし古代キリスト教については教皇ゲラシウス一世（在位 492–496）の言葉を引き、皇帝の世俗的な地位のことを指して「尊厳」と述べたという。これはミーニュ教父著作集を確認すると『第 8 書簡』のことで、教会の権威が皇帝権の上位にあることを述べるところがあり、中世ヨーロッパの政治思想に影響を与えたという有名なテクストであった[1)]。ここからローゼンは古代キリスト教においても社会的地位の尊貴な皇帝に「尊厳」概念を使用し、人類の有する普遍的価値としての「人間の尊厳」とはまったく違う意味で使っていたと断定する。

また『哲学歴史辞典』(Historisches Wörterbuch der Philosophie）において「人間の尊厳」を書いたホルストマンは、「人間の尊厳」に二つの意味、すなわち（1）社会的地位を示すもの、(2）他の生物・動物に対して人間一般について述べられるものを指摘し、この両者がキケロに見出せると指摘していた (Horstmann 1980, 1124–1127; 1124)。これらのうち（2）の意味での尊厳が、今日の「人間の尊厳」に当たるわけだが、これをもキケロに遡るというのがその所説となる。「尊厳」(dignitas）というラテン語がもともとは社会的地位を表わし、特定の人物の名誉、社会的名声と結びついていたところが、他の動物との比較において、広く「人間」という存在について用いられるようになるのであって、それがキケロに確認できるという。人間の尊厳という表現はキケロに遡るとする文献も見られる[2)]。いずれにおいても、その際に紹介されるのが、キケロの『義務について』第一巻 106 節となる。そこには次のような行が見出せる。

ここから理解されるのは、肉体の快楽は人間の優越性（hominis praestantia）にふさわしくないということ、快楽を軽蔑し拒絶すべきだということ、しかしまた、もし快楽に幾分かの価値を与える人があるなら、その人は用心して味わう快楽の限度を保たねばならぬということである。[3)]

ここでは動物との比較において、動物は快楽のみを感じるのに対して人間はその優越性にふさわしく快楽に溺れてはならないと言われる。これを基調として、つづいて「尊厳」の言葉が使われる。

［人間の］本質的な優秀性と尊厳（excellentia et dignitas）とは何かに考えをめぐらすなら、奢侈に流れ、気ままで柔弱な生活がいかに恥ずべきことか、対して慎ましく、節操を保ち、厳しく、まじめな生き方がいかに立派であるか理解できよう。[4)]

キケロの『義務について』（第一巻と第二巻）は、今は失われたストア派のパナイティオスの行為論（ペリ・カテコントーン）を敷衍しており、表題はギリシア語の「カテーコン」（ふさわしい行為）をラテン語で officium と訳したものとなる。人間としてふさわしい行為を論ずるにあたり、キケロは四つのペルソナ論を展開しはじめる。ペルソナは舞台でつける仮面、「顔」のことであり、俳優のごとく人間には四つの「顔」があるという。105 節から 125 節がこれを扱うのだが、第一のペルソナは動物とは異なった人間全体の本性に関わるもので、第二は個人のペルソナ、その多様性、第三は、たとえば「王権、命令権、高貴な生まれ、顕職、富、勢力」（115 節）などといった偶然に付与されるペルソナ、第四は自分の意思で選び取ったペルソナであって、自分の意思でたとえば哲学に向かう、法学に向かう、弁論に向かう等などで得られるペルソナとなる。106 節はこの人間の本性としてのペルソナ論の一部であって、キケロの言わんとすることは、動物のように快楽を求めることなく、人間に相応しいものを求めるべきであって、そこに人間の優秀性、優越性、そして尊厳があるという。明らかにこの箇所におけるキケロの関心はペルソナ論にあるのであって、人間の義務、ふさわしい行為を論じるにあたってそもそも人間の本性としての「顔」はどのようなものかを論じるわけである。その文脈において他の動物との比較で人間本性の優越性、優秀性とならんで「尊厳」にも触れられる。このような言及の仕方を考慮するなら、人間の「尊厳」というものは、キケロにとって決して主たる関心事ではないと考えるべきであろう。さらに直接「人間の尊厳」(dignitas hominis) という表現はとっていない。それならむしろ「人間の優越性」(praestantia hominis) とは述べていた。とは言ってもキケロが人間としての本性について尊厳を記しているのは事実であって、これはすべての人間に普遍的に該当するものだと言えよう[5)]。ただしこのような意味で dignitas が用いられるのはこの一箇所のみであって、いわゆる普遍的な人間の尊厳という概念はキケロ自身が論じようと意図したと解釈するのは無理がある。そもそも dignitas についてキケロの定義は、まったく具体的で視覚的な性質と社会的尊敬をもたらすものとしている[6)]。『義務について』でキケロはストア派の人間論に基づくペルソナ論を展開するのではあるが、彼自身が尊厳論を展開しているものではない。そしてもう一つ、その起源をキケロに求めようとする研究者が忘却していると思われるのは、ローマ社会は奴隷制社会であったという事実である。当時の多くの貴人と同様、日々の生活の中で奴隷を使っていたキケロが、普遍的な人間の尊厳を構想したとは思えない。むしろそれは、キケロからくみ取られたもの、キケロ解釈として成り立つものと解される。

では、これをくみ取ったのが誰か。これについては小論の範囲を超えた問題ではあるが、おそらくルネサンス期の思想家ではなかったのか。ジャンノッツオ・マネッティ、フィッチーノ、そしてピコ・デラ・ミランドラにおいて確認できるのであろう (佐藤 1981; 1984)。つまりキケロに「人間の尊厳」のはじまりを認めることができるのは、ルネサンス期のイタリアの人文主義者との関連においてであって、この思想史上の関連を考慮することではじめて、キケロを「人間の尊厳」の創始者として見ることができる[7)]。しかし裏を返せば、あくまでもキケロ自身には「人間の尊厳」を議論するような意図はなかったと考えるのが自然であろう[8)]。

2. レオ一世と「人間の尊厳」

実はいくつかの論考や事典の項目には、「人間の尊厳」がローマ教皇レオ一世 (在位 440–461) と関連付けて論じるものがある (Dürig 1957; Lebech 2009)[9)]。とはいえレオ一世についてはまったく沈黙する文献もあり、この相違は何なのかと不思議に思われる。先述のローゼンは、古代キリスト教史についてはゲラシウス一世の用例をもちだすが、同じ5世紀のレオ一世についてはまったく言及しない。しかしレオ一世こそ繰り返し「尊厳」について語り、人間の「本性の尊厳」（dignitas naturae）に言及する。なおローゼンが挙げるゲラシウス一世の用例は、世俗権力と教会の権力の優劣を述べたテクストとしては有名かつ古典的箇所ではあろうが、「尊厳」（dignitas）についてはラテン語として通常の使用法を示しているだけであり、単なる修辞的用法の一例と見なすのが妥当であろう。ましてこの一例から推して、古代キリスト教において「尊厳」概念は専ら社会的地位を指すものとして理解されていたと断定するのはあまりに早計であろう。

われわれ古代の研究者にとってもっとも信頼の高い事典の一つ、“Reallexikon für Antike und Christentum” の Dignitas の項目を執筆したデューリッヒは、古代ローマ時代の用法と意味を論じた後で「キリスト教的」な dignitas を論じ、「人間の尊厳」についてまず教父に見られる「ローマ的尊厳理解への批判」という見出しを立て、教父によるローマ的な社会的な意味での「尊厳」概念 への批判の次第を論じている。続いて「キリスト教的人間の尊厳」という項を立ててレオ一世について論じていく。つまりキリスト教の教父たちはローマ的価値観の込められた「尊厳」概念を批判し、新しい価値を立てようとしていたという（Dürig 1957, 1028–1031）。そして「キリスト論論争の結果として、神の似像と受肉の聖書的教理に依拠して “dignitas humanae naturae (substantiae, condicionis)” が強調される。このことはとりわけ大教皇レオに該当するのであって、彼はローマの聴衆になじみ深い概念と結びつけて、キリスト教の真理を理解可能で永続するものとしたのであった」（Dürig 1957, 1030）。では、具体的にレオ一世はどのような尊厳論を展開したのだろうか。以下レオ一世の「人間の尊厳」の意味について、残存する説教を手がかりに考察していきたい[10)]。

レオ一世の説教は今日96編が残っており、ローマの司教[11)]として在位期間440年から461年になされたものとなる。レオ一世というとカルケドン公会議の立役者であり、キリスト論の基本的定式を完成した教父であった。すなわちキリストにおける神性と人性との一致を述べ、融合、分離を排除したのであり、その捉え方は公同的なものとなる。一人の人間のなかに神性と人性の二つの本性があるとするのは経験上考えられないところはあるが、融合して第三のものができるのは間違いで、一方に吸収されてしまうなら他方が消失してしまうという。神が人間となり、人間が神となる（神化）という両者相互の一致においてこそ受肉と救済の神秘があるという。また「クリスマス」というのはこの受肉の祝祭であって、イエスの誕生は神が人間になったことを意味する。そのためレオ一世のクリスマス説教はすべて受肉論を主題とする。最初にこの点を押さえておきたい。

レオ一世の説教における dignitas 概念の用例と用法を確認していくと、まず社会的地位としての意味で使われるものが一つ見出せる。それは彼が自分の司教就任日を祝う説教の一節であって、ペトロに由来するものとして「至福なるペトロの使徒的かつ司教的な尊厳」（第 5 説教 4 節）と言われる。ペトロにおいてこそ神への愛と隣人愛とが生き、侵しえない信仰が生きているという。さらに別の司教就任日記念説教では、ローマのキリスト者に向かってその一致を讃え、皆が「尊厳を共にしている」という（第 4 説教 1 節）。この後述するキリスト者としての尊厳を意味するものと解される。

原初の人間、アダムについて、またイスラエルについて非現実を表わす接続法未完了で語られる一文にも尊厳が登場する。原初の人間について「自分の本性のきわめて素晴らしい尊厳を与えられた法を遵守することで保持し完成していたとしたら」（第 24 説教 2 節）、イスラエルについては「イスラエルよ、もしあなたの名の尊厳を守り、預言者の言葉を隠れのない心によって読んでいたとすれば」（第 29 説教 2 節）とそれぞれ語られる。前者は人間としての尊厳のことであろうし、後者は「イスラエル」という神に選ばれた民としての名について述べられている。

ユダヤ人たちは聖書をキリストに集中させて読むことがないため、福音を受け入れない。そのため聖書に反抗すると述べられる。「われわれの許で真の尊厳を有する聖書に彼ら（＝ユダヤ人）は反抗し抵抗している」という（第 66 説教 2 節）。この尊厳は神の言葉を記すために述べられているものであろう。さらに、もちろん神自身の尊厳について述べる行もあり、聖霊について「聖霊の尊厳」と記され、三位一体の父と子なる神と同じ尊厳を有するという（第 76 説教 2 節）。

人間の本性の尊厳について述べるテクストは三つ見出せる。まず 451 年のクリスマス説教となる第 27 説教 6 節である。

（1）目覚めよ、人よ、そしてあなたの本性の尊厳（dignitatem tuae

naturae）を認識せよ。あなたは神の像に向けて造られたことを思い出せ。それはたとえアダムにおいて破壊されたとしても、キリストにおいて作りかえられたのです。[12)]

さらに二つ目として第 94 説教 2 節がある。

(2) 人よ、自らの種族の尊厳を知り（sui generis dignitatem)、自らの創造者の像と類似にむけて作られたことを理解せよ。あの最大かつ共同の罪を通して生じた悲惨さについて、自分たちの修復者の憐れみにまで自分を起こすことができないのではと恐れてはならない。[13)]

もう一つは第 12 説教 1 節となる。

(3) 親愛なる人びとよ、もしわれわれが、われわれの創造のはじめの信仰心をもって、かつ賢明に理解するなら、人間は、われわれの創造者の模倣であるべく神の像に向けて作られたことを見出すでしょう。そして、あたかも鏡のごとく、われわれの中で神の仁慈の姿を再び輝かせるならば、われわれの種族の自然本性的な尊厳（nostri generis dignitatem）が存在することになります。[14)]

以上三つではいずれでも創造時の神の像との関連で人間本性が捉えられ、人間という種族（genus）のもつ尊厳が強調されている。最初の第 26 説教では命令文として「目覚めよ……認識せよ」と語られ、この「尊厳」概念が神に由来する重々しいものであることを意識し、改まって人びとに呼びかけていることを表わしている。

キリスト教の教義では、しかしこの尊厳はアダムの罪によって汚され、失われてしまっている。これを回復するのがキリストの贖罪となるのだが、その贖罪は十字架のみならず、受肉によって果たされる。これがクリスマスの祝祭の意義となるのだが、以下受肉によって回復された尊厳について語るテクストを挙げていく。

第 21 説教 3 節（440 年）に呼びかけ文として次のように記されている。

キリスト者よ、あなたの尊厳を知れ。神の本性に与るように造られた以上、卑しい交際によって昔の劣悪さに戻ることがないように。[15)]

キリスト者は信仰によって神の本性に与る、神に由来する自分たちの尊厳を自覚するように促す。また450年のクリスマスになされた第26説教3節には次のように記されている。

選ばれた王の民は、自分の再生の尊厳に応答し、御父の愛するものを愛し、いかなる点においても自分の創造者と一致しないことがないように、……。[16)]

さらにキリスト者であることを基にして応用として「徳の尊厳」、「知恵の尊厳」と語るテクストが見られる。まず「徳の尊厳」とは憐れみの徳、貞潔の徳が神に由来するものだからと理解される。

すべての徳の尊厳のなかでも憐れみの敬虔さと貞潔の純粋さ以上に優れたものはないのだから、われわれはいっそう特別にこれらに護られつつ建てられ、こうして聖愛の業と貞潔の光輝により、いわば二枚の翼によって高められ、地に属する者から天に属する者となる恵みをえよう。[17)] (第55説教5節)

また知恵は、キリストの福音に触れることで得られた知恵のことであり、神に由来するために尊厳として語られるのであろう。

「憐れみ深い人びとは幸いである。なぜなら神がその者たちを憐れまれるであろうから。」キリスト者よ、あなたの知恵の尊厳に気づき、どのような教えの方法によってどのような恩寵に呼ばれているのかを知りなさい。[18)] (第95説教7節)

キリスト者に向けて語られているとはいえ、その尊厳は本来すべての人間に備わっているものであって、そもそも人間本性が神の像にかたどられているからである。以上の考察からレオ一世の尊厳概念は神との関係において成り立っていると言える。とくに人間本性の尊厳が語られる時には原初の「神の像」との関係で考えられている。さらに神の像が罪によって汚され、失われたために神が人となり、受肉によってふたたび神と人との一致が成就した。この一致を信仰によって自覚するのがキリスト者であるのだが、信仰のない者にも一致の回復は基本的に認められる。なぜならその人たちも人間であるからであって、単純にキリスト者だけが尊厳を回復したわけではない。キリスト者がその本来の人間性を回復したという場合、それは所与の本性、属性の問題というよりも、自覚の問題であって愛の業に関わることであり、回復したことから貧しい人びとへの施し等の愛が呼びかけられることになる。

3. 人間一人ひとりの尊厳ということ

キケロ（あるいはストア派のパナイティオス）において人間の「尊厳」は一箇所でしか言及されないし、またそこでも明確に「人間の尊厳」という言葉は使われていない。これと比較するとレオ一世は数か所でこれに言及する。また厳密に言えば「人間の尊厳」との言葉自体は見られないとしても、「自らの本性の尊厳」の「自らの本性」とは「人間の本性」のことであるし、「自らの種族の尊厳」の「自らの種族」とは「人間」のことであった。さらにキケロの時代は奴隷制を肯定、容認する時代であり、ここに現代の人間の尊厳につながる思想があったとは考えられない。さらに理性における人間の自律性、情念の抑制に人間の尊厳を認める思想であって、それがルネサンス、近世のカント等の「人間の尊厳」につながるとの見解であるとしても、そこでは重要な点が見落とされているように思われる。つまりそのような人間理解はあくまでも一般論であって、一人ひとりを尊重するということには直結しない。一人ひとりが人間であって、だから大切にしなければならないという思想が現代の人間の尊厳思想の根底にあると考えるが、そのような思想は、実は理性による人間の自律性とは別の話ではないだろうか。なぜなら現実の生活において理性と自律性に生きることのできる人は限られており、可能性としてすべての人間に該当するとは言え、ここで問題なのは可能性ではなく、現実だと思われる。つまり理性と自律性に生きることがむずかしい人、病苦、困苦と窮乏の人、いわば社会の周縁に追いやられている人の尊厳が問題になっているのではないだろうか。
すこし異なる視点から例を挙げたいと思う。ギリシア語においては紀元前5世紀以降「フィランスロピア」という言葉が出現し、前4世紀になるとアテナイでも広く用いられるようになる。これは「人間愛」と訳されるものであって、人間の尊厳に近い言葉となる。そのため「フィランスロピア」は一見すべての人間を愛し、慈しむ言葉であるように見えるであろう。しかし実のところそこで「人間」として考えられているのは極めて限定的であったことがわかっている。たとえばアテナイ人にとってフィランスロピアとは同じアテナイ人、ギリシア人に対するものであって、決して他国の人は対象にならず、まして奴隷は論外である[19)]。ヘレニズム期になって国境を超えて、この言葉は拡大されて使われるようになるが、それでも社会の中心にいる者たち同士の交際の様を述べるのであって、社会の周縁の人びとを「人間」とする思想ではなかった。「フィランスロピア」という言葉が本当の意味で社会の周縁に追いやられている人びとへの眼差しをもって使われるようになったのは、四世紀のキリスト教においてである。そこではフィランスロピアはフィロプトキア（貧者愛）と再定義され、専ら救貧の文脈で使われるのである[20)]。税のために重ねた借金で死に追いやられる農民、飢饉に際して飢えた人びと、レプラのため社会から蔑まれ追い立てられる病貧者が対象となる。こうして「人間愛」が「貧者愛」と言い換えられることではじめて、一人ひとりすべての人が人間として愛され[21)]、大切にされ、それぞれの尊厳の回復が問題となったと言える。
救貧の文脈において一人ひとりの人間を大切にしなければならないことの根拠となる「人間の尊厳」は、まさにレオ一世の尊厳概念において顕在化している。というのも、まず先に引用した尊厳のテクストのうち（2）は、つづけてこの尊厳の自覚から隣人愛を勧め、同じ人間としての貧者への施しを勧める内容となっている。また（3）においても同様であって、神の愛に応えて施しをするように勧めている。また尊厳を述べるテクストではないが、次のようなテクストも今の議論の傍証となろう。

とくに信徒たちの貧困が助けられるべきであるが、まだ福音を受け入れていない人びともその難儀において憐れまれねばならない。なぜならすべての人間において本性の共同は慈しまれねばならない。またその共

> 同のためにわれわれは次の人びとにもまた仁慈を行わねばならず、その人びととは、何らかの条件でわれわれに従属する人びとである。彼らも、同じ恩恵によってすでに再生し、同じキリストの血の値によって贖われたのであれば、なおさらである。[22)] (第41説教3節)

信徒のみならず、信徒でない者、そして「何らかの条件でわれわれに従属する人びと」とは、続けて読むと奴隷のことを述べているのは明白である。いずれも人間としての本性を共同するのであって、慈しまねばならないという。さらにレオ一世において「人間の尊厳」は神との関係において捉えられ、根本においては神の尊厳に遡及する。従って神から離れて、人間自身に尊厳が備わっているわけではない。むしろ人間自身は「卑しさ」として捉えられている。まさにクリスマス説教における受肉論で次のように述べられる。

> それゆえ神の御言葉は神であり、神の子であり、はじめに神の許におり、その方を通して万物が造られたのであって、その方なしに何も造られることはなかった。その方が永遠の死から人間を救うために人間と成り、かくしてご自身の偉大さ（majestas）を貶めることなくわれわれの卑しさ（humilitas）を受け入れられたのであった。かくしてかつてあったもののままであり、またかつてなかったものを受け取られ、真の僕の形姿を父なる神と等しいその形姿と一つになさったのである。[23)] (第21説教2節)

神の偉大さと人間の卑しさとの一致、相反するものの統合としての受肉によって人間の救済が果たされるという。もし人間の尊厳を神との関係においてではなく、神を離れた人間自身の尊厳という意味であれば、この思想をレオ一世に遡らせることは困難であろう。これについて、かつて金子晴勇は次のように述べていた。

> それゆえ、旧約聖書は「像」概念を用いて人間の尊厳と価値を説いていると考えてはならない。創造の行為は神から人間への一方的な関与であり、神の創造にすべてのイニシアティブーが求められ、人間は単なる

派生的な存在としての特徴を示しているにすぎない。……こうして「神の像」と「人間の尊厳」とは本質において異質な概念であることが判明する。(金子 2002, 30)

その理性と自律性のうちに人間の尊厳が成立するのであれば、「神の像」は神に依存する存在として尊厳はないと金子は指摘する。この指摘によればレオ一世の尊厳概念は「尊厳」ではないことになる。レオ一世の場合人間の尊厳は結局、神の尊厳との関係で成り立つからである。しかし人間の尊厳とは神からの自由・解放のことだったのだろうか。神との比較において尊厳が成立するのではなく、人間同士の関係の問題ではないのだろうか。単純化して言えば、ある人には絶大なる尊厳が認められ、別の人は家畜のごとく扱われる。そのような現実において人間がすべて等しく人間らしく扱われねばならないということを人間の尊厳は言うのではないのか。神との連関によってはじめて、救貧を含めて人間一人ひとりへの眼差しが回復され、その尊厳が語られることが可能となる。そのような尊厳概念、尊厳の思想はレオ一世に遡ると言えるのである[24)]。

むすび

この論考は一応の結論にたどり着いた。いま一度その内容をまとめ、確認しておきたい。人間の尊厳という概念・思想はキケロに遡るという解釈が見られるが、しかしキケロのテクスト詳細に検討するなら、キケロ自身にそのような思想があったことは確認できない。むしろ後代の思想家、おそらくはルネサンス期の思想家たちがキケロにおいて見出したものと考える方が自然である。

むしろこの尊厳は、古代キリスト教において、5世紀のレオ一世の説教において確認される。レオ一世は神との関係において繰り返し人間の尊厳を語る。人間は神の像に向けて造られ、神の姿を宿しており、その意味で尊厳を有している。それは原罪のため汚れてしまったが、キリストの受肉によって再び神と人間とが一致することで回復したという。クリスマスはこの受肉の祝祭日となっている。このような宗教思想として人間の尊厳が主張される。それは理性と自律性を内容とする哲学的尊厳の思想ではないが、しかし一人ひとりの人間としての尊厳を語り、実践するという意味において現代の人間の尊厳の思想に繋がっているものと理解される。

レオ一世の説教はその後読まれ続けたはずで、現存する写本の数も決して少なくはない。またその後カロリング朝時代のものと推定される偽アンブロシウスの『人間の状況の尊厳』(De dignitate conditionis humanae)、さらに12世紀から13世紀に活躍したオックスフォードのロバート・グロステストにおける人間の尊厳、さらにスコラ神学の大成者トマス・アクィナスの人間の尊厳などへと発展していったのであろう。

最後に冒頭に記したコロナ禍の問題にひと言しておきたい。レオ一世は神との関係において人間一人ひとりにおける尊厳を語っていた。であれば、少なくともその「尊厳」は比較を絶したものとなろう。なぜなら神が根拠になっているからである。トリアージは、本当の緊急事態の現場での判断としてはやむを得ないものであろう。一人ひとりの医療者が真摯に患者に向き合う中でやむを得ないことはあろう。しかしこれをあらかじめ規則化し、マニュアル化するということに危険を覚える。そこでは必ず重症度に基づいた比較が行われてしまい、功利主義が基準となる。一人のいのちよりも五人のいのちを優先するのはやむを得ないこととして理解するが、それでも一人のいのちを亡くしたことへの人間としての気持ちを失いたくはない。規則やマニュアルというものはこれを失わせてしまうのではないか、こうして人間の尊厳が喪失されていくことには危惧を覚える。

注

1) これはゲラシウス一世の皇帝アナスタシウス一世宛の「書簡 18」のなかの有名な個所になる。「陛下は尊厳において人類に先んじておられるが、しかし神の事柄の主教たちに忠実にこうべを垂れ、彼らから汝の救済の根拠を期待なさいます。」(quod licet praesideas humano generi dignitate, Rerum tamen praesulibus divinarum devotus colla submittis, atque ab eis causas tuae salutis expetis: *PL59*, 42B)。次も参照。Art. Gelasius, *The Oxford Dictionary of the Christian Church*, 1997 (3rd), 658.

2) たとえば古典学者の H. Cancik は「この表現はキケロにおいてはじめて見出せる」(De officiis, I 30, 106) という (Würde des Menschen, RGG^4 Bd 8, 1736)。なお Cancik の見解は注 8 で紹介した文献において詳しく論じられている。

3) Ex quo intellegitur corporis voluptatem non satis esse dignam hominis praestantia eamque contemini et reici oportere, sin sit quispiam qui aliquid tribuat voluptati, diligenter ei tenendum esse eius fruendae modum. キケロのテクストは M. Winterbottom の校訂したもの (*M. Tullii Ciceronis De officiis*, OCT, 1994) を主として、W. Miller の校訂したもの (*Cicero De officiis*, LCL, London, 1913) を参照した。なお Miller の本にはこの箇所の praestantia hominis の英語訳として the dignity of man と記されている。ここに何か誤解のもとがあるのかもしれない。本文で挙げた邦訳は、高橋宏幸訳 (『キケロー選集 9』岩波書店、1999) となる。

4) Atique etiam, si considerare volumus quae sit in natura [nostra] excellentia et dignitas, intellegemus quam sit turpediffluere luxuria et delicate ac molliter vivere, quamque honestum parce continenter severe sobrie. ここでは「本性における優秀性と尊厳とはいかなるものか」との問いかけ文において「尊厳」の概念は見出される。

5) ちなみに『義務について』のなかで他にこの意味での「尊厳」(dignitas) に言及するところは 69 節であり、欲望や快楽、心痛などから解放された精神の自由について dignitas と述べている。他は 130 節に品位としての美しさについて、また家の「尊厳」については 138 節から 40 節にかけて論じられている。

6) Cicero, De inventione, 2.55.166: dignitas est alicuius honesta et cultu et honore et verecundia digna auctoritas.「尊厳とは、何ものかの有徳の、恭順と名誉と畏敬にふさわしい権威のことである。」この定義は視覚的かつ社会的敬意に関わるものであって、いわゆる人間の尊厳とは通ずるところがない。

7) キケロ自身の意図でないからこそ『義務について』の記念碑的な注解書を書いた

Dyckは、この箇所の注釈をつけるときに、とくにdignitasについては言及することはなく、素通りしている。A. R. Dyck, *A Commentary on Cicero, De Officiis*, The University of Michigan Press, 1996.

8) 古典学者のH. Cancikはある論考の中でキケロについて次のように論じている（'Dignity of Man' and 'Persona' in Stoic Anthropology; Some Remarks on Cicero *De officiis I, 105–107*, in *The Concept of Human Dignity in Human Rights Discourse*, Kluwer Law International; The Hague, 2002, 19–39）。キケロはしばしばdignitasを用いるが一箇所でだけ、この概念を「人間」に適用する。これはストア派の人間論と倫理を述べたものとなる。そこでは四つのペルソナ論が展開されているが、その第一のペルソナにおいて人間としてのexcellentia, praestantia, dignitasが認められるという。これはdignitas hominisの最初の用例となる。ただキケロのこの書はストア派のパナイティオスの散逸した書物（περὶ καθεκόντων）を引用したところが多く、この箇所はパナイティオスに遡る。ギリシア語としてはτιμή, ἀξιώμαが推定されるが、そうするとこの概念は紀元前128年頃に遡ることになる。それ故キリスト教ではなくストア派の人間論がベースになって人間の尊厳概念は形成されたのである。以上がCancikの所説となる。しかしキケロは当該箇所において直接dignitas hominisという表現を用いていないことは注意すべきであろう。またCancikもこの論考において、続けて「マネッティ、ピコ、プフェンドルフにおける「人間の尊厳というキケロ的定式」と題した第三節においてマネッティやピコ・デラ・ミランドラなどルネサンス期の思想家へとつなげて議論を展開していることは注目される。

9) なお日本語で著された文献としては、筆者の知る限りで、小松（2012, 203）が唯一レオ一世に言及するものとなる。

10) 本稿で参照したレオ一世のテクストはミーニュ教父著作集記載のBallerini版（＝PL54）と新しいChavasse版とがある。ここではBallerini版を用い、Chavasse版を参照した。Antonius Chavasse, *Sancti Leonis Magni Romani Pontificis Tractatus Septem et Nonaginta*, CCL 138/ 138A, 1973. なお具体的に言えば、ここではBallerini版のテクストを収めたスルス・クレティエンヌ叢書を使用した。D. J. Leclercq, D. R. Dolle, *Léon le Grand Sermons, tome1*, Sources Chrètiennes 22, Paris: Les Éditions du Cerf, 1964; D. R. Dolle, *Léon le Grand Sermons, tome2*, SC 49, 1969; D. R. Dolle, *Léon le Grand Sermons, tome3*, SC 74, 1961; D. R. Dolle, *Léon le Grand Sermons, tome4*, SC 200, 1973, 以上四冊となる。残存するレオ一世の説教の順序はいささかややこしい。Ballerini版の順番をChavasse版は採択しているが、スルス・クレティエンヌ叢書の方は異なる順番になっている。本稿ではBallerini版の説教番号と節番号を記載することにする。邦訳は以下の通り。熊谷賢二訳『レオ一世　キリストの神秘—説教全集—』、キリスト教古典叢書5、

創文社、1965年．なお熊谷訳では独自の配列となっており、これもその巻末にミーニュ教父著作集の順番との対照表がある。また参照した英語訳は以下の通り（英語訳は説教順はBallerini版と同じ）。J. P. Freeland, C.S.J.B. and A. J. Conway, S.S.J. *St. Leo the Great Sermons*, The Fathers of the Church, Washington, D. C.: The Catholic University of America Press, 1996.

11）以下「教皇」に替えて、「司教」を使う。「教皇」という概念は中世キリスト教史のものと判断するからである。

12）Expergiscere, o homo, et dignitatem tuae cognosce naturae. Recordare te factum ad imaginem Dei: quae, etsi in Adam corrupta, in Christo tamen est reformata.

13）Agnoscat homo sui generis dignitatem, factumque se ad imaginem et similitudinem sui Creatoris intelligat; nec ita de miseriis quae per peccatum illud maximum et commune incidit expavescat, ut non se ad misericordiam sui Reparatoris attollat.

14）Si fideliter, dilectissimi, atque sapienter creationis nostrae intelligamus exordium, inveniemus hominem ideo ad imaginem Dei conditum, ut imitator sui esset auctoris; et hanc esse naturalem nostri generis dignitatem, si in nobis quasi in quodam speculo divinae benignitatis forma resplendeat.

15）Agnosce, o christiane, dignitatem tuam, et divinae consors factus naturae, noli in veterem vilitatem degeneri conversatione redire.

16）Genus electum et regium, regenerationis suae respondeat dignitati, diligat quod diligit pater, et in nullo ab auctore suo dissentiat, ne iterum dicat Dominus.

17）Et quia nihil est in omnium virtutum dignitate praestantius quam pietas misericoridiae et puritas castitatis, his nos praesidiis specialius instruamus, ut caritatis opere ac nitore pudicitiae, tamquam duabus elevati alis, de terrenis mireamur esse caelestes.

18）*Beati misericordies, quoniam ipsorum miserebitur Deus*. Agnosce, Chistiane, tuae sapientiae dignitatem, et qualium disciplinarum artibus ad quae praemia voceris intellige.

19）この点について次注に挙げた拙著でも論じているが、田中美知太郎のエッセイ「ヒューマニズムの意味」のなかに次の一文がある。「しかしながら、いかなる人間的関心も、実際には範囲が限られている。アテナイを祖国としてイソクラテスは、「わがくには神に愛され、人間を愛する国だ」と自慢したけれども、その人間愛はギリシア人の間に限られ、ペルシア人に対しては、これを征討するために、ギリシア人の大同団結がなされねばならぬと、イソクラテス自身がさかんに唱えているほどで、ギリシア人とバルバロイの間には大きな差別が設けられていた。彼らの人間性概念は、この差別を越えることができず、ギリシア人の終わるところに人間もまた終わったのである。のみならず、同じギリシア都市のうちにあっても、人間的関心は奴隷にはむけられなかった。……」(田中美知太郎 1987, 80)。確かに2世紀初頭のプリニウスの書簡には奴隷の死を悼むものがあり（國原吉之助訳『プリニウス書簡集』、講談社学術文庫、1999年；第八巻第10書簡)、個別において例外はあったのであろうが、一般論としてギリシア人（ローマ人）にとってはここで田中が指摘する通りであったと思われる。

20）筆者が15年あまりかけて取り組んだ研究の成果となる文献（土井2016）を参照。

21）たとえばリンドバークの『愛の思想史』(2011）を見ると、古代ギリシア・ローマ社会のなかにはこのような考え方は見出せない（とくに第三章)。このような愛の思想は古代キリスト教に特徴的であったと言える。ヴェーヌ（1998)、ブラウン(2012）も参照。

22）Quamvis ergo fidelium praecipue sit adjuvanda paupertas, etiam illi tamen, qui nondum Evangelium receperunt, in suo labore miserandi sunt: quia in omnibus hominibus naturae est diligenda communio, quae nos etiam iis benignos debet efficere, qui nobis quacumque sunt conditione subjecti, maxime si eadem gratia jam renati, et eodem sanguinis Christi pretio sunt redempti.

23）Verbum igitue Dei Deus, Filius Dei, qui in principio erat apud Deum, per quem facta sunt omnia, et sine quo factum est nihil, propter liberandum ab aeterna morte hominem, factus est homo; ita se ad susceptionem humilitatis nostrae sine diminutione suae majestatis inclinans, ut manens quod erat, assumensque quod non erat, veram servi formam ei formae in qua Deo Patri est aequalis uniret, ...

24）直接レオ一世と関わるものではないものの、キリスト教思想として一人ひとりの人間の尊重についてはリンゼイ（2001）も参照。

参考文献

Dürig, W. 1957: “Dignitas,” In *Reallexikon für Antike und Christentum III*, Ed. by T. Klauser, et al., pp. 1024–1035, Stuttgart: Hiersemann.

Horstmann, R. P. 1980: “Menschenwürde,” *Historisches Wörterbuch der Philosophie V*, Basel: Schwabe Verlag.

Lebech, M. 2009: *On the Problem of Human Dignity: A Hermeneutical and Phenomenological Investigation*, Orbis Phenomenologicus 18, Koenigshausen & Neumann.

ヴェーヌ、ポール 1998：『パンと競技場：ギリシア・ローマ時代の政治と都市の社会学的歴史』鎌田博夫（訳）、叢書ウニベルシタス、法政大学出版局。

金子晴勇 2002：『ヨーロッパの人間像：「神の像」と「人間の尊厳」の思想史的研究』知泉書館。

小松美彦 2012：『生権力の歴史：脳死・尊厳死・人間の尊厳をめぐって』青土社。

佐藤三夫 1981：『イタリア・ルネサンスにおける人間の尊厳』有信堂高文社。

―― 1984：『ルネサンスの人間論：原典翻訳集』有信堂高文社。

田中美知太郎 1987：「ヒューマニズムの意味」『田中美知太郎全集第六巻』筑摩書房。

土井健司 2016『救貧看護とフィランスロピア：古代キリスト教におけるフィランスロピア論の生成』創文社。

ブラウン、ピーター 2012：『貧者を愛する者：古代末期におけるキリスト教的慈善の誕生』戸田聡（訳）、慶應義塾大学出版会。

リンゼイ、A. D. 2001：「キリスト教的個人主義と科学的個人主義」『わたしはデモクラシーを信じる』永岡薫他（訳）、聖学院大学出版会、85–102。

リンドバーグ、カーター 2011：『愛の思想史』佐々木勝彦／濱崎雅孝（訳）、教文館。

ローゼン、マイケル 2021：『尊厳：その歴史と意味』岩波新書、岩波書店（原著 2012 年）。

Cicero and Leo the Great:
An Inquiry into the Oldest Bed of Human Dignity

by DOI Kenji

In this article I examine Cicero's famous passage in his *De Officiis* (1, 106) that has been interpreted as the first reference to human dignity in the history of thought. In this passage Cicero uses the word "dignitas" which is adapted to human nature. However, in the text he does not use such phrases as "dignitas hominis" or "dignitas naturae humanae." Instead, he combines "dignitas" with the words, "excellentia" and "praestantia." Thus we can conclude that Cicero did not intend to proclaim "dignitas hominis," or human dignity. Thereafter in the Renaissance period, a number of thinkers came to interpret human dignity in reference to Cicero's text.

On the other hand, Leo the Great (440–461) refers to "dignitas naturae (humanae)" several times in his sermons. He often recommends that people become philanthropic toward paupers because people all possess the same human nature of being made in the image of God. The image of God was damaged by the first human beings, but was recovered by the incarnation of Christ. God has his own dignity, so every human being has the same dignity since they are made in the image of God.

We can conclude that it is not Cicero but Leo the Great who proclaims that we all have dignity as human beings. In the disaster of COVID-19, we pray that people will be taken care of without exception because we all have the same human dignity as we are all made in the image of God.

〈論文〉

メディア報道にみる無縁墓の戦後史
――何が問題とされたのか――

問芝　志保

1. はじめに――「無縁墓が増えている」をめぐって

今日、マスメディアで「無縁墓[1]が増えている」という文言を見聞きすることは少なくない。しかし、それでは実際に無縁墓は一体いつと比べてどのくらい増加しているのかというと、報道では具体的な数には言及されず話者の実感や印象としてのみ「増えている」と語られることも多く、いまひとつ判然としない。

そもそも日本はこれまでの歴史のなかで、近世以前は言うに及ばず近代以降も、大量の無縁墓を生み出してきた。かつて柳田國男は『明治大正史世相篇』で、墓は従来「一種の忘却方法であったものが、後には永久の記念地と化し、人は競うて大小の石を立てて、おのおの祖先の埋葬所という土地を占有しなければならぬようになった」結果、「縁の絶えた家々が、空しく無縁仏の恨みを横たえているものが多くなった」と述べている（柳田 1993（1931), 281）。この刊行と同年の新聞も、東京市の谷中墓地で「最近不景気のため墓地の手入れはおろか、墓参する人が非常に少なくなり墓地に無縁墓が多く」なったと報じている（読売新聞 1931 年 3 月 30 日［以下、1931.3.30 のように表記］)。また、東京市が市営の共葬墓地である青山墓地を調べたところ、1934 年（昭和 9）までの使用許可数 2 万 1933 カ所のうち 6312 カ所、実に約 28％が無縁化していたという数字も出ている（井下 1973（1936), 443)。

こうした近代の無縁墓をめぐる研究も蓄積されつつある。その知見をおおよそまとめれば、近世以前の庶民の墓はむしろ無縁化が当然であったが、明治中期以降の法制化にともない墓は「永遠保存スベキモノ」として子孫による継承制が確立される一方で、当初は無縁墓の対処方法を定めた法律が無く、家が絶えるなどさまざまな事情で不可避に発生した無縁墓が累積的に増えていった。ようやく1932年（昭和7)、近代法制として初めて無縁墳墓の改葬手続きが定められた、という経緯があった（土居2006; 森2014; 角南2020; 問芝2020)。要するに戦前の時点で無縁墓は多数存在し、だからこそ法整備も進められていたのである。

それにもかかわらず、なぜ今日も「無縁墓が増えている」状況が指摘されているのだろうか。その状況はどのような内実を持ったものであり、そのことの一体何がどういった意味において解決・対処されるべき「問題」として見出されているのか。今日の日本社会で墓と墓地が抱えるさまざまな困難を前にして、この点は改めて検討が必要であろう。本稿は、戦後の新聞・雑誌記事を主たる資料として無縁墓の戦後史を描き出すとともに、無縁墓をめぐる表象や言説の時代的変化、およびそれを来たした要因に注目して、上記の問いを考察することを目的とする。

2. 無縁墓は増えているのか？――統計から導かれる仮説

無縁墓問題を的確にとらえるためには、可能ならば数的な実態をクリアにしたいところである。しかし実際のところ、全国に約87万カ所ある墓地の全てで調査を行うことは不可能で、無縁墓が日本全国にいくつあるかや年間にいくつ発生しているかを示す統計資料は存在していない。そこで関連する近年の政府統計および量的調査として、まず厚生労働省の「衛生行政報告例」に開示された全国の改葬数の年次データを見たい（図1)。改葬とは、

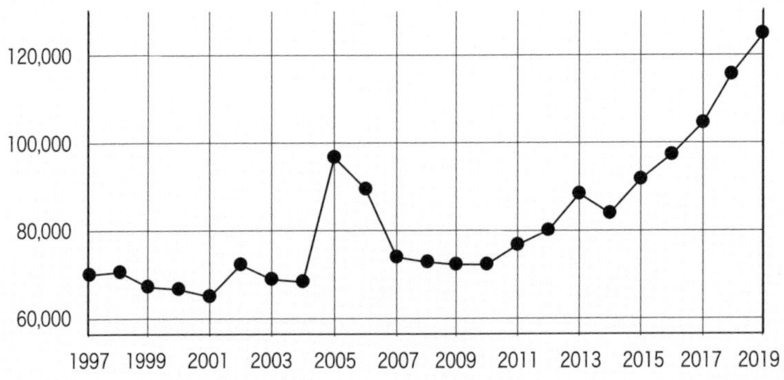

図1　全国の改葬数（1997～2019）　厚生労働省「衛生行政報告例」をもとに筆者作成

すでに墓地や納骨堂に埋蔵・収蔵されている遺骨（土葬の遺体も含む）を他の墳墓や納骨堂に移すことをいう。改葬の際には「墓地、埋葬等に関する法律施行規則」（以下、墓埋法施行規則）にもとづく法的手続きが必要であるため、政府統計が存在するわけである。

図1をみると、改葬数は明らかに増加傾向にあり、特に2014年以降の増加ペースの上昇が著しいことがわかる。

改葬は、大きく①自己都合による改葬（a墓から墓への引越し、b一時預け所から墓への納骨、c墓じまい）、②管理者都合による改葬（墓地移転や区画整理など）、③無縁墳墓の改葬　に分類できる。①-cの墓じまいとは、「墓の後継ぎがいない」「墓参りが困難」「墓や寺院とのつながりをやめたい」などの理由により所有者が自主的に墓を撤去し、墓地使用権を管理者に返還することである。取り出された遺骨は各種の合葬墓（合祀墓・共同墓とも）や永代供養墓へ移されたり、散骨されたりする。③は墓埋法施行規則にもとづく所定の手続きを経て無縁墳墓となった墓を墓地管理者が改葬することを指し、この数も『衛生行政報告例』で開示されている（図2）。つまり、墓が無縁になる前に所有者が自己負担でする改葬（＝①-c墓じまい）は「改葬」のみに、墓が無縁になった後に管理者が負担する改葬（＝③無縁墓の改葬）は

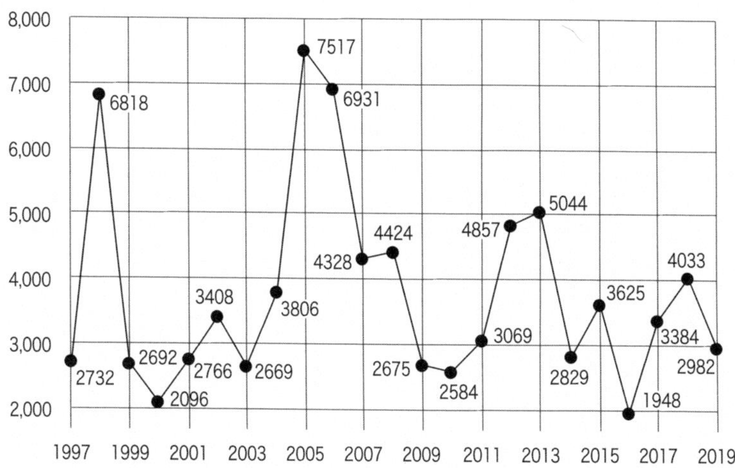

図２　全国の無縁墳墓の改葬数（1997～2019）　厚生労働省「衛生行政報告例」をもとに筆者作成

「改葬」と「無縁墳墓の改葬」の両方にカウントされていることになる。

図2をみると、無縁墳墓の改葬は22年間で年によって大きく振れ幅があるものの、全体として必ずしも増加傾向とは言えない[2)]。とすれば、図1の改葬が増えているのは、先述の①か②、あるいはその両方が増えているためという可能性が高いこととなる。ただし図1をみると、改葬数は墓じまいという語が人口に膾炙した2014年（詳しくは後述）から顕著に増加しているため、この増加分は①-cの墓じまいによるものではないかとの仮説が成り立つ。

ただし、ここでの無縁墳墓の改葬数が増えていないからといって、必ずしも無縁墓が増えていないわけではないことに注意したい。無縁墳墓の改葬数は、先述のように、一連の法的手続きを経て初めて統計上に現れるものであり、それはおそらく実際に発生した無縁墓のごく一部にすぎない。墓地管理者にとって無縁墳墓の改葬手続きはかなりの手間とコストがかかるため、墓が無縁となったとしても、次の利用者が見込める場合か、倒壊等で危険な場合、墓地全体の移転・区画整理の場合など、特段の事情がなければ改葬はされないのである。そのように放置されている無縁墓は、厚労省のどの統計にも反映されない。

このように無縁のまま放置されている墓が日本全国に一体どれだけあるのかは全く不明である。ただ、「曹洞宗宗勢総合調査（2015年）」は大いに参考となるだろう。全国の曹洞宗寺院の住職に対して自坊の寺院墓地の墓の総数に対する無縁墓の割合を尋ねた問いで、結果は次の図3のようになった[3)]。

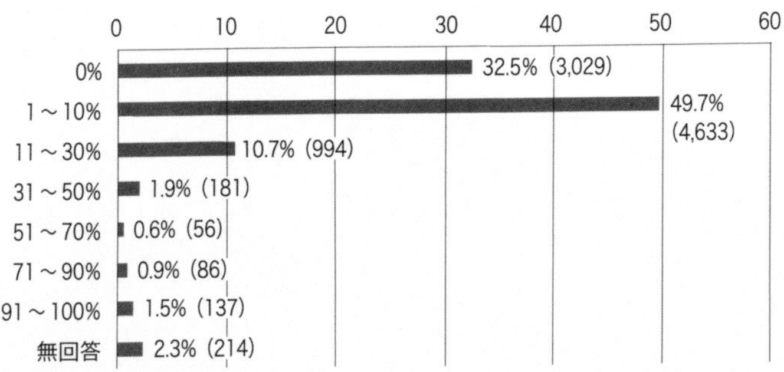

図3　曹洞宗の各寺院墓地における、墓の総数に占める無縁墓の割合(%)。基数9,330ヶ寺。問芝志保「寺院と墓地の現在」相澤秀生ほか編2018『岐路に立つ仏教寺院：曹洞宗宗勢総合調査2015を中心に』法藏館、p.157より転載

寺院墓地に占める無縁墓の割合の平均は8.8%（標準偏差16.8%）であった。10%未満の回答がほとんどだが、それ以上あるという回答も決して無視はできない。何十、何百の墓が一斉に無縁化するとは考えにくいため、これらの寺院では何らかの事情で無縁墓が長年そのままにされているのであろう。寺院墓地は村落共有墓地に比べれば所有者を明確に把握しやすいように思われるが、それでもこのような現状があるのである。

以上3つのデータは無縁墓の実際の数・増加数・増加率やその変動を直接示すものではないため仮説的とはなるが、その分析をとおして、2014年頃から無縁になる前に改葬する墓じまいが増加している一方、無縁となったまま長年放置された墓が累積的に増えている状況を見出すことができよう。

3. 1950～80年代前半における都内の墓地事情と無縁墓

前述の仮説を念頭に、以下では無縁墓に言及した新聞・雑誌記事を主な資料として、戦後の日本における墓の全体的な動向と対応させながら、無縁墓の実態とそれに向けられたまなざしを析出していく。記事の収集は読売新聞・朝日新聞の各記事検索データベース、および（公財）国際宗教研究所・宗教情報リサーチセンター「宗教情報データベース」により行った。

無縁墓に関する記事は1950年代からすでにある。1950年代から無縁墓の存在は東京において問題化しており、さらに1960年代には都内の墓地不足が報じられている。以下に主なものを挙げていく（各記事は媒体名・日付・「見出し」・要旨の順で記す）。

- 読売新聞1954.2.1「浮ばれぬ無縁仏　谷中だけでも二千」 前年から都営霊園の管理料を徴収することとなったため告知状を送付したところ、谷中墓地で2000基、染井墓地で2300基の墓の所有者が所在不明で返送されてきた。
- 朝日新聞1957.7.7「無縁墓地都内に六千　お盆を前に寂し」 都営霊園のうち約3割にあたる6000基が管理料3年以上未納の無縁墓となり「親類、縁者の墓参りもないという寂しさである」。戦争で所有者が死亡か転居したものと推察される。
- 朝日1964.3.20「霊園も“狭き門”　無縁ボトケ整理　落選回数の順で“入

園”」 都営霊園の競争率が上がり、あと7、8年で満杯と見込まれるため、都営の多磨・八柱・小平霊園で無縁墓の整理を行ったところ、10年以上親類縁者不明の無縁仏が計2000体あった。

・朝日新聞1966.3.21「納骨堂にも浮世の風　無縁仏、次々にふえる」都営雑司ヶ谷霊園の納骨堂である崇祖堂で無縁仏が「ふえている」。遺骨2880体のうち半数が預け期間の上限である5年を過ぎても遺骨を引き取りに来ていない。職員は「これでは仏さんも浮ばれない」、「先祖を敬うという気持が薄らいできたようですね」と語る。「大半の無縁仏は、今年もまた、さびしく彼岸を送ることになりそうだ」。

・朝日新聞1966.4.21「苦しい時のホトケ頼み　“無縁墓地”売出す」 八王子市は財政難のため市営墓地内の無縁墓を整理し跡地を売りに出す。3468区画中、約400が管理料未納となっており、空襲で一家断絶か行方不明になった人々と推察される。

続いて1970年代～80年代前半には次のような記事がある。

・読売新聞1975.7.13「三千七百体花手向ける人もなく　“無縁仏”増える一方」 遺骨の一時保管制度がある雑司ヶ谷・多磨・八柱霊園で現在3500体が、期限の5年を過ぎても引き取りがない。都立霊園の募集は4000基の募集に約12000人が応募する状況で、民営霊園は価格が高いため、期限が過ぎても墓地を持てずに遺骨を預けっぱなしにする者が続出している。さらに都営霊園4か所で1669基が、10年以上墓地の管理料不払いとなっている。

・朝日新聞1979.9.20「代替わり無縁墓一割にも　漱石も荷風も眠る雑司ヶ谷霊園　でも“新規入居”お断り」 雑司ヶ谷霊園で「このごろ持ち主のわからない無縁墓が増えている」。約9800基のうち使用者名簿の住所に連絡しても該当者がいないものが399基、さらに管理料未払いが1212件にのぼり、3年前に比べて200件以上増えた。持主の3分の1が地方在住者であることが理由。

・読売新聞1980.8.5「忘れられるご先祖　“無縁墓”ふえる都立霊園　6年で7倍1500カ所　縁者見つかっても『面倒見る気ない』」 無縁墓の増加は「家族のきずなが薄くなった世相を反映した現象」である。

・読売新聞1983.7.24「無縁墓は悲しからずや　離婚、核家族化と比例し急増」「無縁墓が増えている」。縁者がいても複雑な家庭環境であったり、「使用料の支払いが面倒」「もう他人」と継承を拒否したりする人々がいる。

この1970年代以降には、都内の墓地不足が懸念されるとともに、無縁墓の増加が大きな問題となっていることがわかる。

以上の戦後～1980年代前半の記事をみると、管理料を徴収を始めたり新しい利用者に供したりするために調査を行ったところ、無縁となっている墓が非常に多いことが判明した、という一連の流れがたびたび繰り返されている。無縁墓の増加の直接的要因としては、戦後の混乱で所有者不明となったものが多いとの指摘のほか、祖先崇拝の念や家族の絆の弱まりを冷たい世相として嘆く論調もみられる。そして無縁仏は浮かばれない、寂しいなどと形容される傾向がある。

ただし無縁墓が増えている最大の理由は、当時の墓埋法施行規則に定められた無縁墳墓の改葬手続のハードルの高さにあったと考えられる。それは①10年以上使用者と連絡が取れない（居所不明、管理料未払いなど)、②使用者の本籍地・住所地の市町村に縁故者の有無を照会し、無い旨の回答を得る、③使用者もしくは死者の縁故者の申し出を催告する公告を全国紙2紙に各3回（計6回）掲載し2カ月以内に申し出がないことを確認する、という3つの条件を満たして初めて改葬が許されるというものであった。墓地管理者にとってあまりにも手間と費用がかかるため、よほどの事情がなければ無縁墓は改葬ができなかったのである。

4. 1980年代後半以降の墓地不足と新しい潮流

(1) 墓地不足問題

1970年代から懸念されていた墓地不足は、案の定1980年代後半に深刻な社会問題となり、無縁墓整理によって多少なりとも墓地不足を解消することが試みられた。次のような各記事に記載のとおりである。

・朝日新聞1985.10.13「ご先祖様は渋い顔？　核家族化進み『家』崩壊　ふえる『無縁墓』 寺などの要望受けた国　改葬促進へ動く」 東京都で

は墓地不足問題に対し、無縁墓を整理して新しい需要に応えるため、昭和55年度から無縁墓の計画的な処理に着手し、6年間で900件の改葬を行った。都営霊園全体の利用者の4%程度が年間管理料不払いの状態という。無縁墓増加の背景として伝統的な家の崩壊、祖先崇拝の衰退、社会の流動化が挙げられる。ただ、この記事の見出しには「ふえる」とあるものの、無縁墓の明確な定義は無いため「どれだけあり、どう増えているかはよくわからない」。

・週刊読売1987.8.2「お墓ってなんだ！　東京の公営墓地は在庫ゼロ　これからはロッカー式」

・読売新聞1987.11.25「連載　お墓やぁーい！7　宝クジ並み　都営霊園」6月に行われた都営八王子霊園750区画の募集に約1万4000人が応募し、20倍に迫る高倍率となった。これが最後の新規募集で、以降は無縁墓となった空き区画への募集が出るのを待つか、遠方で高額の民営霊園を選ぶしかなくなる。

・毎日新聞1988.9.3「都霊園“空き家”競争率19倍　過去最高　墓地不足も深刻」都営霊園の空き区画750区画の募集に1万4208人が応募、3霊園の競争率は平均18.94倍と過去最高に達した。

以上のように墓地不足問題が繰り返し報道されることで、墓地を確保する難しさを知った人々が都営霊園への応募や民間霊園の生前契約に動き、ますます問題が拡大したと考えられる。

都内の墓地不足の深刻化を受けて、1986年には都知事の諮問機関として東京都霊園問題調査会[4)]が、さらに1988年には東京都建設局長の諮問機関として東京都新霊園等構想委員会が発足し、今後20年間で見込まれる約36万基の墓地需要に応える新霊園の構想が検討された（産経新聞1988.8.31）。また同じ1988年10月には、当時の厚生省が墓地問題等検討会を開設している。海洋散骨の是非や無縁墓地の再生利用といった新時代の墓地観や埋葬法の検討、墓地・埋葬行政の全面見直しの検討が目的であった。

(2) 合葬墓・永代供養墓の登場

1980年代後半には、単身者や子供のいない夫婦が墓の契約を拒否され、行き場を失うという問題が表面化した。無縁墓の撤去は管理者の手間とコストになるため、契約の時点で墓の継承が見込めない人は公営・民営（寺院含む）墓地のいずれにも契約を断られてしまうのである。

そうした人々の受け皿となるべく、1985年7月、比叡山延暦寺大霊園が宗派不問で「延暦寺があなたの子孫となって永遠にご供養いたします」と謳い永代供養墓地を開設した。11月の時点で個人用・夫婦用合わせてすでに1000基以上の申し込みがあり、その多くは男の子供のいない夫婦や、単身・離婚女性、婚家の墓に入りたくない女性であった（読売新聞1987.11.20）。1989年の8月には新潟市の日蓮宗角田山妙光寺に宗派不問・会員制・永代供養という当時としては先駆的な形態の合葬墓「安穏廟」が、12月には東京都豊島区巣鴨のすがも平和霊苑に宗教不問・会員制の合葬墓「もやいの碑」がそれぞれ誕生した。

さらに1990年には、朝日新聞「論壇」に安田睦彦（元朝日新聞編集委員）が論考「『遺灰を海や山に』は違法か」（朝日新聞1990.9.24）を掲載したうえで、同年に自然葬を啓蒙・実践する市民団体「葬送の自由をすすめる会」を設立した。同会が翌年、自然葬と称して海上散骨を実施したことはメディアでも多数取り上げられた。また同じ1990年には市民団体「21世紀の結縁と墓を考える会」が発足、のちに同会はエンディングセンターと改称し2005年に樹木葬墓地を開設した。

この頃から急速に、以上のような子孫による継承を要しない新しい葬送・墓制を紹介する記事が現れ、特に1998年以降になると、民営霊園の合葬墓・永代供養墓の記事がいっそう増える。紙幅の都合上全ては紹介できないが、次のように無縁仏や無縁墓ならないことがアピールポイントとなっていることがわかる。

- 朝日新聞1987.3.21「最近墓地模様　『和』『愛』と彫ったり家名並べたり　土地は？墓守は？　若い層には不要論も」
- 産経新聞1989.3.2「“シングル族”でも心配無用　無縁仏にはしません　台東『金智山妙音寺宝蔵院』子孫になりかわって永遠に供養」
- AERA 1990.3.13「お墓を拒否される人々　単身者、子供のない夫婦も入りたい」
- 朝日新聞1990.9.17-9.19（連載全3回）「墓―もうひとつの住宅事情」
- 朝日新聞1993.6.16「合祀墓急増、孤独な人たちの『駆け込み寺』に」

子供がいない夫婦や離婚経験者、単身者向けの合葬墓が急増し、現在全国に 20 カ所以上ある。

- 朝日新聞 1993.1.14「お墓でも団地住まい！？　壁面式と合葬式、日野公園墓地に」 横浜市営の日野公園墓地で、墓地不足解消のため市営墓地としては全国初の壁面式墓地と合葬式墓地を建設した。
- 朝日新聞 1996.6.20「市が管理・無縁墓地にならず…　合葬式墓地人気呼ぶ　横浜」 日野公園墓地の合葬式墓地が人気で、毎年定員の 5 倍以上の応募があり、昨年は約 10 倍となった。
- 読売新聞 1998. 3.18「永代供養墓　跡継ぎ・親類は無関係　安価も魅力、各地で増加」 合葬墓が「跡継ぎのいない人や『子供たちにお墓のことで面倒をかけたくない』と考える人たちから注目されている。寺院や霊園にとっては……無縁墓が増えるのを防げるという大きな利点がある」。
- 読売新聞 1998.10.28-10.31（連載全 4 回）「当世お墓事情」
- 朝日新聞 1999.10.10「お墓を探す　形多様に、“自分風”を選ぶ」
- 朝日新聞 2000.6.7「丸わかり永代供養墓　料金や管理法紹介のガイドブックを出版」 このほど出版された『永代供養墓の本　増補改訂版』が取り上げた墓の数は 1 年前に出した初版から 1.6 倍の 229 件に増えた。

また、1999 年の 11 月 1 日には岩手県一関市知勝院に日本初の樹木葬墓地が開設されている。このように 1990 年代は、墓地不足問題および単身者・子供のいない夫婦の墓購入問題を背景に、いわば“無縁を生み出さない墓制”が次々と登場し、かつ一部では墓の意識改革運動が展開した時代であった。

(3) 無縁墓は増えているのか

1980 年代以前にも断続的に「無縁墓が増えている」との記事が出ていたが、1990 年代以降もそれは同様である。読売新聞だけをざっと挙げても次のように多数ある（下線は引用者による）。

- 1990.8.12「編集手帳　あの世への思いもさまざま、現代お墓事情」 大都市では墓地不足が深刻な反面「地方では無縁墓が増え、経営不振に陥っている霊園もある」。したがって「墓地や埋葬の形態はもっと多様であっていい」。

- 1990.9.23「社説　彼岸に思う現代のお墓事情」「人口減少地域では墓参りする人も減り、無縁墓地が増えている」。したがって無縁改葬手続の簡略化と改善が望まれる。
- 1993.9.16「首都圏の墓地　永代使用困難で「期限つき」登場　継ぐ人いれば期間延長も」「大都市の寺院で近年、後継ぎのいない無縁墓が急増している」ため、首都圏の墓地で有期限制を導入するところが現れている。
- 1998.8.15「『合祀式共同墓』が静かなブーム」「人口の都市集中や核家族化で、過疎の村では、訪れる人もないまま荒れ果てる無縁墓が増えている」。そのため会員制の合祀式共同墓が増えている。
- 2007.12.25「山林に墓石大量投棄　淡路島で数千基、兵庫県調査へ」「核家族化や過疎化で、弔う縁者がいなくなった『無縁墓』が全国的に増え」、淡路島の山林に数千基の墓石が不法投棄されている。
- 2008.2.29「縁それぞれ３　家単位崩れ、個人墓次々　お参りなく無縁化進む」「先祖代々之墓で、お参りする人のいない『無縁墓』が増えている」、「増え続ける無縁墓の取り扱いに、全国どこでも苦慮しているのではないか」。
- 2008.8.13「薄れる地縁、増える改葬　先祖代々の墓、身近に引っ越し」「地方ではだれも訪れない無縁墓が増えて墓地が荒れ、深刻な問題になっている」、墓が無縁化する前に改葬することは親や先祖を大切に思う気持ちの表れである。
- 2009.3.17「家から個、自分らしさへ　変わる供養文化」「近年、子供がいないなどの理由から無縁墓が増えてきた。荒れ放題の墓は、お寺でも悩みの種」となっており、継承者のいらない樹木葬墓地が設立された。

断続的に無縁墓が増えていると報道されているが、下線部に注目すれば、それは都市部なのか地方なのか、それとも全国的なことなのか、そして「近年」とは一体いつからなのか、いずれの記事も根拠となるデータが示されておらず定かでない。先述したように 1930 年代にも 1950 年代にも「無縁墓が増えている」との記事はある。もっとも、無縁墓が累々と増えていること自体は間違いないようで、AERA では「厄介もの扱いの無縁墓」とまで書かれている（2010.12.6）。だからこそ利用者・管理者の双方が従来と異なるタイプの墓を求めているというのが、これらの記事の趣旨である。

5. 2010年代のキーワードとなった終活と無縁社会

(1) 無縁社会論の登場と影響

2010年代前半は終活と無縁社会という2つのキーワードが登場し、それにともなって無縁（墓／仏）という語がさかんに語られた時期であった。無縁社会は2010年末に、終活は2012年末に、それぞれ「ユーキャン新語・流行語大賞」のトップテンに選出されている。

無縁社会とは2010年1月から始まったNHKの報道キャンペーンで提示された語で、血縁・地縁・社縁といった相互扶助的なつながりが希薄化した現代の日本社会の世相を表す[5)]。NHKによれば単身者が社会から孤立状態となり、死亡しても遺骨の引き取り手のない「無縁死」が年間3万2千人に及ぶという。無縁死は「孤独死」（独居で死亡し発見が遅れること）でもあることが多いが、無縁という言葉を使うことで、生前の社会的孤立としての無縁と、弔う人がない無縁仏という意味合いが強まっている。

さらに同年7月には「消えた高齢者」問題がマスメディアを賑わせた。東京都足立区で発見された男性の白骨化遺体が戸籍上111歳になることが判明した事件に端を発し、全国の自治体が高齢者の安否確認を行ったところ、100歳以上で戸籍が残っていながら住所等の記載がなくすでに死亡していると見込まれるものが約23万4000人分に及んだという問題である。同時に、全国で毎年1000人以上の遺体が身元不明のままとの事実も話題となり、中年～高齢の単身者の社会的孤立と死というテーマが一気に社会問題として浮上した。たとえば次のような記事がある。

- 読売新聞2010.8.18「行き場なき遺骨　親族すらかかわり拒否」 職員が「寂しく、むなしい気持ちになった」と語る。
- 朝日新聞2010.9.3「みとりなき社会　患者は『台東２３３郎』 宅配で届く無縁仏200柱」
- 朝日新聞2010.12.20「セッちゃん、本当は誰？　無縁の最期」
- 朝日新聞2011.11.25「元野宿者、絶えた縁　アパート生活1年半後の孤独死」

無縁社会・無縁死という言葉の反響は大きく、シンポジウム等の開催も相次ぎ、社会的紐帯の回復やセーフティネットの再構築が提言された。一方、民放テレビや大衆雑誌、SNSではむしろ、孤独死遺体が腐敗した現場の様子がおどろおどろしく描写され、それによって賃貸物件・持ち家を問わず特殊清掃が必要で周囲にさまざまな影響があることや、あるいは行旅死亡人の遺骨に自治体が苦慮していることが話題となった。これらの情報は中高年のみならず若者世代にも、「無縁」は恐ろしい、寂しい、そして社会に「迷惑」をかけるとのイメージをもたらすものだったといえよう。

(2) 過疎地域における無縁墓と合葬墓の増加

先述のように、以前から無縁墓の増加は指摘されていたものの、それはどちらかといえば印象論として語られていた。それが2000年代になると、地方の過疎化や高齢化の顕著な地域における無縁墓の増加が社会問題として、具体的な数とともに報じられるようになる。地方紙や全国紙の地方版などを見ると、下記のような記事がある。

・読売新聞西部版 2003.8.10「宮崎市営墓地、4割が無縁墓　まちづくり市民協働会議発足」 宮崎市の市営墓地3カ所中、約4割の墓が無縁墓だった。
・朝日新聞新潟県版 2014.10.10「無縁墓増加、撤去の寺も　少子化で変わる埋葬　新発田・長徳寺」 新発田市の寺院で全約900基の墓石を調査したところ約150基が無縁だった。
・朝日新聞和歌山県版 2016.8.1「人口流出、さまよう墓　増す無縁墓・県外改葬、惑う自治体」 2010年の新宮市の調査では市営墓地5カ所8800区画中450区画が無縁墓だった。市は無縁墓に「頭を悩ませる」。
・読売新聞大阪版 2016.9.8「現代の墓事情 『維持限界』進む改葬」 愛媛県高松市は2008年、市営墓地約3万8000基を調査し約6600基を無縁墓と認定した。熊本県人吉市の2013年の調査では、民営墓地を含む市内約1万5000基のうち、約4割の約6500基が無縁墓だった。
・西日本新聞 2018.11.28「『無縁墓』に悩む自治体　公営墓地で増加、5

割超えも」 福岡県久留米市では市営墓地22カ所の計1531基のうち849基、実に55%が無縁墓であった。また鹿児島市は2017年度までに約3億円をかけ、無縁墓1745区画を整地した。

・福井新聞2021.7.7「雑草生え放題…墓地使用者の調査が難航　福井市、親族死亡や転居で特定1割のみ」 福井市では市営墓地3カ所で、無縁化した墓の雑草が生え放題だと使用者から苦情が寄せられたため、全7205区画について使用者の確認作業を進めたが、1年間で使用者が特定できたのは約1割の763区画にとどまった。墓地台帳システムを導入した2010年の時点ですでに、使用の有無が分からないものが約3割（約2300区画）あった。

・北海道新聞2021.2.13「市営墓地2割『無縁』か　1万基所有者、相続人調査へ」 札幌市では、管理する市営墓地内に墓石が倒れたり破損したりして危険な状態のものもあるため、2018年からの調査を進めたところ、無縁化の疑いがある墓が、2020年12月末時点で全4万7134基中、9719基と、約2割に及んだ。

上記で報じられている、墓地における無縁墓の割合は2～9割と幅がある。特に福井市のケースは管理システムの問題が大きいだろうが、いずれにしても決して少なくない数の無縁墓が発見されている。先に無縁墳墓の改葬のコストについて述べたが、1999年5月には墓埋法施行規則が改正され、縁故者の照会や全国紙公告という条件は撤廃、官報公告および現地立札での1年間の掲示に置き換わり、手続きはかなり簡素化された。とはいえ1（2）でも述べたように、それでも事務手続きは煩瑣なうえ、墓石の撤去には数十万円以上を要する。したがって、人口減少および高齢化の影響で、過疎化地域で無縁墓が続々発生したとしても、次の使用者に供することが見込めなければ、改葬されずそのままにされるのである。

このような地方における無縁墓の現状は、全国版でも「無縁化、さまよう墓　少子化、墓守が不在　過疎進み、各地で撤去」（朝日新聞2014.7.30）、「無縁の遺骨、悲しき弔い　増える孤独死、悩む自治体　置き場あふれ…粉骨」（朝日新聞2014.8.14）といった見出しの記事で大きく報じられている。「さまよう」「悲しき」という語が目を引く。

そして上記の記事の一部にもあるように、地方の公営墓地では近年、合葬墓の開設が相次いでいる。先述したように、公営墓地で先駆となったのは1993年開設の横浜市営日野公園墓地の合葬式墓地であり、高松市が開設した2004年時点でも「全国でも同様の公営合葬式墓地は東京近郊に六か所あるだけ」（読売新聞大阪版2004.5.3）とまだ希少な例だったが、2018年現在では約750件に上る（朝日新聞宮城版2018.9.8）。

(3) 終活と墓じまいの流行

以上のような無縁社会論の風潮と、地方部における無縁墓の顕在化のなかで、終活ブームは訪れた。終活とは就活をもじった造語で、自らの終末期と死後に備えた活動を意味する。具体的には、財産や所持品等の身辺整理をしたり、介護や医療、葬儀、墓、相続などについて情報収集したり、それらの生前契約等を行ったり、延命治療や葬儀・墓に関する希望を書き残したりすることなどがそれにあたる。

終活が「ユーキャン新語・流行語大賞」トップテンに選出された2012年が、ちょうど団塊世代が65歳となり始める年だったことは、おそらく偶然ではない。もっとも、終末期に向けた活動は昔々から広く行われてきたし、終活という語自体の初出は2009年であり[6)]、また2010年1月には『葬式は、要らない』（島田裕巳著）が30万部のベストセラーとなっている[7)]。ただ多くの人々がリタイアを機に、老いや病に向きあい、どのように死を迎えたいのかや、自らの葬送や死後を考える時間が長くなったことが、終活ブームの背景にある。現代の医療技術・公衆衛生・健康意識の向上で、日本人の平均寿命はますます延び、リタイア後に20年、30年の余生があることも珍しくない。「婚活」や「妊活」と同様、終活という語には、「自然とそうなった状態」や「やみくもに行うこと」ではなく、「自立した個人による積極的・前向きな選択として、まずは情報収集やノウハウの学習から始め、目的達成のために取り組む活動」というニュアンスがある。そうしたポジティブかつアクティブなイメージが、関連書籍やイベントの開催をはじめとする終活市場の活況へとつながったといえよう。

終活を取り上げたメディア記事は枚挙に暇がない。季刊誌『終活読本 ソナエ』が発刊され、終活関連書籍も次々と刊行されるなかで、「墓じまい」という語が登場した。2014年8月23日号『週刊東洋経済』の「片付けのクライマックス 実家の墓じまい」、同年10月3日号『週刊朝日』の「『墓じまい』を上手に　カギは菩提寺、お金、親族」と続き、同年10月8日にNHK『クローズアップ現代』「墓が捨てられる〜無縁化の先に何が〜」で株式会社霊園・墓石のヤシロが提供する墓じまいが事業名として紹介されたあたりで人口に膾炙したと言えよう[8)]。墓じまいを扱う新聞・雑誌記事の例をいくつか挙げたい。

- 朝日新聞 2014.9.11-12「終わりの選択　どうする？お墓（上・下）」「地方から都会へ、お墓の引っ越し『改葬』をする人が増えています」（この記事では「墓じまい」という語は使われていない）。墓を改葬し合葬墓等へ移した人の「ずっと心にひっかかっていたことを解決できた。これで墓がほったらかしになることはない」「娘に負担をかけることもない」「無縁墓になる心配がなくなったのもありがたい」「継承者がいないので周りに迷惑をかけたくない」といった声を紹介。
- 朝日新聞 2015.11.30「いまからの『終活』6　お墓のあり方、広がる選択肢」 質問者が遠方にある墓について「子どもになるべく負担をかけたくないのですが、どうしたらいいでしょうか」と問い、それに対してお墓を「そのまま放っておくと、将来、無縁墓になる恐れがあり、それを避けるために、いわゆる『改葬』や『墓じまい』をする人が増えています」と回答している。
- 週刊朝日 2018.8.31「墓じまいの決め時と実践　絶対に後悔しない完全マニュアル！」 墓じまいの「決断は早いほうがいい。失敗は許されない」。「墓じまいをする適齢期は75歳でしょう。子が高齢化して頼れなくなることも想定すれば、75〜80歳のうちに墓をどうするか決めておくべきです」。
- AERA 2018.8.20「お墓はなくても大丈夫　墓を片付けて肩の荷おろす」「過疎化が進む地方では、長年放置された墓を更地にしても、新たな墓地の契約者の見通しが立たない」ため、「無縁墓が荒れたまま放置される」。改葬を後ろ暗いものと捉えるのは誤りで、費用をかけてまで改葬するのはそれだけ死者を想っているからであり、長期間放置される無縁墓の増加のほうが深刻である。
- 読売新聞 2019.8.11「社説　墓の多様化　慰霊の在り方を見つめたい」「先祖代々の墓を撤去して更地に戻す墓じまいが増えている。墓を守る後継ぎがいないことや、将来的に、子や孫に墓守をさせるのはしのびないといった親の気遣いがうかがえる」。「遺骨を合葬墓などに移して、祖先の墓の無縁墓化を防ぎたいという人は多い。維持管理に負担がかからないことも、多様化の理由だろう」。

終活・墓じまいの記事は下線部のように「子供や家族の負担になりたくない」「迷惑をかけたくない」という人々の声を紹介する。また、単に終活・墓じまいが増えているといった世相論にとどまらず、自身の生活を見直せる、心理的・金銭的負担が軽くなり子供に迷惑がかからなくなる、墓の無縁化を避けられるのは先祖にとっても良いことであるなどの利点を挙げて、終活・墓じまいを奨励する傾向がある。そして終活アドバイザーなどと名乗る人物がその具体的な実践方法、マニュアル、フローを紹介するという共通した特徴が見られる。

6. おわりに

本稿はまず、1950 年代からすでに東京都内を中心に、戦後の混乱による使用者不明や転居のために無縁墓が多く発生していたことを確認した。無縁墓は「寂しい」「浮かばれない」と表象され、冷たい世情の反映と見なされていた。当時、無縁墓の改葬の法的手続きがきわめて困難だったため、無縁墓は増えれば増える一方であり、管理料の徴収ができないことや墓地不足の深刻化のなかで「問題」化されるようになる。1980 年代には単身者や子供のいない夫婦が墓の契約を断られ、困難を抱えるようになった。そうした状況は、無縁墓や今後「無縁」になる人がいかにも管理者や社会にとっての「迷惑」であるかのようなイメージをもたらしたと考えられる。しかし冒頭にも述べたように、歴史的にはこれまでも多くの無縁墓が生まれてきた。公営にせよ民営にせよ、墓地管理者はあらかじめ一定数の無縁墓は当然発生するものだと想定してはいなかったのだろうか。

さて 1990 年代頃から、無縁化しない墓として永代供養墓や合葬墓が登場・普及し始める。そうした新しい墓制は、家・先祖意識の弱体化の結果あるいは個の自立や自己決定の結果として、肯定的に理解される傾向にある。一方、無縁社会論を経て、実際に地方で無縁墓が続々と発見されるという事態になる。まもなくしてメディアは終活・墓じまいを子孫や社会に迷惑をかけないための選択として繰り返し推奨するようになり、それと対置するように無縁墓を「寂しい」「迷惑」と見るまなざしがいっそう強調される状況が生じている。先にも述べたように、無縁化した墓はそのままにしておけば放置されるか管理者によって改葬されるが、無縁化や子孫の負担になることを回避するため事前の策として自ら始末すると墓じまいとなる。「迷惑をかけたくない」という人々の声や、終活・墓じまいを積極的に勧める内容がメディアで繰り返し報じられることによって、それまでしていなかった人々も終活・墓じまいに駆り立てられる構図が見えてくる。

もちろん、宗教学や民俗学の知見から、無縁化を避けたい心性を日本固有の霊魂観や家観念の表れなどとして説明することも不可能ではない。それを全く否定するわけではないが、しかし一方で本稿が見てきたように、戦後において無縁墓が社会や墓地管理者、親類縁者、子孫たちの「迷惑」になるとして何度も「問題」視されてきたのも事実である。終活・墓じまいブームのなかで人々が「迷惑をかけたくない」「無縁になりたくない」と語るその裏には、無縁墓・無縁仏・無縁死は恐ろしいものであり周囲の迷惑だとする社会通念があり、それは無縁社会論をめぐるメディア報道によって増幅されてきたと言えるのではないだろうか[9)]。しかし多様性や互助を尊ぶ社会において我々は、無縁を自由の象徴として、あるいは「お互いさま」として見なすまなざしも持ちうるはずである。

注

1） 今日一般に無縁墓とは所有・祭祀する縁故者がいなくなった墓をさす。ただし「無縁（仏）」には歴史・民俗的に多様な意味があり、単に祭祀する縁故者がいない霊魂・ホトケというだけでなく、この世に恨みを残して死んだ者や、行倒れなどの身元不明死者、戦死者・罹災死者・水死者・変死者などの非業の死者、夭折者・未婚者、産死者・水子などを無縁仏に含めることもあった。地域によっては三十三回忌等の弔い上げの済んだ先祖も無縁仏と呼ぶことがある。なお呼称も無縁のみならず、餓鬼や外精霊、無縁法界、客仏など多様である（浅野 1992）。

2） 島田裕巳は『「墓じまい」で心の荷を下ろす』で「日本社会で増え続ける無縁墓と改葬」と題した節を設け、「無縁墓になって撤去された数は、2009 年度で 2675 件でした。それが 2018 年度では 4033 件と増えています。およそ 1.6 倍になったことになります」と記している（島田 2021, 52）。しかし図 1 から明らかなように、これはミスリーディングである。

3） この質問は「○○%」と実数を記入してもらう形式だったが、回答が 20%以下に集中したため、図 2 では、変則的ながら「0%」、「1 ～ 10%」で区切り、11%以降を 20%刻みで区切ってそれぞれの割合を示した。

4） 同調査会については辻井敦大が詳しく論じている（辻井 2019）。

5） NHK の無縁社会キャンペーンはまず『ニュースウオッチ 9』「無縁社会ニッポン」シリーズ（2010.1.6 ～ 2.11）、および『NHK スペシャル』「無縁社会～“無縁死”3 万 2 千人の衝撃～」（1.31）に始まり、大きな反響を呼んだ。NHK は以降も『無縁社会　私たちはどう向き合うか』（4.3）という 2 時間の特別番組や、『NHK スペシャル』で「消えた高齢者　“無縁社会”の闇」（9.5）、「無縁社会　新たな“つながり”を求めて」（2011.2.11）を放送、他にも『クローズアップ現代』などでも取り上げ、広く視聴者からの投稿も募った。書籍でも NHK が番組の内容をまとめた NHK スペシャル取材班編『無縁社会：“無縁死”三万二千人の衝撃』（文藝春秋、2010 年 11 月）を刊行した他、橘木俊詔『無縁社会の正体：血縁・地縁・社縁はいかに崩壊したか』（PHP 研究所、2010 年 12 月）など関連書籍も相次いだ。雑誌でも『週刊ダイヤモンド』が「無縁社会：おひとりさまの行く末」（2010.4.3）、『SAPIO』が「日本「無縁社会」の恐怖」（2010.10.13）、『週刊金曜日』が「孤独死・自殺・無縁社会　“死”と向き合わない日本」（2010.12.17）との特集を組んだ。

6）『現代用語の基礎知識 2011 年版』によれば、終活の初出は 2009 年『週刊朝日』の連載「現代終活事情」であった（佐藤ほか編 2010）。

7）「プレジデントオンライン」https://president.jp/articles/-/38439?page=1（2021 年

11月28日最終閲覧）

8) 「墓じまい」という語の全国紙での初出は、管見では朝日新聞の2010年8月8日の記事で「墓じまい、私の務め」と題し、80歳の男性が父母らの遺骨を海にまいて墓じまいをしたとの記述である。ただしこの時点では現在のように一般に知られた語ではなかった。『現代用語の基礎知識』での初出は2015年版（2014年11月刊）で、小項目「改葬」の説明のなかに含まれているのみだが、2016年版（2015年11月刊）では小項目として「墓じまい」が設けられている（佐藤ほか編2014、佐藤ほか編2015）。

9) 佐々木陽子（2016）、諸岡了介（2017）も同様の指摘をしている。

参考文献

浅野久枝　1992：「御霊と無縁仏」『俗信と仏教』仏教民俗学大系8、名著出版、47–73。

井下清　1973（1936）：「都市の墓地整理と将来の対策」『井下清著作集　都市と緑』㈶東京都公園協会、438–448。

佐々木陽子　2016：「無縁墓問題：記憶と忘却のはざまの死者たち」『西日本社会学会年報』14、61–74。

佐藤優ほか編　2010：『現代用語の基礎知識2011』自由国民社。

佐藤優ほか編　2014：『現代用語の基礎知識2015』自由国民社。

佐藤優ほか編　2015：『現代用語の基礎知識2016』自由国民社。

島田裕巳　2021『「墓じまい」で心の荷を下ろす：「無縁墓」社会をどう生きるか』詩想社。

角南聡一郎　2020：「墓標の無縁化と無縁塔」『月刊石材』40(9)、43-44。

辻井敦大　2019：「墓地行政における「福祉」：地方自治体による墓地への意味づけに注目して」『都市社会研究』11、93-108。

土居浩　2006：「〈墓地の無縁化〉をめぐる構想力：掃苔道・霊園行政・柳田民俗学の場合」『比較日本文化研究』10、76-88。

問芝志保　2020：『先祖祭祀と墓制の近代：創られた国民的習俗』春風社。

森謙二　2014：『墓と葬送のゆくえ』吉川弘文館。

諸岡了介　2017「死と「迷惑」：現代日本における死生観の実情」『宗教と社会』23、79–93。

柳田國男　1993（1931）：『明治大正史　世相篇』新装版、講談社。

The Representation of Abandoned Graves in Postwar Japan:
A Content Analysis of Newspaper and Magazine Articles

by TOISHIBA Shiho

The number of abandoned graves is increasing in today's Japan, which is considered to be a "problem." This paper aims to find a solution to various difficulties that graves and cemeteries are facing in Japanese society. Using postwar newspaper and magazine articles as the main sources, this paper discusses the history of abandoned graves. By focusing on the changes in the representations of and discourses on abandoned graves over time, and on the factors that led to these changes, I find that society has accepted a certain notion, namely, that it is a horrible thing to become abandoned, and it is also a nuisance to society. Newspapers and news magazine media repeatedly recommend *shukatsu* activities to people (making preparations for their own end-of-life and death) and "grave closing" actions as a choice to avoid inconveniencing their descendants and society. They regard unmarked graves as deserted, lonely, or a nuisance. People are being driven to *shukatsu* through such media coverage.

〈論文〉

生きがいからスピリチュアルケアの可能性を探る

――2015年から2021年12月までの「生きがい」研究の概説と1945年以降の国内外の研究動向、そして今後の研究展開――

長谷川　明弘

1. はじめに

生きがいは、2010年半ば以降に海外からikigaiとして注目されている（長谷川 2020）。日本では、1966年に発刊された精神科医である神谷美恵子による「生きがいについて」を契機として生きがいが特に注目されるようになった。神谷（1966）は「生きがい」という表現の中には、もっと具体的、生活的なふくらみがあることを指摘している。神谷は「生きがい」を「生きがい」の源泉、または対象となるものを指している場合と、「生きがい」を感じている精神状態を意味するときの2つの要素に分けて考えていた。その根底には次の7つの欲求、すなわち①生存充実感への欲求、②変化への欲求、③未来性への欲求、④反響への欲求、⑤自由への欲求、⑥自己実現への欲求、⑦意味と価値へ欲求があると論じていた。日本では高齢者社会の到来を控えて生きがいの研究対象は1970年以降に高齢者を多く取り上げるようになってきた。高齢者に関する生きがい研究の動向については「生きがい」や「人生満足度」「モラール尺度」や「主観的幸福感」といった海外の類似した概念に注目して2014年までの「生きがい」研究の総説の報告がある（長谷川他　2001; 2015）。長谷川（2020）は、2010年代半ばから海外で生きがいが注目されていることを踏まえて1945年から2020年2月までの国内外の生きがい研究の動向を報告している。

本論では、2章で生きがい研究の中でも多く研究が行われてきた高齢者を対象とした生きがい研究を取り上げて2015年から2021年まで研究動向を紹介し、3章では長谷川（2020）が報告した「生きがい」と「ikigai」の研究動向の方法論を援用して再分析を行って、第二次世界大戦前後から2021年12月までの国内外の生きがい研究の推移を取り上げる。4章では生きがいの語源を紹介した後にスピリチュアルケアの可能性について論じることを目的とする。また臨床心理学の立場から生きがいの向上を目指した取り組みについて紹介する。

2. 高齢者の生きがいの動向（2015〜2021年12月まで）

1971（昭和46）年に制定された「高年齢者等の雇用の安定等に関する法律」（高年齢者雇用安定法）が社会情勢と共に何度か改正されてきた。2013（平成25）年4月に施行されたものでは、被雇用者が希望すれば65歳まで継続雇用されることが保証される体制が2025（令和7）年までに全企業で適用されることになっている。

内閣府（2019）が2019年6月18日に公表した「令和元年版高齢社会白書」によれば、2018（平成30）年の労働力人口総数6,830万人に占める65歳以上の者が875万人となり、その割合が12.8%で調査開始時から上昇し続けている。現在仕事に従事している60歳以上の男女で「働けるうちはいつまでも」と回答した割合が42%を占め、「65歳くらいまで」が13.5%（累積計55.5%）、「70歳くらいまで」が21.9%（累積計77.4%）、「75歳くらいまで」が11.4%（累積計88.8%）となり、高齢者が就業に対して高い意欲を有していることが報告されている。

2020年1月8日に厚生労働省の労働政策審議会において、高齢者が希望すれば70歳まで働く制度を2021（令和3）年4月から始められるように企業が整備していく努力義務とすることを決定した。これを受けて2020年2月4日に政府が70歳までの就業を保証するように企業に努めること求めるよう高年齢者雇用安定法などの改正案を閣議決定し、令和3（2021）年4月1日から高年齢者雇用安定法の改正が施行され、65歳までの雇用確保（義務）に加え、65歳から70歳までの就業機会を確保するため、高年齢者就業確保措置として、以下①から⑤のいずれかの措置を講ずる努力義務が新設されている。①70歳までの定年引き上げ、②定年制の廃止、③70歳までの継続雇用制度（再雇用制度・勤務延長制度）の導入、④70歳まで継続的に業務委託契約を締結する制度の導入、⑤70歳まで継続的に以下の事業に従事できる制度の導入となっている。

この2章では高齢者を対象とした生きがい研究の総説を示すことが目的と

なっている。長谷川他（2001; 2015）は、2014年までの高齢者に関する生きがい研究の総説を報告している。そこで本章では2015年以降から2021年12月末まで高齢者を対象とした生きがい研究の動向を示すことが目的となる。

2.1. 研究方法

2021年12月31日時点で高齢者を取り上げた学術誌を中心に選択した。公益財団法人ダイヤ高齢社会研究財団が作成した社会老年学の日本語文献データベースであるDiaL（社会老年学文献データベース）（http://dia.or.jp/dial/）を使用し、出版年を「2015年から2021年」の7年間を指定し、「生きがい」で検索をした結果出てきた27件の文献を取り上げる。

2.2. 結果

本章で取り上げた27編の論文は表にして刊行年順に示した（表1、160–179頁）。

1）研究論文の出版件数

2015年が4編（石橋 2015; 南他 2015; 斎藤他 2015; 松宮 2015）、2016年が3編（塚本他 2016; 藤原 2016; 町島他 2016）、2017年が6編（繁田 2017; 渡辺 2017; 茨木他 2017; 能勢 2017; 陳 2017; 小田 2017）、2018年が2編（荒井／水野 2018; 鈴木 2018）、2019年が5編（岡田 2019; 児玉他 2019; 増谷他 2019; 坂本／渡辺 2019; 武田 2019）、2020年が4編（堀口／大川 2020; 中谷他 2020; 伊藤他 2020; 石橋他 2020）、2021年が3編（畠中他 2021; 小池 2021; 横山他 2021）となった。

2）各論文の中の研究目的

各論文の研究目的は研究参加者や研究デザインと関連があるため，各項目と合わせて検討した。

3）生きがいの定義

生きがいの定義を明記した論文は、11編あった（渡辺 2017; 茨木他 2017; 陳 2017; 荒井／水野 2018; 鈴木 2018; 岡田 2019; 児玉他 2019; 増谷他 2019; 堀口／大川 2020; 中谷他 2020; 石橋他 2020)。生きがいの定義が明記されておらず「生きがい」とそのまま用いていた論文が 16 編となっていた（石橋 2015; 南他 2015; 斎藤他 2015; 松宮 2015; 塚本他 2016; 藤原 2016; 町島他 2016; 繁田 2017; 能勢 2017; 小田 2017; 坂本／渡辺 2019; 武田 2019; 伊藤他 2020; 畠中他 2021; 小池 2021; 横山他 2021)。

4) 生きがいの測定の仕方

生きがいの測定の仕方を示していた論文は、7 編であった（南他 2015; 塚本他 2016; 陳 2017; 児玉他 2019; 堀口／大川 2020; 中谷他 2020; 畠中他 2021)。残りの 20 編は具体的に測定の仕方が明記されていなかった（石橋 2015; 斎藤他 2015; 松宮 2015; 藤原 2016; 町島他 2016; 繁田 2017; 渡辺 2017; 茨木他 2017; 能勢 2017; 小田 2017; 荒井／水野 2018; 鈴木 2018; 岡田 2019; 増谷他 2019; 坂本／渡辺 2019; 武田 2019; 伊藤他 2020; 石橋他 2020; 小池 2021; 横山他 2021)。

5) 研究対象者の特徴

研究参加者については、シルバー人材センターを取り上げた研究が 3 編あった（南他 2015; 塚本他 2016; 石橋他 2020)。自治体の協力を得て集められたデータを活用した研究が 5 編あった（斎藤他 2015; 茨木他 2017; 小田 2017; 児玉他 2019; 小池 2021)。公開されているデータアーカイブからのデータを二次使用した研究が 1 編あった（鈴木 2018)。地域住民の協力を得た研究が 1 編あった（増谷他 2019)。施設に勤務する職員の回答を得て行われた研究が 2 編あった（町島他 2016; 陳 2017)。施設利用者の回答が行われた研究が 4 編あった（坂本／渡辺 2019; 堀口／大川 2020; 畠中他 2021; 横山他 2021)。施設に勤務する職員ならびに利用者の両者の協力を得た研究が 1 編あった（中谷他 2020)。文献に基づいて論考をまとめた研究が 10 編あった（石橋 2015; 松宮 2015; 藤原 2016; 繁田 2017; 渡辺 2017; 能勢 2017; 荒井／水野 2018; 岡田 2019; 武田 2019; 伊藤他 2020)。

6) 調査方法・研究デザイン

論考は 8 編が報告されていた（石橋 2015; 松宮 2015; 藤原 2016; 繁田 2017; 渡辺 2017; 能勢 2017; 荒井／水野 2018; 岡田 2019)。横断調査研究

（関連要因）は10編あった（南他 2015; 斎藤他 2015; 塚本他 2016; 茨木他 2017; 陳 2017; 小田 2017; 鈴木 2018; 堀口／大川 2020; 小池 2021; 横山他 2021）。縦断調査研究は、因果関係を検討した論文は1編（児玉他 2019）、時系列の変動を検討した論文が1編（石橋他 2020）あった。準実験研究は、介入研究が2編あった（増谷他 2019; 中谷他 2020）。質的研究は、談話分析を行ったのは1編（町島他 2016）、概念分析法を行ったのが1編（伊藤他 2020）の計2編が報告されていた。質的研究と量的研究との混合研究は、1編あった（畠中他 2021）。事例紹介（坂本／渡辺 2019）、概説（武田 2019）はそれぞれ1編ずつあった。

7）研究成果

研究成果の内容を充分に本論に載せることは分量の制約があるため難しい。研究成果の要点については，表1にまとめてあるので参照して欲しい。

シルバー人材センターでの取り組みや実態に関する調査、高齢者就労に関する論考が7編あった（石橋 2015; 南他 2015; 塚本他 2016; 藤原 2016; 渡辺 2017; 石橋他 2020; 小池 2021）。地域の特性を踏まえた生きがい施策の論考やデータ分析から導いた考察は、4編あった（斎藤他 2015; 松宮 2015; 鈴木 2018; 児玉他 2019）。世代別に工夫しながら生きがい施策を進めるためにデータ分析から導いた考察は、2編あった（茨木他 2017; 小田 2017）。実践に生かすための基礎研究と論考は、9編あった（町島他 2016; 繁田 2017; 陳 2017; 荒井／水野 2018; 岡田 2019; 坂本／渡辺 2019; 堀口／大川 2020; 伊藤他 2020; 横山他 2021）。「インターバル速歩トレーニング」という取り組みの紹介が1編あった（能勢 2017）。アルツハイマー病などに対する抗認知症薬開発の歴史を通覧し、今後の治療薬開発の可能性を概説した論文が1編あった（武田 2019）。海外から日本に居住して介護施設で働く人材に関する探索的な研究が1編あった（畠中他 2021）。地域在宅高齢者を対象として、6週間の園芸活動の効果をQOL、認知機能、精神機能、生活機能の側面から明らかにした介入研究が1編あった（増谷他 2019）。認知症を抱える入所者が日常生活の中で自分らしさを表現できる選択的ケアモデルの開発を試みて、入所者とケア提供者を調査対象とした研究が1編あった（中谷他 2020）。

2.3. 考察

1）高齢者の生きがいの動向について

労働者人口の減少が見込まれる中、「高年齢者等の雇用の安定等に関する法律」が改定されて70歳まで働く制度を2021（令和3）年4月から企業の努力義務としたり、厚生労働省や内閣府が先導して平成29年（2017年）9月から平成30年（2018年）6月に設けられた「人生100年時代」に構想会議のまとめの中で高齢者雇用やリカレント教育を促進したりしている（人生100年時代構想会議 2018)。2015年以降の高齢者の生きがい研究ではいち早くシニア人材センター、生きがい就労、加齢と仕事内容を取り上げた研究など高齢者就業を取り上げた研究が報告されており、政策との関連に沿った研究テーマを先取りして報告されていたことが大変興味深い。

2）研究対象や研究デザイン手法の拡大

2015年から7年間を概観した本章は、準実験研究法や縦断研究法を採用して、生きがいの影響度について時間軸を考慮して検証した研究が複数認めたり、混合研究デザインが行われたり、移動手段としての自動車を取り上げたり、認知症となった人やその家族を含む支援者を対象として地域生活をする上での基礎データであったり、高齢者を支援する側の生きがいや海外から来日して働く支援者に関する研究など、生きがい研究の研究デザインや研究対象がさらに拡大して研究の裾野が広がっている。これは、長谷川他(2001; 2015）が指摘した生きがい研究の第4段階「ルネッサンスの到来」を裏付けているともいえよう。

3. 第二次世界大戦前後から2021年12月までの国内外の生きがい研究の推移

長谷川（2020）は、2020年2月までの「生きがい」と「ikigai」の研究動向を報告している。この3章では、長谷川（2020）の方法論を援用して再分析を行って、第二次世界大戦前後からの2021年12月までの国内外の生きがい研究の推移を取り上げることを目的とする。

3.1. 研究方法

2021年12月31日時点で米国に本社を置くGoogle社が提供している学術論文検索用エンジンであるGoogle Scholar（https://scholar.google.co.jp/）を用いて発表された時期を指定して研究論文数を数えた。「生きがい」と「ikigai」をキーワードとしてそれぞれ指定した。検索条件は、特許と引用部分を含めないで「1945年まで」ならびに「1946年～1950年」のように5年毎に期間を指定し2021年まで（17期間であるが最後は1年間のみ）とした。生きがいは、「日本語のページを検索」を指定し、ikigaiでは「すべての言語」を指定して、日本語と英語以外の言語で書かれた要約DeepL Pro（https://www.deepl.com/）による機械翻訳の上で目視にて内容の概要を確認した。「1996年～2000年」以降の期間は1000を超える大量な検索数であるので目視でキーワードを確認せず、生きがいは検索の上位から300～500件ほど、ikigaiは上位から50件ほどを確認した。

3.2. 結果

時代の推移別に「生きがい」と「ikigai」の数を〈 〉内に示し、取り上げられた主なテーマを［ ］ならびに｛ ｝で示した。また丸で囲った数字は時期を表している。主なテーマはタイトルに基づいて判断したものの「2001-2005」以降は、データ量が多くかつ日本語と英文を含む多言語さらには要約が多数混在しており、示された10本毎に数えて次のページに移るとヒット数が変動するなど正確な値ではない可能性があったので値には若干の誤差があると理解してもらいたい。

①「1945まで」〈［生きがい］0件, {ikigai} 0件以下の表記順同じ〉で研究テーマの主なキーワードにおいて生きがいが［なし］ikigaiが｛なし｝以下の表記順同じ、図1は、生きがいとikigaiに関する研究論文数の推移をグラフにした。表2（180–185頁）は、第二次世界大戦終了（1945年）前後から2021年12月まで国内外で報告された「生きがい」研究数と生きがい研究の主なテーマの変遷を表にしてある。②「1946-1950」〈1, 0〉で［ゲーテの生きがい］{なし}、③「1951-1955」〈4, 0〉で［国文学ほか］{なし}、④「1956-1960」〈17, 0〉で［国文学、美術教育ほか］{なし}、⑤「1961-1965」〈39, 0〉で［道徳、老年学、価値観ほか］{なし}、⑥「1966-

1970」〈95, 1〉で［非行、女子高校生、女子大学生、従業員、絵画製作、教科教育ほか］{日本における独占禁止法と国際取引}、⑦「1971–1975」〈268, 7〉で［上司職員、社会参加、労務管理、生活意識ほか］{日本の若者文化や生き方としての遊び、価値の変化ほか}、⑧「1976–1980」〈304, 8〉で［高齢者、女子大学生、子育て期の家庭婦人ほか］{日本人女性の成熟することによる板挟み、オリンピック、日本のサラリーマン漫画と自己認識のイメージほか}、⑨「1981–1985」〈401, 15〉で［中学生・高校生、青年、女子学生、高齢就労、カウンセリング、スポーツ・レクリエーションほか］{日本人女性の呪縛と成就、日本におけるメンタルヘルス、宗教における年齢の無関係性と関連性ほか}、⑩「1986–1990」〈540, 38〉で［高齢者、大学生、中学生、卒業後、女子従業員、産業保健、能力開発、在職中の経験と退職後、仕事の意味、労働負担、情報機器作業、キャリア選択、スポーツ参加、性行動、登校拒否、大学の使命ほか］{日本の母親の美徳・生き方に関する文化的定義、日本の映画と文化ほか}、⑪「1991–1995」〈856, 47〉で［高齢者、高校生、女子大学生、疾病、児童の生きがい感尺度の構成、高校生における生きがい感尺度の構成、進行性筋ジストロフィー、老人クラブ参加、生と死、大学生の生きがい感と学業、家族の生きがい、慢性疾患患者、国際比較ほか］{日本における高校生向け生きがい尺度の改訂と目標達成動機とメンタルヘルスの関連、日本の沖縄における高齢者の生きがい、日本と米国における生きがい（生きる価値）を追求するほか}、⑫「1996–2000」〈約1200, 94〉で［青年、中年期、高齢期、大学生、母親、女性、非行、働く女性、大学生の生きがい感尺度、高校生の生きがい、生きがいづくり支援サービス、年齢別、地域別、国際、生涯体育、職業意識、主観的幸福感、デス・エデュケーション、退職後の生活、食事指導、高齢者の性、認知症、慢性呼吸不全、知的障害時を持つ両親、施設入所者、精神障害者、失語症者、高齢期企業労働者、小児慢性病患者、介護者ほか］{夢・消えゆくことに関する本質・生きがいと「日本的自己」、日本の高齢者の人生の意味・4因子生きがい尺度の開発、異文化比較ほか}、⑬「2001–2005」〈約2000, 123〉で［高齢者向け生きがい感スケール作成、関連要因、文献考察、概念分析、幸福感、健康感、時間的展望、生命予後、地域差、性差、世代間交流、価値、スポーツ、カウンセリング、音楽療法ほか］{日本における生きがいと男性性、日本における介護の文脈における心理的幸福（生きがい）の追求と自己理解の変容、日本のシルバー人材センターと参加者の幸福度、日韓比較、日本の農村における介護者と先祖の世話役としての高齢女性、日本の高齢者における主観的有用性と6年死亡リスク、日本の企業経営の人間学、日本の資本主義的現代性の本質に関する研究・リストラとグローバリゼーションの元での人間と企業}、⑭「2006–2010」〈約 3140, 224〉で［中学生の生きがい感体験測定尺度、団塊世代の退職、死生観、自伝的記憶、障害受容、スポーツ、生涯学習ほか］{日本における生きがいと死亡率、シルバー人材センターの会員における生きがいとの関連要因、日本・豊田市における生きがい型農業政策の事例、日本とベルギーの比較、日本における心理学的態度と乳がんリスク・前向き研究、活動的で自立した年配者の光と影・日本の高齢期前のライフヒストリーから、関心事の実践・日本の農村地域における儀式・幸福感・高齢化、癌の評価に向けた共同コホート研究における心理学的要因と死亡率、マレーシアにおける日本人定年退職者ほか}、⑮「2011–2015」〈約 3850, 455〉で［生きがい意識尺度（Ikigai-9)、生きがい形成モデル測定尺度、生きがい概念の検討、青年期における生きる意味への問い経験尺度、催眠感受性と日常生活に対する態度、国際比較、生きがい就労・就業、デス・エデュケーションほか］{人生の目的（生きがい）は前頭葉機能で自然なこと、日本における大地震・生きがいによるストレス対処法、太極拳実施者におけるフロー体験・首尾一貫感覚との関係ほか}、⑯「2016–2020」〈約 4230, 1311〉で［生きがい感スケール作成方法についての新しい提議、生きがいと生存との関連、育児中の父母の生きがい感の変化、人生目的と生きがいの関係ほか］{英国サンプルによる生きがい意識尺度（Ikigai-9）の英訳と検証、AI と人間拡張の倫理へ生きがい概念を導入すること、日本の大学生における「生きがい」か「人生の価値」の理論化・混合研究法アプローチ、日本における幸福概念・ヘドニックな幸福として幸せを感じてユーダイナモニックな幸福としての生きがいを感じることほか}、⑰「2021」〈559, 470〉［地域交流サロンに参加する高齢者、高齢者の SNS 利用のコミュニケーション、高齢者の就労、成人期有職女性の生きがい形成プロセス、高齢者の生きがいづくりと認知機能低下防止、青年期を対象とした人生の価値志向性尺度ほか］{日本の農村における身体活動と幸福感と生きがいの関連・横断的研究、日本の高齢女性の生きがいにおける社会側面の予測因子と重要性、生きがいを伴って採用力を高める・仕事と人生を勝ち抜くためのシンプルな7段階プログラム、生きがいと実存的ポジティブ心理学・幸福に向けた意味への回帰、起業家のビジネス機会認識の効率を創造するための生きがいモデルの活用、企業家志望が大志を抱くように増幅させる生きがい、実存的エグゼクティブリーダーシップコーチングにおける生きがい・COVID-19でのドイツと南アフリカから、漫画『3月のライオン』における桐山零という主人公の表象に関するローランド・バーチスの記号論的分析、映画生きがいの特徴・映画『告白』における心理統計学的考察、第125代天皇明仁の物語・ポジティブ心理学的生きがいの研究、海外で意味と革新を発見する}となった。

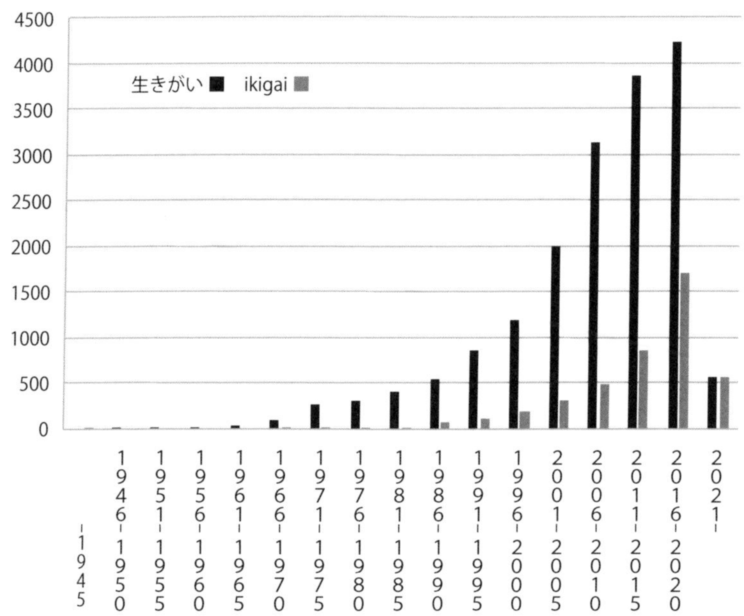

図1: 生きがいとikigaiに関する研究論文数の推移―1945年以前から2021年12月末まで

3.3. 考察

1）生きがい研究数について

生きがいの研究が1966年以降に数が飛躍的に増加している。2001年以降は2000件に迫る勢いとなり、2006年以降は3000件を超えて顕著な増加を認めた。ikigai 研究は、2006 年以降から数が約 2 倍になり、2011 年以降に 500 件に迫り、2016 年以降は 1000 件を超している。2021 年の 1 年間では生きがいと ikigai の研究の数は共に 500 前後となっている。

今回は長谷川（2020）と同じ手法であったが期間の中には数値が異なった所が散見している。可能性として考えられるのは、データベースが整理されたことで加えられた論文が変更となったことが大きな理由であると考えられる。今後も同様の研究を行うことに意義があると思われる。

2）生きがい研究の内容の変遷について――キーワードから

生きがいで最初に検索された文献は、1949 年「ゲーテの市民性とその時代的背景」というドイツ文学の論評の中でゲーテの精神面を説明する中で「生きがい」を用いていた。生きがいという言葉が、1951 年以降に国文学や道徳教育や芸術や生き方を取り上げた文献の中で用いられるようになっていた。

近年の研究動向から高齢者に調査を行った研究が全般的に多いと想定してきたが、検索でヒットした文献のキーワードでは 1946 年以降は、高齢者に調査に限定されておらず 1970 年以降に高齢者を取り上げる研究が増えていくものの、世代を問わない研究が行われていることを認めた。ただしどの世代を対象とした研究が多いかは本研究では示せなかった。1956 年以降女性を対象として、社会的地位の変化や育児や共働きなどの研究が継続して行われていたり、1961 年以降に体育教師や美術教師、看護師、そして介護士といった専門職を対象とした研究が目立つようになっていたりする。1971 年以降に研究数が増大するキーワードは労務管理や働き方という労働に関するテーマも取り上げられるようになっていた。趣味としての生きがいは、スポーツや生涯学習として取り上げられるようになってきたのが 1976 年以降であった。同じく疎外や孤立と関連づけた研究が 1976 年以降に認められるようになっていた。いずれも高度経済成長を経て、生活にゆとりが生まれたことに起因すると思われる。1966 年から宗教や生き方を取り上げてきたが、1991 年からは、生と死やデス・エデュケーションと関連づけられるようになっていた。

長谷川他（2020）が指摘しているように神谷美恵子が 1966 年に出版した「生きがいについて」を契機に、生きがい研究が増加し、海外でもキーワードが認められるようになっていた。生きがいを研究テーマそのものに表記するのが目立ってきたのは1990年前後からとなっていた。従業員の生きがいや、生きがい尺度を児童や高校生や大学生に向けた開発が行われるようになり、2000年以降は、高齢者向けの生きがい尺度が開発されたり、身体疾患や精神疾患、退職やワークライフバランスを具体的に取り上げた研究が増加していったりした。

3) ikigai研究の内容の変遷について――キーワードから

ikigaiでは、1970年「日本における独占禁止法と国際取引」をテーマにした文献が最初であった。1980年前後からは、海外の研究者が日本の若者文化、サラリーマン漫画、家族像の変化を取り上げたり、日本の研究者が日本での研究の関連要因として論文発表していたが、2000年前後から海外の研究者が生きがいそのものを取り上げた研究の報告が増えたり、国内外の研究者が国際比較の成果を報告するようになった。2016年以降は、日本人が開発した生きがい意識尺度が英語に翻訳されて生きがいを取り上げる調査で用いられたり、日本人の研究者によって海外の雑誌に生きがいを主なテーマとした研究論文が多数掲載されるたりするようになってきた。これは、長谷川他（2015）が予測していた生きがい研究の第5段階「日本独自と言われる生きがいの特徴を，日本発の研究成果として海外に向けて発信していく時機」が到来したと考えられる。一方で2016年にスペイン人のGarcia, H. and Miralles, F.による「*IKIGAI: The Japanese Secret to a Long and Happy Life*（生きがい：日本の長寿と幸せの秘密）」が出版されて様々な言語に翻訳されて世界中で生きがいへの注目が広がった契機となっている。2021年の1年間だけではあるが、起業家がビジネスで用いるための概念に生きがいが用いられているキーワードが複数含まれていた。これは、長谷川他（2020）が指摘していたように、海外の一部では、Garcia, H. and Miralles, F.（2016）の中の生きがいベン図に日本人の感覚とは異なる生きがいの概念が描かれており、それが広く知れ渡った捉え方をしていることを反映しているようである。この状況は、日本発信の研究が増えることで生きがい概念の誤解が解消されるのか、それとも新たな「西洋型生きがい」（western ikigai = Wikigai）として概念が定着するのか動向を見守っていく必要があろう。なお熊野（2021）は、本研究と同様にGoogle Scholarを用いて特に国外の文献を詳細に紹介しているが、本章のように2016年に刊行されたGarcia, H. and Miralles, F.（2016）の書籍刊行以降の海外での爆発的な生きがいへの注目を誤解という捉え方ではなく、むしろ生きがいの考え方の応用として捉えている。

長谷川他（2015）は第5段階までを指摘していたが、今後の生きがい研究の展開として第6段階を設定するならば、日本の研究者が開発した生きがい測定尺度が海外の複数の地域や場所で用いられて、日本との比較だけでなく国際間の比較研究が行われることが見込まれる。

4. 生きがいの語源とスピリチュアルケアの可能性

1）生きがいの語源から再度生きがいの特徴を考えてみる

生きがいの語源には、諸説ある。例えばHasegawa A.（筆者）は、生きがいに関するインタビューを受けた中で、日本の平安時代（794-1185 C.E.）から伝わる日本の遊びである「貝合わせ」で用いられる遊び道具の芸術性や工芸性の高尚さ、中国の殷（17c B.C.E.-1046 B.C.E.）の時代に貝が貨幣として用いられた歴史を踏まえて「貝」が古来から貴重な物や宝として大切にされてきたこと、また竹取物語の中でも子安貝を探しに出掛ける場面があることから、価値のある事柄である「貝」が転じて「生きがい」や「やりがい」「働きがい」の接尾辞となって「甲斐」と表現されるようになったことを紹介していた（Mitsuhashi 2017; 2018）。

本章では、使用していた日頃の言葉から生きがいの語源を辞書から考えてみる。「生きがい」は、大辞林（松村 2019）には、「生きるに値するだけの価値。生きていることの喜びや幸福感」と載っている。生きがいは、生き甲斐とも表記され、「生きる」に「甲斐」が加わって表現された言葉と理解できる。そこで「甲斐（かい）」について調べてみると、大辞林（松村 2019）には、「その行為に値するだけのしるし。また，それだけの値打ちや効果。せん。」と載っていた。また「生きがい」を語源辞典（増井 2012）で調べてみると、『語源は「生き＋カイ（支え）」 生きるための心の支え 生き甲斐は当て字。』となっており、同じく「かい」を調べてみると「語源はカウ（支う）の連用形。大工の使う「支う」（カウ）の連用形が語源。」となっていた。そこで改めて大辞林で「支う（かう）」を調べてみると「(1) 棒などをあてがってささえとする。(2) 鍵（かぎ）や閂（かんぬき）などをかけて扉が開かないようにする。」となっていた。思い出せば、昭和 50 年前後から平成 5 年前後の愛知県尾張地方で生活していて、就寝前に祖父母や家族から「鍵をかってきて」と言われていた記憶がある。「鍵をかう」は、鍵を購入することではなく、鍵の効果を出してくること、つまり鍵の施錠をするという意味であった。

生きがいの語源の一つとして、「生きる」＋「支い（かい）」から「生きるという行為に対する支えや効果や価値があること」があり、語感から生きがいが内部から外側に向けて発動することが意味合いに含まれていることが考えられた。

2）生きがいとスピリチュアルケア

「生きがい」がスピリチュアル（spiritual）に相当する用語であると考えられる（長谷川 2003）。山田（2021）は、「生きがいについて」を執筆した神谷美恵子の人生を辿って、20 歳代で肺結核や重度のうつ病の状態に陥ったあとの快復があり、40 歳代で子宮癌の発症と快復という、繰り返す身体面と精神面での危機を乗り越えてきたことを紹介し、これらの過程の中でスピリチュアリティ（spirituality）の覚醒とレジリエンス（resilience）の発現があったことを指摘している。

スピリチュアルケア（Spiritual care）とは、奥野（2021）によれば、生きる意味や目的について苦悩している人々に対するケアを指し、ホスピスや緩和ケア終末期において死が迫っている患者やその家族の苦痛を和らげることを目的としている。実践する専門家には、宗教家、医師や看護師といった医療従事者が主に従事している。終末期の患者が死に向き合うとき、身体的、精神的、社会的、実存的な痛みである全人的苦痛を経験するという。

生きがい、つまりスピリチュアルが喪失すると、先行きが不安になり、今ここにいる存在自体が揺らいだ状態に陥り、生きる意味や生きる目的を失った状態になると考えられる。生きがいを感じるには、今、ここにいる感覚を感じるようになることが役立つと考えられる。スピリチュアルケアは、生きがい回復・維持の過程と同様かかなり類似しているといえよう。

本論では、生きがいを維持し回復に資する可能性があり、スピリチュアルケアにも効果が期待できる心理療法として臨床動作法を紹介する。臨床動作法は、成瀬（1995）が脳性マヒを持った子どもに催眠法を適用したしたことから開発された心理療法である。臨床動作法の用語に、主動感があり「すべて自分が主となって動いているという実感を持った動き（成瀬 1995）」であると定義され、人は生きている限り、主動感を持って適応的に生活していることが考えられる。長谷川（2003）が提案した「生きがいの構成要素」のモデル図の中の要素にある「主動感」は、この用語を援用している。臨床動作法は、動作という心理学的な過程の中で動作課題に取り組む中で体験する心の変化を取り上げる。動作課題に取り組み始めた直後は、「動かそう」という主動感が優位になり、「動いていく感じ」「動いている感じ」という動作感と一体化しやすい。動作課題に取り組む過程で、主動感とからだを動かしている「動きの感じ」である動作感を実感することが生きがいの維持や快復に資する要になると考えられる。なお臨床動作法の詳細は、成瀬（1995）や岡本・角藤（編）（2017）や岡本・長谷川（2019）を参照のこと。動作法の手続きは、WEB「臨床心理学の扉を開く（https://www.hasegawa-akihiro.com/)」の上記書籍の項目に資料がダウンロードができるように設定してある。

5. おわりに

本稿では、先に高齢者に限定した生きがいの研究の動向と国内外の生きがいの研究の動向を取り上げた。研究を概観する中で調査研究といった主に集団を対象とする研究の紹介が多くなった。生きがいは、集団よりもむしろ個別に取り上げられる現象である（長谷川他 2001）。生きがいの個別性を重視する方向性として心理療法を援用した生きがい支援法を紹介し、スピリチュアルケアと関連づけて取り上げた。辞書に基づいた生きがいの語源からその特徴を挙げた。

表1

著者 （発表年）	論文名	雑誌 巻（号），頁	目的	生きがいの 定義	生きがいの 測定の仕方
石橋智昭 （2015）	生きがい就業を支えるシルバー人材センターのシステム	老年社会科学 37(1), pp.17-21	シルバー人材センターの仕組みについて文献を用いて解説する	特になし	なし
南潮・ 鈴木宏幸・ 倉岡正高・ 小林江里香・ 深谷太郎・ 内田勇人・ 藤原佳典 （2015）	都市部における新たな高齢者向け就労支援施設の取り組み	日本公衆衛生雑誌 62(6), pp.281-293	「アクティブシニア就業支援センター」の一つを対象として、利用者の生活状況、健康状態、求職活動の状況、就職成功の有無（成果）等について実態を明らかにし、同種の施設のニーズと効果、さらには普及・拡張の可能性を検討するための資料を提供するものである。	特になし	求職理由（複数回答）：生活のための収入が欲しい、借金の返済のため、小遣い程度の収入が欲しい、健康のため、生きがいを得たい、社会貢献・社会とのつながり、時間に余裕があるから、家族などの勧め、その他
斎藤民・ 近藤克則・ 村田千代栄・ 鄭丞媛・ 鈴木佳代・ 近藤尚己 （2015）	高齢者の外出行動と社会的・余暇的活動における性差と地域差 -JAGES プロジェクトから -	日本公衆衛生雑誌 62(10), pp.596-608	全国 31 市町村データを用いて高齢者の外出行動および社会的・余暇活動の特徴を地域別・年齢階級別・性別に検討することを目的とした。	特になし	なし

研究参加者・研究対象	調査方法・研究デザイン	研究成果・要約
文献	論考	東京都を発祥とする高齢者事業団の活動は、その後全国に広まり、1980年に国庫補助が始まったことを契機に社団法人化が進み、その名称がシルバー人材センターに統一化され、都道府県知事の指定により市区町村の単位に一つだけ設置が認められた人材センターを指している。人材センターから提供される仕事は、生計の維持を目的として本格的な就業ではなく、生きがいを得るための任意的な就業を目的とすることから、その内容が「臨時的かつ短期的な就業」または「その他の軽易な業務」に限定されている。人材センターへの入会動機では、「生きがい・社会参加」が33.1%ともっとも多く、性別による差はほとんど無い。65歳から69歳の企業雇用者を対象とした調査では「生きがい・社会参加」が50%前後であり、両者の差異が際立っている。
東京都大田区にあるアクティブシニア就業支援センターの一つである「大田区いきいき仕事ステーション」での相談窓口への来訪者に2013年1月28日から2014年3月31まで調査票が手渡された。最初に配布した調査票180名分から回収された128名（以下回収数）、2週間後（103名）、その4週間後（81名）、その8週間後（64名）、その12週間後（41名）、さらにその12週間後（30名）に至るまで調査を行った。分析に用いたのは初回回収の128名分であった。	横断調査研究（関連要因）	就労に生きがい（男 / 女 ;30.5%/47.8%）や社会とのつながり（男 / 女 ;24.4%/43.5%）を求める割合は男性よりも女性で高い傾向が見られ、また世代別では就労に生きがいを求める割合に65歳未満が27.5%に対して65歳以上が47.5%となり世代が高いほど占める割合が高かった。
Japan Gerontological Evaluatoion Study プロジェクト 2010-11 調査データの31自治体に居住する65歳以上の要介護非認定男女計169,215人である。	横断調査研究（関連要因）	高齢社会対策大綱では、高齢者の社会的役割の創出、余暇時間の充実や生きがいづくりが基本方針のひとつとなっている。今後、介護予防・生きがいづくり施策を推進するには、各地域の特性を踏まえた検討が重要となる。大都市地域では、閉じこもりが少なく趣味活動が比較的盛んであるものの、町内会や老人クラブといった地縁的組織への参加が少ないことが示され、殊に男性においては地域の支え合い活動を推進するための手法は今だ明確とは言えない。今後各地の成功例の収集などを通じた具体的手法の開発が重要といえる。

著者（発表年）	論文名	雑誌 巻(号), 頁	目的	生きがいの定義	生きがいの測定の仕方
松宮朝（2015）	「定年帰農」と都市における農の活動	季刊家計経済研究 105, pp.47-55	2000年半ば以降に定年後の高齢者の生きがいづくりとして農の活動による社会参加が注目されている。「定年帰農」のあり方を振り返りつつその問題点を検討した上で、これまであまり注目されてこなかった都市部における高齢者主体の農の活動の現状と展開可能性について、愛知県の事例から考えていくことをしたい。	特になし	なし
塚本成美・中村桃美・石橋智昭（2016）	シルバー人材センター会員の前職と希望する職種の関係	老年社会科学 38(1), pp.57-65	全国から抽出したシルバー人材センターに所属する会員の情報を用いて、ホワイトカラー出身者がどのような仕事を希望宿主として選択しているのかを明らかにする。	特になし	生きがい就業とは労働を通じた社会参加であり、社会の役に立っているという実感を重視する働き方である。
藤原佳典（2016）	高齢者の就労の現状と課題：高齢求職者と就労支援の視点から	老年社会科学 38(1), pp.94-101	高齢者の就労の現状と課題について先行研究を概観し、筆者らが進める高齢求職者の実証研究を通して、高齢者の就労支援のあり方について論考することとした。	特になし	なし
町島希美絵・石井弓子・大島千佳・細井尚人・中山功一（2016）	重度認知症患者デイケアにおける利用者の「できる」作業決定までの過程	日本認知症ケア学会誌 15(2), pp.503-512	認知症ケアで高い専門性をもつ通所施設において、ひとりのベテランスタッフが利用者の特性や残存能力を踏まえて、達成感を得られる適切な作業を選択するまでの過程を、スタッフが記述した振り返りのシートや会話、そしてインタビューをもとに分析すること。	特になし	なし

研究参加者・研究対象	調査方法・研究デザイン	研究成果・要約
文献	論考	高齢者の生きがいづくりとしては、これまで社会参加が重視されてきた。豊田市、長久手市、日進市の事例が紹介され、農業の面から見れば、その中心的な担い手として定年退職後の高齢者を捉えた上で、農業活動を媒介として地域社会の様々なニーズを繋いでいくというあり方をどのように実現するのか、高齢者の側から見れば社会参加による生きがいづくりという重要な政策課題に対応していくことで重要な意味を持ってくる。
2013年1から12月に全国シルバー人材センターの中から協力が得られた36カ所の会員データ51,547名から不備がなかった47,440人（男:31,145人,女:16,295人）を分析対象とした。	横断調査研究（関連要因）	シルバー人材センターは、高齢者のニーズの1つである「生きがい就業」に資する組織として設立され、1986年の法制化以降、全国的に普及し活動を続けている。シルバー人材センターへの入会動機の比較で、男女共に「健康維持増進」一番多い割合を占めていて共通していた。男性ホワイトカラー出身会員では「生きがい・社会参加の割合が2番目に割合が高くなり、女性のホワイトカラー出身会員では「生きがい・社会参加」が1番目の割合となっていた。先行研究と同様に入会動機は、「生きがい・社会参加」がブルーカラーなどよりも相対的に高かった。
文献	論考	高齢者就労のあり方を取り上げた研究は緒に就いたばかりであり、エキスパートレビューの域を出ない。従来の政策・経済学的側面のみならず、公衆衛生学・医学、心理学、社会福祉学といった学際的なアプローチにたって老年学研究者の叡智を結集して包括的かつ戦略的な知見の蓄積を積み重ねて難問に挑むべき時ではなかろうか。
14年勤務するベテラン女性スタッフ（社会福祉士、介護福祉士、認知症ケア専門士を有する）が同意を得たデイケア施設の利用者9名の施設の体験利用時、初回または2回目の利用時の作業中に、全利用者との対話をIC recorderで録音し、作業終了後には「記録シート」に作業の様子を記述した。記録シートに基づいて面接調査を行った。	質的研究（談話分析）	スタッフは作業の様子から、利用者の認知症の重症度や作業能力を判断し、作業を選択したり割り当てていた。この過程を繰り返しながら利用者の特性を見出して、作業の個人化に至っていた。さらに作業の個人化により、利用者は無理なく「達成感」を得られていた。

著者（発表年）	論文名	雑誌 巻（号），頁	目的	生きがいの定義	生きがいの測定の仕方
繁田雅弘（2017）	高齢者や認知症の人が知的活動を継続するには	老年精神医学雑誌 28(1), pp.51-55	特に記載なし	特になし	なし
渡辺修一郎（2017）	高齢者の就業理由からみた就業支援のあり方：就業理由の階層性の観点から	老年社会科学 38(4), pp.465-472	就業・不就業の要因の内、特に就業の動機に関わる「働く理由」に着目し、その関連要因を検討した上で就業支援のあり方を提言したい。	高齢者が就業する主な理由とマズローの欲求階層との関連を示して、下層の欲求を満たした上で最上の階層の欲求である「自己実現の欲求」が満たされると生きがい感が生じるとされる。	なし
茨木裕子・李泰俊・加瀬裕子（2017）	中高年の老後観，老後の準備行動および情報活用と社会活動への参加との関連：中年前期群と中年後期群および高齢期群との比較検討	老年社会科学 39(3), pp.316-329	社会活動への参加に至るまでの中高年の老後間と老後の準備う行動を活動志向とみなし、情報活用の位置づけを年代による比較を通して明らかにすること。	老後の準備行動「趣味や社会活動を通して生きがいを見つける」	なし
能勢博（2017）	10歳若返る!「インターバル速歩」：生活習慣病・介護予防のための新しい運動処方システム	日本老年医学会雑誌 54(1), pp.10-17	特に記載なし	特になし	なし

研究参加者・研究対象	調査方法・研究デザイン	研究成果・要約
文献	論考	年齢を重ねても、また認知症になっても、知的活動への参加を継続するには、諦めさせないことが重要である。本人に失敗させないケアや環境調整が、知的活動を維持・継続するために重要な要因であるといえる。高齢者認知症の人における知的活動の継続に関して、その動機づけを左右する要因、継続を妨げる要因、諦めさせないことの重要性について述べた。
文献	論考	働く理由を強化することにより就業の動機を高めるためには、働きに応じた収入の保証、働くことによる健康の維持・向上の見える化、経験・知識・能力向上のための支援などについて取り組むべき余地が大きいと考えられる。
A県T市の住民台帳から無作為に抽出した40歳以上の男女9,000人に対して2013年に行った地域コミュニティ構築に関する社会調査の回答者31,43人の内、今後の調査協力の承諾を得た1,233人を対象に2015年7月10日から31日に自記式調査票を用いた郵送調査を実施した。最終的な回収数である849名の中から質問項目が未記入でなかった847人分の中から基本属性や分析に用いる変数に欠損のない676名分を分析した。	横断調査研究（関連要因）	中年前期群（54歳以下）の社会活動は、老後に備えた行動より余暇活動的意味合いが強く、情報活用も関連していなかった。中年後期群（55から64歳）では、退職後の生活準備として「技術の習得や能力向上」の老後の準備行動をとるようになり、それに沿った「公的地域情報誌」の活用が社会活動への参加に関連していた。一方、高齢者群（65歳以上）では、「変化挑戦的」な老後観が「人との関係性構築」「生きがい」「技術の習得や向上」「安定した経済状態の維持」の老後時の準備行動に影響し、それに沿った「紹介」「公的情報誌」の活用が社会活動への参加に関連していた。
文献	論考	高齢者が人生の最後まで「健康」で「生きがい」を持ち続けることが出来る「長寿社会」の構築に向けた取り組みの1つとして運動処方による予防医療として国内外で注目されている「インターバル速歩トレーニング」の紹介と解説が行われた。

著者（発表年）	論文名	雑誌 巻(号), 頁	目的	生きがいの定義	生きがいの測定の仕方
陳麗娜（2017）	認知症高齢者ケアにおけるケアアセスメント視点に関する検討	日本認知症ケア学会誌 16(3), pp.659-669	認知症を持った高齢者の「真」のニーズを追求すること、引き出す方法としてアセスメントに注目し、自閉症者の生涯支援プログラム（TEACCH プログラム）と認知症ケアマッピング（DCM 法）の考え方、大橋謙策（1988）やユニットケアの考え方を参照して、自己決定、活動参加、役割の発揮の内容を包含したアセスメント枠組みと視点を検討すること。	高齢者の１人ひとりの生きがいを感じることと、役割を担うことに関する「生きがい・役割の発揮できるケア」は、マズローの「自己実現の欲求」に位置づけられる。	『生きがい・役割の発揮できるケア』は、「本人を１人の人として認め、尊重する」「知的能力を主に使う活動の機会を提供する」「身体運動やスポーツを行う機会を提供する」「本人が会話や活動の輪に入っていると感じられるようにサポートするなどの 23 項目である。
小田利勝（2017）	超高齢社会における老年観と老年規範意識：世代間比較からの考察	応用老年学 11(1), pp.11-26	無作為抽出された成人男女を青年世代（20 ～ 39 歳）、壮年世代（40 ～ 59 歳）、高齢世代（60 歳以上）の 3 つの世代に類別し、近年の日本における老年観と老年規範意識の世代間の異同を明らかにすること	特になし	なし
荒井由美子・水野洋子（2018）	認知症に罹患した高齢運転者および，その家族介護者への支援：「認知症高齢者の自動車運転を考える家族介護者のための支援マニュアル」の概要および作成の背景となった調査の結果	老年精神医学雑誌 29(増刊号 1), pp.61-67	「認知症高齢者の自動車運転を考える家族介護者のため支援マニュアル」の概要について紹介すると共に、その作成の背景となった各種の研究成果の一部を示すことにより、昨今の議論よりも、前の段階から有していた問題意識に遡り、今後の展望へとつなげること。	自動車の運転が生きがいであるとの視点がある	なし

研究参加者・研究対象	調査方法・研究デザイン	研究成果・要約
A市の5つの施設の認知症ケアの実務経験3年以上のケア職員に2016年4月22日から5月11日に調査票を配布し、各施設に設置した回収箱に自由に投函する形で集めた。	横断調査研究（関連要因）	「生きがい・役割の発揮できるケア」の23項目を因子分析した結果、「個別性の因子」「役割を担える機会の提供」「活動参加のサポート」といった3因子が抽出され、α係数が0.943となった。ケアを行う側が場面作りや役割を持たせるのではなく、ていねいなアセスメントをすることによって、1人ひとりが個別の役割を担うことが出来る内容を見出す必要があり、その内容に合わせて、ケアを提供することがケアの本質であると考えている。
兵庫県内29市12町の地域データ338項目を用いて、都市地域として神戸市を、農村的地域として篠山市を選定した。選挙人名簿閲覧の許可を得て2012年8月から9月にかけて調査対象者名簿を作成し、神戸市から3000人、篠山市から1000人値を抽出して2012年9月17日から11月30日の期間に郵送法で調査を行った。最終的な有効回答は両市合わせて1,474票となった。	横断調査研究（関連要因）	「生きがいや人生の目標を持ち続ける自信」があるほど否定的老年観の程度が低くかった。高齢者世代では「生きがいや人生の目標を持ち続ける自信」があるほど「活躍規範意識」が高かった。青年世代では、「生きがいや人生の目標を持ち続ける自信」があるほど「活躍規範意識」が低かった。高齢者世代では、「生きがいや人生の目標を持ち続ける自信」がない人ほど「楽隠居」規範意識が高かったが、壮年世代では「生きがいや人生の目標を持ち続ける自信」が「とてもある」人の「楽隠居」規範意識が高かったことである。老年規範意識における年齢効果というよりは、時代効果の反映と見ることもできそうである。
文献	論考	高齢高齢者（65歳以上）と非高齢者（40～64歳）の回答を比較した場合、両者間で有意差が見られた項目は「自分の生きがいがなくなる」のみであった。65歳以上では、「自分の楽しみがなくなる」と回答したものの割合が高く、75歳以上では、それに加えて「自分の生きがいがなくなる」と回答したものの割合が高かった。自動車の運転が生きがいであるとの視点にも関連するが、近年では、高齢運転者の運転期間の延伸についての議論が盛んなだけでなく、エビデンスを創出すべく各種の研究が実施されている事実についても言及すると共に、それらの研究の進展にも期待していることを追記したい。

著者 (発表年)	論文名	雑誌 巻(号), 頁	目的	生きがいの 定義	生きがいの 測定の仕方
鈴木直子 (2018)	就業している独居高年齢者における日常生活に関する意識の特性	厚生の指標 65(7), pp.39-44	高年齢者の健康を支援する際の一助とするために、就業している独居高年齢者に関する基礎的データを得ること	日常生活支援創業事業ガイドラインでは、社会参加・社会的役割を持つことが生きがいや介護予防につながるとされており、高齢者社会参加には、一般就労が含まれている。	なし
岡田美智男 (2019)	「強いケア」から「受け身のケア」へ：高齢者とロボットとの関係性をとらえ直す試みとその可能性	認知症ケア事例ジャーナル 12(1), pp.37-42	「ヒューマン・ロボットインタラクション研究」の観点から、ロボットに対する「期待」と「現実」のギャップが生じる要因や、とくに高齢者とロボットに代表される「テクノロジー」とのインタラクション場面で生じる諸課題について整理してみたい。	人としての尊厳、生きがいというのは、まわりから予定されてこそ生まれてくるものであろう。1人暮らしの高齢者にとって、日々面倒を見ている犬やネコなどのペットは、自分たちの生きがいを見いだすためにとても大切なものである。	なし

研究参加者・研究対象	調査方法・研究デザイン	研究成果・要約
東京大学社会科学研究所附属社会調査・データアーカイブ研究センターのデータアーカイブから提供を受けた内閣府の「平成26年度高齢者の日常生活に関する意識調査」の二次データを用いた。平成26年（2014年）12月4日～26日に郵送法にて調査され、有効回収数は3,893票(64.9%)であった。60歳以上で要介護認定を受けている人を除いた644人（男:388人,女:256人）を分析対象とし、1人暮らしを選択した「就業独居群（68名）」とそれ以外の「就業非独居群（576名）」に群分けした。	横断調査研究（関連要因/データベースを活用した分析）	生きがいを感じている割合について、男女の比較で男性が264名（72.5%）、女性が198名（82.5%）となり、また群の比較で、就業独居群が36名（58.1%）、就業非独居群が426名（78.6%）となって有意差を認めた。就業している独居の高年齢者に就業以外の社会参加を促す支援が必要と考える。
文献	論考	もう少し、他者からの支えを予定しつつ、他者から予定されるような関係、社会のなかでのもちつもたれつの関係を回復するような動きがあってもよいだろう。お掃除ロボットの〈弱さ〉や〈不完全さ〉は、むしろ他者との豊かな関係性を生み出す媒介となる可能性もあるのである。

著者（発表年）	論文名	雑誌 巻(号), 頁	目的	生きがいの定義	生きがいの測定の仕方
石橋智昭（2015）	生きがい就業を支えるシルバー人材センターのシステム	老年社会科学 37(1), pp.17-21	シルバー人材センターの仕組みについて文献を用いて解説する	特になし	なし
南潮・鈴木宏幸・倉岡正高・小林江里香・深谷太郎・内田勇人・藤原佳典（2015）	都市部における新たな高齢者向け就労支援施設の取り組み	日本公衆衛生雑誌 62(6), pp.281-293	「アクティブシニア就業支援センター」の一つを対象として、利用者の生活状況、健康状態、求職活動の状況、就職成功の有無（成果）等について実態を明らかにし、同種の施設のニーズと効果、さらには普及・拡張の可能性を検討するための資料を提供するものである。	特になし	求職理由（複数回答）：生活のための収入が欲しい、借金の返済のため、小遣い程度の収入が欲しい、健康のため、生きがいを得たい、社会貢献・社会とのつながり、時間に余裕があるから、家族などの勧め、その他
斎藤民・近藤克則・村田千代栄・鄭丞媛・鈴木佳代・近藤尚己（2015）	高齢者の外出行動と社会的・余暇的活動における性差と地域差 -JAGES プロジェクトから -	日本公衆衛生雑誌 62(10), pp.596-608	全国31市町村データを用いて高齢者の外出行動および社会的・余暇活動の特徴を地域別・年齢階級別・性別に検討することを目的とした。	特になし	なし

研究参加者・研究対象	調査方法・研究デザイン	研究成果・要約
文献	論考	東京都を発祥とする高齢者事業団の活動は、その後全国に広まり、1980 年に国庫補助が始まったことを契機に社団法人化が進み、その名称がシルバー人材センターに統一化され、都道府県知事の指定により市区町村の単位に一つだけ設置が認められた人材センターを指している。人材センターから提供される仕事は、生計の維持を目的として本格的な就業ではなく、生きがいを得るための任意的な就業を目的とすることから、その内容が「臨時的かつ短期的な就業」または「その他の軽易な業務」に限定されている。人材センターへの入会動機では、「生きがい・社会参加」が 33.1% ともっとも多く、性別による差はほとんど無い。65 歳から 69 歳の企業雇用者を対象とした調査では「生きがい・社会参加」が 50% 前後であり、両者の差異が際立っている。
東京都大田区にあるアクティブシニア就業支援センターの一つである「大田区いきいき仕事ステーション」での相談窓口への来訪者に 2013 年 1 月 28 日から 2014 年 3 月 31 まで調査票が手渡された。最初に配布した調査票 180 名分から回収された 128 名（以下回収数）、2 週間後（103 名）、その 4 週間後（81 名）、その 8 週間後（64 名）、その 12 週間後（41 名）、さらにその 12 週間後（30 名）に至るまで調査を行った。分析に用いたのは初回回収の 128 名分であった。	横断調査研究（関連要因）	就労に生きがい（男 / 女 ;30.5%/47.8%）や社会とのつながり（男 / 女 ;24.4%/43.5%）を求める割合は男性よりも女性で高い傾向が見られ、また世代別では就労に生きがいを求める割合に 65 歳未満が 27.5% に対して 65 歳以上が 47.5% となり世代が高いほど占める割合が高かった。
Japan Gerontological Evalu-atoion Study プロジェクト 2010-11 調査データの 31 自治体に居住する 65 歳以上の要介護非認定男女計 169,215 人である。	横断調査研究（関連要因）	高齢社会対策大綱では、高齢者の社会的役割の創出、余暇時間の充実や生きがいづくりが基本方針のひとつとなっている。今後、介護予防・生きがいづくり施策を推進するには、各地域の特性を踏まえた検討が重要となる。大都市地域では、閉じこもりが少なく趣味活動が比較的盛んであるものの、町内会や老人クラブといった地縁的組織への参加が少ないことが示され、殊に男性においては地域の支え合い活動を推進するための手法は今だ明確とは言えない。今後各地の成功例の収集などを通じた具体的手法の開発が重要といえる。

著者（発表年）	論文名	雑誌 巻(号), 頁	目的	生きがいの定義	生きがいの測定の仕方
坂本栄一・渡辺典子（2019）	福祉的就労における若年性認知症の人との「はたらく場」づくり	老年精神医学雑誌 30(8), pp.910-915	若年性認知症の本人の事例とその周囲の利用者、職員とのかかわりや活動を通しての気づきや課題、今後の展望について述べる	特になし	なし
武田雅俊（2019）	抗認知症薬開発の歴史と展望	老年精神医学雑誌 30(6), pp.597-609	アルツハイマー病の概念、病態研究、治療薬開発について抗認知症薬開発の歴史を通覧し、今後の治療薬開発の可能性について概説したい。	特になし	なし
堀口康太・大川一郎（2020）	高齢者の通所介護利用動機づけと生きがい感の関連：自律的 - 統制的動機づけの枠組みから	高齢者のケアと行動科学 25, pp.67-83	自律的 - 統制的動機づけの枠組みを援用して、通所介護利用動機づけを測定できる尺度を作成し、通所介護利用動機づけとwell-being の関連を検討する	well-being については、生きがい感を指標とした。その理由は、生きがい感は、高齢者の well-being を測定する代表的な指標の一つであり、特にわが国の高齢者特有の幸福感の概念として位置づけられるからである。	「自分は幸せだと感じることが多い」といった 9 項目から構成される Ikigai-9（今井・長田・西村 ,2012）を指標として用いた。

研究参加者・研究対象	調査方法・研究デザイン	研究成果・要約
事業所を利用している3名の若年性認知症の人の事例。事例1は60歳代男性、事例2は、60歳代男性、事例さんは60歳代女性であった。	事例紹介	認知症と診断された後の不安の中で、一人ひとりの生きがいにつながっていければと願いつつ、日々の活動を報告した。どの方も、仲間との仕事は楽しみでもあり、喜びであると話されている。仲間との日々のコミュニケーションや、これまでの経験を活かした仕事を継続していくことは、「社会とのつながり」を保ち、結果的に「進行を遅らせる」ことに少しでも繋がるのであれば、これほど嬉しいことはない。
文献	概説	急速な社会の高齢化は多くの社会問題を提起しており、単に医薬品を開発するだけでなく、わが国のそして世界の英知を結集して、認知症の人を含めた高齢者が生きがいをもってその寿命の終わるときまで支え合う社会を構築しなければならない。
尺度作成では、2015年か5月から6月の間に東京都および長野県の通所介護事業挙9か所で通所介護を利用する利用者の内、職員から面接調査が可能と紹介され、聴き取り長への協力に同意のあった利用者44名を対象とした半構造化面接を行った。質問紙調査では、2015年10月から2016年10月にかけて、東京都、長野県、大阪府内にある59の事業所にいして463部の質問紙を配布し、17の事業所から262名を回収（回収率56.6%）し、不備のなかった233名を分析対象とした。男性67名、女性164名、不明2名で平均年齢は82.13歳（SD=7.30, 62-97歳）であった。	横断調査研究（関連要因）	「対人関係と内発的興味」と「身体機能や日常生活の改善」がIkigai-9と正の関連を示した。高自律的動機づけ群は、中庸群および低動機づけ群と比較して、Ikigai-9の得点が高かった。それゆえ、高齢者のwell-beingを促進するのに、自己決定的な動機づけとも同義で、個人の意思や重要性に基づいて、その活動を自分のものとして引き受けて取り組んでいる状態である自律的動機づけが大きな役割を果たす可能性があると考えられる。ただし自律的動機づけとして位置づけられた「不安・孤立状態の解消」「不活発さの補償」に関しては、Ikigai-9との関連が認められなかった。

著者（発表年）	論文名	雑誌 巻(号), 頁	目的	生きがいの定義	生きがいの測定の仕方
中谷こずえ・臼井キミカ・兼田美代・小嶌健仁（2020）	介護老人保健施設の認知症入所者への選択的支援ケアモデルの有効性	高齢者虐待防止研究 16(1), pp.38-54	認知症を抱える入所者が日常生活の中で自分らしさを表現できる選択的ケアモデルを開発し、その有効性を入所者とケア提供者による主観的・客観的指標を用いて検証すること。	Ikigai-9（今井、長田、西村, 2012）は「生きがい」を測定する簡易な尺度実用のために開発された9項目から構成される尺度である。45点を満点とし、5件法で構成されている。得点が高いほど生きがいに対する意識が高いことを意味する。	ケア提供者に生きがい意識尺度（Ikigai-9）などを介入前後で比較した。
伊藤海・田口敦子・松永篤志・竹田香織・村山洋史・大森純子（2020）	「互助」の概念分析	日本公衆衛生雑誌 67(5), pp.334-343	近年の互助の定義と構成概念を明らかにし、互助の取り組みを拡充する方策を検討すること	特になし	なし

研究参加者・研究対象	調査方法・研究デザイン	研究成果・要約
当該当施設に1ヶ月以上入所しており、認知症の重症度にかかわらず、質問に回答できる65歳以上の高齢者とし、ケア提供者側の条件は、当該当施設での経験年数が1年以上で入所者のケアに直接かかわっている施設職員とする。参加の同意が得られ、測定の欠損値を除いた入所者21名、ケア提供者26名について3時点の値を比較した。入所者は男性5名、女性16名で平均年齢は入所者87.1歳（SD ± 17.99）であり、アルツハイマー型認知症17名、脳血管型認知症4名であり、軽度6名、中等度7名、重度8名であった。ケア提供者は男性3名、女性23名で平均年齢は47.7歳（SD ± 11.94）であり、平均高齢者施設経験年数は11.42年（± 8.31）で、看護職3名、介護職23名であった。	準実験研究（シングルケース研究法のA-Bデザインに基づいた基礎水準期、介入期、フォローアップ期からなる）	ケア提供者の生きがい感の変化は、Wilcoxonの符号付き順位検定で介入前26.6（SD ± 7.7）に対して介入後28.1（SD ± 8.1）となり（p=0.016）、値の上昇に有意差を認めた。同じく職業性ストレスの仕事満足度が上昇していた。
文献（データベース活用）	質的研究（概念分析法）	互助の概念図は、「互助に関する要因」、「互助の特性」、「互助により期待される成果」にわけて論文中に示してあった。生きがいは、「互助により期待される成果」の中の4つのカテゴリの中の1つに【住民の役割や生きがいの創出】として含まれていた。地域の高齢者をはじめとした住民による互助の実践は、地域社会に出る機会が生きがいとなって、その人なりの知恵や経験が活かされる場となって生きがいにつながったり、互助活動に参加することが外出・活躍する機会となって生きがいづくりにつながった。本研究から互助は「地域の生活課題を解決し合う住民の相互行為。また、生活課題に対する共感体験、および互いに地域の生活課題を補おうとする自発的な意識を住民が持つこと」と定義した。

著者（発表年）	論文名	雑誌 巻(号), 頁	目的	生きがいの定義	生きがいの測定の仕方
石橋智昭・森下久美・中村桃美（2020）	シルバー人材センター会員の加齢と就業：65～66歳会員の3時点10年間の変化	老年社会科学 42(3), pp.209-216	全国から抽出したセンターに在籍する65～66歳の会員の3時点・10年間の就業実績データを収集し、後期高齢期に達するまでの就業状況の変化を明らかにすること	雇用によらない就業は、その目的か生計の維持よりも社会参加や地域貢献に向けられていることから「生きがい就業」ともよばれている。	なし
畠中香織・山本恵美子・田中共子（2021）	外国人ケア労働者と関わる高齢者の精神的健康, 生きがい感, 主観的健康感：異文化間ケアは高齢者のサクセスフル・エイジングを高めるか	Journal of Health Psychology Research 33, pp.241-248	異文化間ケアの実態と効果に関する探索的な実証研究の一貫として、外国人からケアを受ける高齢者に焦点を当てた初期的検討である。外国人による異文化間ケアの実践、高齢者との関わり、高齢者の身体的、精神的健康、生きがい感への影響について探り、サクセスフル・エイジングについて検討する。	特になし	近藤・鎌田（2003）が開発した高齢者向け生きがい感スケール（K-1式）の16項目を用いて測定した。
小池高史（2021）	高齢就業者の今後の業種・職種についての希望：働く理由との関連	老年社会科学 42(4), pp.311-317	60歳以上の高齢者を対象とし、就業中で今後も働く意思を持っている人の今後の業種・職種についての希望を明らかにする。そして働く理由が業種・職種についての希望にどのように影響しているのかを検証する	特になし	なし

研究参加者・研究対象	調査方法・研究デザイン	研究成果・要約
2006年12月末時点の公益社団法人全国シルバー人材センター事業協会会員の中で年齢が65～66歳の会員10,939人のうち、2006年、2011年、2016年の3時点すべてに在籍かつ就業実績がある1,710人（男性1,094人、女性616人）。	縦断調査研究（時系列変動）	加齢と仕事内容との関係は75歳以降に継続が困難になる職種がいくつか存在するものの、別の職種への転換を示す結果は確認されず、後期高齢期に差し掛かっても同一の仕事を継続している会員が多く、特に女性会員にその傾向が強いことが明らかとなった。このことは、人生100年時代において生きがいを目的とした就業にも更なる活動期間の延伸が求められるなか、加齢に応じた仕事の切り替えに対する組織的な対応が遅れている実態を表していると考えられる。
半構造化面接（研究1）は、2014年3月に外国人を受け入れている特別養護老人ホーム（施設収容人数60名、日本人スタッフ35名ほど、外国人3名が勤務）へ、研究目的や内容を電話で説明し、調査協力の理解が得られた施設の管理者に外国人のケアを受け接触頻度が高く認知症を患っていない高齢者を選択してもらった8名が対象となった。質問紙調査（研究2）は、外国人を受け入れている介護施設（施設毎に収容人数40-60名、日本人スタッフ25-35名程度、外国人1-2名）に入所する高齢者85名と日本人スタッフのみの介護施設に入所する高齢者51名を対象とした。	混合研究（半構造化面接によってケアに関する意識調査の後に質問紙調査にて検証する）	外国人が就労することによる影響を検討するために、介護施設に入所する高齢レ者の高齢者抑うつ尺度短縮版と高齢者向け生きがい感スケールを比較したが、外国人のケアを受ける施設と日本人だけの施設の間での有意差は認められなかった。対象とした介護施設での外国人の就労人数が1、2名であり、高齢者と接する時間はごく限られたものであったことが要因とも推測される。
2019年に福岡市が実施した「福岡市高齢者の就業に関する調査」のデータを二次分析した。調査時期は2019年7月で郵送法による調査で有効回答数は1,922（回収率64.1%）となった。分析対象は、1,922人の内の就業中（969人）で今後も働く意思を持っている人（905人）とした。	横断調査研究（関連要因）	働く理由（複数回答）で「生きがいを得たい」が22.3%となっていた。「生きがいを得たい」「社会貢献・社会とのつながり」の項目と今後の業種希望のクロス集計との間に5%水準で有意差を認め、半数以上の割合の人が今と同じ業種を希望すると回答していた。また同一項目2つと今後の職種希望のクロス集計との間に5%水準で有意差を認め、6割以上の割合の人が今と同じ職種を希望すると回答していた。生きがいを働く理由にしている人ほど、今と同じ業種や職種のみを希望する人が多かったことから、高齢期就業においてこれまでと同じ業種・職種の仕事をすることが、多くの人にとって生きがいのために働くということなのだと改めて確認できる。社会の側が働いて欲しい場所との食い違いがあり、「生きがい就業」政策の限界を示しているともいえる。

著者（発表年）	論文名	雑誌 巻(号), 頁	目的	生きがいの定義	生きがいの測定の仕方
横山和樹・宮嶋涼・森元隆文・池田望（2021）	認知症カフェにおける家族介護者の自己開示とソーシャルサポートおよび精神健康との関連	日本認知症ケア学会誌 19(4), pp.668-676	認知症カフェにおける家族介護者の自己開示とソーシャルサポートおよび精神健康の関連を探索的に明らかにすること	特になし	なし

研究参加者・研究対象	調査方法・研究デザイン	研究成果・要約
A 都道府県内で開催された認知症カフェに参加した人の内、認知症の人を介護している家族（20 歳未満の人など一定の条件の人は除外）で、認知症カフェの運営者からの要請を受けて、研究狭量区の同意が得られた 102 名の中から 84 名の回答（回収率 82.4%）が得られ、76 名分の有効回答（有効回答率 74.5%）を分析対象とした。男性 23 名（30.3%）、女性 53 名（69.7%）、平均年齢 70.8 歳、平均介護期間 5.4 年で被介護者との続柄は、配偶者がもっとも多く、子、きょうだいとなっていた。	横断調査研究（関連要因）	認知症カフェは、「認知症の人と家族、地域住民、専門職等のだれもが参加でき、集う場」と定義され、2012 年に厚生労働省が認知症対策普及・相談・支援事業、家族介護支援事業の新たな取り組みとして始まった。先行研究を参考に家族介護者の自己開示量に関する質問項目が９つ作成された中に「希望や生きがい」が含まれていた。因子分析の結果第３因子『心の支え』に「希望や生きがい」「自分の趣味や得意なこと」の２項目が含まれていた。認知症カフェにおける『心の支え』の自己開示量が、専門職、他の家族介護者、地域住民のどの対象に向けて非親族からの手段的サポートと関連する可能性が示唆された。家族介護者の支援には、介護者自身の趣味、希望、生きがいを見いだすことが重要であると考えられた。

表２　第二次世界大戦終了 (1945 年) 前後から 2021 年 12 月まで国内外で報告された「生きがい」研究数と生きがい研究の主なテーマの変遷

	指定した期間	生きがいの数	生きがい研究の主なテーマ	ikigaiの数	検索結果から差し引いた数※	ikigai 研究の主なテーマ
1	-1945	0		0	3	
2	1946-1950	1	ゲーテの生きがい	0	0	
3	1951-1955	4	国文学、道徳教育、児童画、表現教育	0	0	
4	1956-1960	17	国文学、美術教育、個人的体験、子どもの体験、ソクラテス、女性の社会的地位の変化、青少年の生き方、人間形成	0	0	
5	1961-1965	39	道徳、老年学、価値観、教育相談、美術教育、家庭科教育、道徳教育、職業観、デザイン教育、個人体験、文学、作文指導、勤労青年	0	0	
6	1966-1970	95	非行、女子高校生、女子大学生、従業員、絵画製作、教科教育、障害、家庭生活、教育相談、生活目標、職業意識、職業観、生き方、宗教的関心	1	1	日本における独占禁止法と国際取引
7	1971-1975	268	非行、高齢者、中学生、青年期、女子高校生、大学生、体育教師、美術教師、医療従事者、理科授業、上司職員、社会参加、労務管理、生活意識、住民福祉、農業、へき地、村落計画、共働き夫婦、働く婦人、農家主婦、育児と主婦、農家の家族関係、老人看護、腎不全患者、自己実現、健康管理活動	7	3	日本の若者文化や生き方としての遊び、価値の変化、役割の不連続性、日本における労働と成長、国勢調査、意思決定、日本女性と家族
8	1976-1980	304	高齢者、子ども、女子大学生、医師、教師、体育、経営、動機づけ、疎外、教育機会、進路指導、職場適応、勤労観、職業観、職務満足、労働者教育、労務管理、労働意欲、個人体験、子育て期の家庭婦人、学級担任、看護教育、農家の家族問題、生涯教育、小児慢性疾患、脊髄損傷者、慢性血液透析患者、登校拒否、心身症患者、福祉政策、１００歳老人問題、生き方、人間工学、未来を考える、健康概念、性意識	8	3	日本人女性の成熟することによる板挟み、オリンピック、日本のサラリーマン漫画と自己認識のイメージ、地域にある講座、日本女性と結婚による歪み、儒教主義と父親不在の日本家族の側面、都市における主婦の地域社会との関わり、日本の家族

9	1981-1985	401	中学生・高校生、青年、女子学生、中高年、高齢者、運動部顧問教師、体育科教育、美術教育、看護管理者、大学生専攻別比較、女子労働、生徒指導、食生活の変化、職種と地位、家庭生活、教育、学歴、性格と仕事、就労、余暇、創造性開発、価値志向、生涯教育、職種、勤労観、職務態度、職務満足、職務特性、充実感、性役割認知、保健福祉、高齢就労、カウンセリング、スポーツ・レクリエーション、人格変容、片麻痺患者	15	4	仕事における生きがい意識と従業員の性格特性、日本人女性の呪縛と成就、品質管理サークルがサンディアにて機能するか、日本におけるメンタルヘルス、養護施設と長期ケア、企業の中間駅と袋小路・日本における仕事とライフコース、宗教における年齢の無関係性と関連性、日本の幼児における愛着対象の拡張性、産業革命後における時間割とライフコース、日本における看護の社会文化的背景
10	1986-1990	540	高齢者、大学生、中学生、卒業後、音大生、女子従業員、産業保健、能力開発、在職中の経験と退職後、仕事の意味、労働負担、組織風土、モチベーション、ストレス、コンピュータ化、情報機器作業、キャリア選択、健康志向、スポーツ参加、スポーツ教室、地域比較、生活様態、現代美術、宗教態度と宗教観、国際比較、抑うつ、心理学的構造、神経症傾向、性行動、登校拒否、透析患者、乳がん皮膚転移、自殺未遂、自分史、充実感、大学の使命、ライフデザイン、大学公開講座、人生の極意	38	48	日本における在宅と施設にいる高齢者の生きがい感の比較、母子の関係の中での日本の教育の成功例、日本の母親の美徳・生き方に関する文化的定義、ストレスに対する生理的反応、日本人の母性に対する認識、女性たちの声・日本の人類学への批判、日本の映画と文化、日本における高齢者向け公共政策とサービス
11	1991-1995	856	家族、組織、高齢者、高校生、女子大学生、疾病、児童の生きがい感尺度の構成、高校生における生きがい感尺度の構成、進路、ぬくもり、進行性筋ジストロフィー、老人クラブ参加、生と死、大学生の生きがい感と学業、家族の生きがい、母親の子どもへの生きがい感、看護学生と看護師の職業的アイデンティティ、精神遅滞者在宅系介護者、日本的リーダーシップ、社員の態度変容、進学志望動機、慢性疾患患者、行動変容、国際比較、ライフサイクルの中の就労期、自己概念と自覚的健康状態	47	69	日本における高校生向け生きがい尺度の改訂と目標達成動機とメンタルヘルスの関連、日本の沖縄における高齢者の生きがい、日本と米国における生きがい（生きる価値）を追求する、日本における学生の態度教育・肯定的な目標と社会支援尺度と学校に関する態度、健康管理と高齢者の健康との関連、未知単語・味覚低温推論の認知モデル、認知症を持った介護しなければならない現実と折り合いをつける・高齢者を介護する日本人女性の体験、日本の工芸観光促進、日本と異文化の高齢化、ヘルスケア・危機管理・日本人女性の人生の中の幼少期の病気と死
12	1996-2000	1200	青年、中年期、高齢期、大学生、母親、女性、非行、働く女性、大学生の生きがい感尺度、高校生の生きがい、生きがいづくり支援サービス、年齢別比較、地域別比較、国際比較、生涯体育、職業意識、人生観、主観的幸福感、仕事の負担・やりがい、デス・エデュケーション、ソーシャル	94	97	夢・消えゆくことに関する本質・生きがいと「日本的自己」、日本の高齢者の人生の意味・4因子生きがい尺度の開発、近代化と高齢化社会・生きがいの異文化比較、終末期医療・生きがいの夜明け・事例報告、日本と米国における生きがい・人生の意味を探究すると、生きることの価値

			サポート、生活スポーツ、衣服、山間地域生活者の孤立感、退職後の生活、食事指導、しあわせとは何か、加齢工学、歯科保健、人材開発管理、ライフスタイル、健康意識、抑うつ、高齢者の性、認知症、慢性呼吸不全、知的障害時を持つ両親、施設入所者、精神障害者、失語症者、高齢期企業労働者、小児慢性病患者、介護者、ヘルスプロモーション、住まい作り、ボランティア活動、メンタルヘルス			とは何か・日本人と米国人は、世界をどのように捉えているのか、日本における在住高齢者の自己評価による咀嚼障害と健康状態
13	2001-2005	2000	中学生、成人女性、看護学生、高齢者向け生きがい感スケール作成、関連要因、文献考察、概念分析、幸福感、人生観、自己効力感、自尊感情、健康感、時間的展望、自己認識、勤労意欲、施設入所者、生命予後、地域差、摂食、嚥下障害、ストレス、蓄積疲労、循環器疾患、口腔不定愁訴、悪性新生物死亡、脳梗塞発症後、進行性筋ジストロフィー、社会参加、サラリーマン、ボランティア、年齢差、性差、自立、世代間交流、ユーモア、価値、運動・スポーツ、カウンセリング、音楽療法	123	184	日本における生きがいと男性性、日本における介護の文脈における心理的幸福(生きがい)の追求と自己理解の変容、日本の地域在住高齢者コホートにおける自己評価式咀嚼障害と9年後の死亡率、日本における男性と男性性、日本のシルバー人材センターと参加者の幸福度、関心事の実践・日本における農村の儀式・幸福感・老化、高齢者の自己評価健康度と機能障害の相関に関する日韓比較、日本の農村における介護者と先祖の世話役としての高齢女性、日本の高齢者における主観的有用性と6年死亡リスク、日本の企業経営の人間学、日本の資本主義的現代性の本質に関する研究・リストラとグローバリゼーションの元での人間と企業、介護を必要とする高齢者
14	2006-2010	3140	青年期、中学生、大学生、高齢者、育児期女性、中学生の生きがい感体験測定尺度、団塊世代の退職、類似概念の構造、概念構造、関連要因、尺度の因子構造、独居、更年期症状、死生観、達成動機、自伝的記憶、障害受容、スポーツ、地域づくり、健康づくり、生涯学習、介護予防教室、余暇、精神健康度、身体健康度、社会満足度、自立高齢者のクラブ活動、閉じこもり予防、健康寿命、食事、園芸活動、抑うつ、対人不安、看護師、乳がん患者、ホームレスへの自立支援、女性従業員と経験者の職場意識、多行程持ち作業条件の新入社員と経験者の比較、椅子座位作業条件の女性新入社員と経験者の職場意識、ロゴセラピー	224	264	日本における生きがいと死亡率、日本における中高年の全要因死亡率および特定原因死亡率とポジティブ心理学的要因としての生きがいとの関連、シルバー人材センターの会員における生きがいとの関連要因、幼少期と若年期と成人期の経験を考慮に入れた統合失調症器質における生きがいと状態不安の相関、日本・豊田市における生きがい型農業政策の事例、生きがい方農業の実現・生きがいと市民性をめぐる社会学的提案・日本とベルギーの比較、日本における心理学的態度と乳がんリスク・前向き研究、活動的で自立した年配者の光と影・日本の高齢期前のライフヒストリーから、関心事の実践・日本の農村地域における儀式・幸福感・高齢化、癌の評価に向けた共同コホート研究における心理学的要因と

						死亡率、長期滞在型観光と国際的な退職者の移住・マレーシアにおける日本人定年退職者
15	2011-2015	3850	青年期、大学生、中高年、高齢者、生きがい意識尺度 (Ikigai-9)、生きがい形成モデル測定尺度、生きがい概念の検討、青年期における生きる意味への問い経験尺度、催眠感受性と日常生活に対する態度を媒介変数として、大学生の国際比較、国際比較、生きがい就労、生きがい就業、デス・エデュケーション、主体的選択、自己実現、生活習慣、性格特性、自律性、社会関連、充実感、幸福度、生活充実感、健康度、精神的健康パターン、身体機能、懐かしい記憶、運動行動変容、健康度、働き方、職務態度、就職不安、余暇活動、女子大学生、女性定年退職者、製造系企業で働く労働者、キャリア発達支援、精神障害者、終末期がん患者、生と死、血液透析患者、維持透析患者、リウマチ患者、統合失調症者、１００歳までの気力と体力、回想法、装いへの関心、ワークライフバランス	455	404	人生の目的(生きがい)は前頭葉機能で自然なこと、日本における大地震・生きがいによるストレス対処法、アジア太平洋地域における生きがい感覚とソーシャルサポート、太極拳実施者におけるフロー体験・生きがい・首尾一貫感覚との関係、生きがいと感情の関連性を通じた吃音者の不安軽減、βエンドルフィンの化学的作用を模倣した生きがいを活用したアルコール依存予防の提案、日本の伝統文化は生きがい概念を用いることでストレス対処を助けるか、生きがいがストレスに起因する肥満を改善するかもしれない・感情と関連する神経伝達物質の特性に基づく提案、日本における死と「生きることの価値」の追求、横断研究を用いた地域在住高齢者における達成動機が社会参加・生きがい・役割期待に及ぼす影響、生きがいと適度な運動が暴力行為を予防し改善する可能性・神経伝達物質とホルモンの特性を考慮して、日本の自殺・生きがいと社会的要因、美しい自然に囲まれることがもたらす幸福への影響・現代的な環境破壊・食料・水の安全とライフスタイルの問題
16	2016-2020	4230	中学生、大学生、中高年、高齢者、生きがい感スケール作成方法についての新しい提議、生きがいと生存との関連、育児中の父母の生きがい感の変化、人生目的と生きがいの関係、行動変容プログラムの評価、リハビリテーションと生きがい感、中高年期の生きがいと精神的健康、がん患者、余暇活動、主観的健康感、主観的健康統制感、人生満足度、首尾一貫感覚、実存的不安尺度、公務員の仕事、ケア活動と生きがい、サラリーマンの生活と生きがい、目標意識と生活習慣、食習慣改善、食品摂取、経済的現実、幸せのニーズ、家計と生きがい、キャリア形成、仕事意欲、定年後の就業継続意向、中国の都市生活者、ボランティア養成講習会、介護予防体操教室、運動と健康、腎	1311	390	英国サンプルによる生きがい意識尺度（Ikigai-9）の英訳と検証、AIと人間拡張の倫理へ生きがい概念を導入すること、日本の大学生における「生きがい」か「人生の価値」の理論化・混合研究法アプローチ、日本人高齢者における生きがい感と機能障害発生、日本における幸福概念・ヘドニックな幸福として幸せを感じてユーダイナモニックな幸福としての生きがいを感じること、生きがいの追求における余暇の役割の理論化・混合研究法アプローチ、生きがい・人生の目標の内省は、成果と幸福を最適化する、日本人高齢者における人的資本と生きがいの間の関連に対する社会資本の影響を適正化する縦断的研究、ミレニアル世代の計算論的思考を育成する生きがい教育手法

			移植レシピエント、介護者、成人期女性、半側空間無視、重度身体障害、在宅がん療養者、家族喪失、看護師、東日本震災後、ソーシャルサポート、スポーツ活動、サークル所属、ピアサポート、デザインアート、アートプログラム、ライフスキル、障害者雇用、作業療法、活動日記			の開発、学生の高次リテラシースキルとしての生きがい・内発的動機づけテンプレート、生きがい・日本人の長寿と幸せの秘密、生きがい・毎日に意味と喜びを与える、留学・転換・生きがい・事例研究、生きがいと高等教育・文献レビュー、市民の思索を可能にする・高齢化社会における生きがいが起こりうる未来を蓄積して想像するための共に熟考する方法、大学生の心理学的幸福を評価するためのWebポータル「生きがい」の開発、レジリエンスの芸術・スポーツにおける日本人の生きがい、生きがい・形成外科におけるバランスの取れた生活、生きがい・前頭前野機能と精神的ストレスに起因する口臭・擬似口臭・口臭に関する予防との関連
17	2021-	559	地域交流サロンに参加する高齢者、高齢者のSNS利用のコミュニケーション、高齢者の就労、成人期有職女性の生きがい形成プロセス、高齢者の生きがいづくりと認知機能定期防止、青年期を対象とした人生の価値志向性尺度、介護予防プログラム、活動と居住環境、ライフコース、レジリエンス、自伝的推論、外国人ケア労働者と関わる高齢者、看護師及び介護福祉士の生きがい支援、高齢者のうつ状態、大学生の趣味、配偶者並びに配偶者以外の家族、健康運動教室参加による効果、スポーツ科学、価値感修正する中学社会科授業開発、若年性認知症の就労、高齢者の旅行、在宅介護ストレス、サークルの普及、慢性疾患を持つ独居者、認知症、知的障害者、ライフストーリーワーク実践、高齢者就労、農家意識の変化、社交不安症状、精神健康、ボランティア、社会関係資本、看護学生の学び、臨床死生学、Uターン移動と所得の地域格差、スピリチュアルケア、持続可能地域、文化資本、キャリア発達、世代継承、ロコモティブシンドローム予防、学生相談における女子学生の恋愛相談、健康寿命延伸、栄養状態と社会背景、高齢者の最長職と現在の就労状況・就労理由、健康長寿者の生活史、ヘ	470	97	日本の農村における身体活動と幸福感と生きがいの関連・横断的研究、日本の高齢女性の生きがいにおける社会側面の予測因子と重要性、生きがいの健康利点・文献レビュー、地域在住高齢者の生きがいの高低の効果・横断研究、認知症の一次予防・二次予防・三次予防のための生きがい介入法、生きがい・長寿のための人生の意味と他の心理社会要因、生きがいを伴って採用力を高める・仕事と人生を勝ち抜くためのシンプルな7段階プログラム、生きがいと実存的ポジティブ心理学・幸福に向けた意味への回帰、起業家のビジネス機会認識の効率を創造するための生きがいモデルの活用、企業家志望が大志を抱くように増幅させる生きがい、実存的エグゼクティブリーダーシップコーチングにおける生きがい・COVID-19でのドイツと南アフリカから、フィルムは私の生きがい・自分の生きがいを発見してみませんか、栄光は知るが物語は知らない・生きがいへの25の旅、漫画「3月のライオン」における桐山零という主人公の表象に関するローランド・バーチスの記号論的分析、映画生きがいの特徴・映画「告白」における心理統計学的考察、第125代天皇明仁の物語・ポジティブ心理学的生き

			ルスプロモーション活動の支援とプロダクティビティの概念分析、統合失調症患者の育児への祖父母の関わり、原発事故による県外避難者の生活状況、定年退職した男性の知識の自主グループ			がいの研究、海外で意味と革新を発見する

※テーマ確認時に時代や内容が異なったこと（研究者の姓を含む）が判明して数に入れなかった。

文献

Garcia H. and Miralles F. 2016/2017: *IKIGAI: The Japanese Secret to a Long and Happy Life*, Penguin Books.

Mitsuhashi,Y. 2018: *Ikigai: Giving Every Day Meaning and Joy*, Kyle Books.

荒井由美子／水野洋子　2018：『認知症に罹患した高齢運転者および，その家族介護者への支援：「認知症高齢者の自動車運転を考える家族介護者のための支援マニュアル」の概要および作成の背景となった調査の結果』『老年精神医学雑誌』29/増刊号 I、61–67。

石橋智昭　2015：「生きがい就業を支えるシルバー人材センターのシステム」『老年社会科学』37/1、17–21。

石橋智昭他　2020：「シルバー人材センター会員の加齢と就業：65 〜 66 歳会員の 3 時点 10 年間の変化」『老年社会科学』42/3、209-216。

伊藤海他　2020：『「互助」の概念分析』『日本公衆衛生雑誌』67/5、334–343。

茨木裕子他　2017：「中高年の老後観，老後の準備行動および情報活用と社会活動への参加との関連：中年前期群と中年後期群および高齢期群との比較検討」『老年社会科学』39/3、316–329。

岡田美智男　2019：『「強いケア」から「受け身のケア」へ：高齢者とロボットとの関係性をとらえ直す試みとその可能性』『認知症ケア事例ジャーナル』12/1、37–42。

岡本浩一，角藤比呂志（編）　2017：『新時代のやさしいトラウマ治療 -NLP, マインドフルネス・トレーニング、EFT、EMDR、動作法への招待』春風社。

岡本浩一・長谷川明弘（編）　2019：『パワハラ・トラウマに対する短期心理療法（ブリーフサイコセラピー）―ブリーフセラピー・臨床動作法・NLP の理論と実際』春風社。

奥野雅子　2021：「心理臨床家によるスピリチュアルケアの実践についての一考察：システミックな視点からの検討」『アルテス　リベラレス（岩手大学人文社会科学部紀要)』108、1–11。

小田利勝　2017：「超高齢社会における老年観と老年規範意識：世代間比較からの考察」『応用老年学』11/1、11–26。

神谷美恵子　1966/2004：『生きがいについて：神谷美恵子コレクション』みすず書房。

熊野道子　2021：「Ikigai（生きがい）の研究動向：2014 年以降を中心として」『生きがい研究』27、4–25。

小池高史　2021：「高齢就業者の今後の業種・職種についての希望：働く理由との関連」『老年社会科学』42/4、311–317。

児玉小百合他　2019：「自立高齢者の運動頻度における主観的ウェルビーイングと 3 年

後の自立度との関連」『厚生の指標』66/6、1–8。
斎藤民他　2015：「高齢者の外出行動と社会的・余暇的活動における性差と地域差：JAGES プロジェクトから」『日本公衆衛生雑誌』62/10、596–608。
坂本栄一 / 渡辺典子　2019：『福祉的就労における若年性認知症の人との「はたらく場」づくり』『老年精神医学雑誌』30/8、910–915。
繁田雅弘　2017：「高齢者や認知症の人が知的活動を継続するには」『老年精神医学雑誌』28/1、51–55。
鈴木直子　2018：「就業している独居高年齢者における日常生活に関する意識の特性」『厚生の指標』65/7、39–44。
武田雅俊　2019：「抗認知症薬開発の歴史と展望」『老年精神医学雑誌』30/6、597–609。
陳麗娜　2017：「認知症高齢者ケアにおけるケアアセスメント視点に関する検討」『日本認知症ケア学会誌』16/3、659–669。
塚本成美他　2016：「シルバー人材センター会員の前職と希望する職種の関係」『老年社会科学』38/1、57-65。
成瀬悟策　1995：『臨床動作学基礎』学苑社
中谷こずえ他　2020：「介護老人保健施設の認知症入所者への選択的支援ケアモデルの有効性」『高齢者虐待防止研究』16/1、38–54。
能勢博　2017：『10 歳若返る！「インターバル速歩」：生活習慣病・介護予防のための新しい運動処方システム』『日本老年医学会雑誌 』54/1、10–17。
長谷川明弘他　2001：「高齢者の「生きがい」とその関連要因についての文献的考察：生きがい・幸福感との関連を中心に」『総合都市研究』75、147–170。
長谷川明弘　2003：「高齢者における地域別にみた『生きがい』の実証研究」『平成 14 年度博士論文：博士（都市科学）東京都立大学 都博第 16 号』
長谷川明弘他　2015：「2000 年から 2014 年までの我が国における生きがい研究の動向：生きがい研究の『ルネッサンス』」『生きがい研究』21、60–143。
長谷川明弘　2020：「最新の『生きがい』ならびに『ikigai』研究の動向：今後の生きがい研究は原点回帰が見込まれる」『健康長寿ネット』「健康長寿と生きがい」公益財団法人長寿科学振興財団　2020 年 5 月 29 日 WEB 公開（https://www.tyojyu.or.jp/net/topics/tokushu/kenkochoju-ikigai/Ikigai-research-doko.html）（2021.12.31. 閲覧）
畠中香織他　2021：「外国人ケア労働者と関わる高齢者の精神的健康，生きがい感，主観的健康感：異文化間ケアは高齢者のサクセスフル・エイジングを高めるか」『Journal of Health Psychology Research』33、241–248。
藤原佳典　2016：「高齢者の就労の現状と課題：高齢求職者と就労支援の視点から」『老年社会科学』38/1、94–101。

堀口康太 / 大川一郎　2020：「高齢者の通所介護利用動機づけと生きがい感の関連：自律的 - 統制的動機づけの枠組みから」『高齢者のケアと行動科学』25、67–83。

増井金典　2012：『日本語源広辞典』ミネルヴァ書房。

町島希美絵他　2016：「重度認知症患者デイケアにおける利用者の「できる」作業決定までの過程」『日本認知症ケア学会誌』15/2、503–512。

増谷順子他　2019：「地域在住高齢者に対する介護・認知症予防としての園芸活動の効果」『日本認知症ケア学会誌』18/3、651–660。

松宮朝　2015：「『定年帰農』と都市における農の活動」『季刊家計経済研究』105、47–55。

松村明（編）　2019：『大辞林 第 4 版』三省堂。

南潮他　2015：「都市部における新たな高齢者向け就労支援施設の取り組み」『日本公衆衛生雑誌』62/6、281–293。

山田和夫　2021：「精神科医療におけるスピリチュアルケアについて：精神科医神谷美恵子氏のケアからの考察」『東洋英和女学院大学大学院　大学院紀要』17、13–19。

横山和樹他　2021：「認知症カフェにおける家族介護者の自己開示とソーシャルサポートおよび精神健康との関連」『日本認知症ケア学会誌』19/4、668–676。

渡辺修一郎　2017：「高齢者の就業理由からみた就業支援のあり方：就業理由の階層性の観点から」『老年社会科学』38/4、465–472。

高年齢者等の雇用の安定等に関する法律（昭和四十六年法律第六十八号）1971/2021: https://elaws.e-gov.go.jp/document?lawid=346AC0000000068_20210401_502AC0000000014（2021.12.15. 閲覧）

内閣府　2019：「令和元年版高齢社会白書（全体版）」https://www8.cao.go.jp/kourei/whitepaper/w-2019/zenbun/01pdf_index.html（2020.2.13. 閲覧）

厚生労働省：労働政策審議会（職業安定分科会雇用対策基本問題部会）2020 年 1 月 8 日（令和 2 年 1 月 8 日）https://www.mhlw.go.jp/stf/shingi/shingi-rousei_126982.html（2020.2.13. 閲覧）

人生 100 年時代構想会議　2018 年 6 月 13 日（平成 30 年 6 月 13 日）http://www.kantei.go.jp/jp/singi/jinsei100nen/pdf/torimatome.pdf（2021.12.30. 閲覧）

FIND YOUR IKIGAI　https://ikigaitribe.com/（2020.2.13. 閲覧）

Mitsuhashi, Y.　2017: Ikigai: A Japanese Concept to Improve Work and Life. BBC Worklife 8th August 2017. https://www.bbc.com/worklife/article/20170807-ikigai-a-japanese-concept-to-improve-work-and-life（2020.2.13. 閲覧）

Exploring the Possibilities of Spiritual Care from the Japanese Concept of “Ikigai”:

An Overview of Research on “Ikigai” from 2015 to 2021, Domestic and International Research Trends since 1945, and a Perspective for Future Research Developments

by HASEGAWA Akihiro

“Ikigai” has been attracting attention from overseas since mid-2010. In Japan, ikigai has attracted particular attention since the publication of “On ikigai” by the psychiatrist Kamiya Mieko in 1966.

The first part of this article shows research trends from 2015 to 2021, focusing on “ikigai” for the elderly. The second part re-analyzes the research trends of “ikigai” (in Japanese) and “ikigai” (in Roman letters) reported by Hasegawa (2020), by using Hasegawa’s methodology. It also discusses the research trends on this word in Japan and abroad before and after World War II until December 2021.

The third part presents some thoughts on the possible characteristics of “ikigai” based on the etymology of the word. This part also introduces clinical dohsa therapy method as an approach to support the “ikigai,” which utilizes psychotherapy as a means to emphasize the individuality of the purpose of life. The article closes by discussing clinical dohsa therapy in relation to spiritual care.

〈論文〉

「死者を想う」ということ
——死生学についての覚え書——

田中 智彦

1. はじめに

死を想え、と言われる。ひとは死を見つめてこそよく生きることができる、とも言われる。たしかに、あまたの動物の中で人間だけが自らの死の定めを知っているとされることから、死を想い、死を見つめることは、よく生きるために必要なことだと思われもする。しかしその一方で、はたしてそうなのだろうかという疑念もぬぐいきれない。何か大事なことを見落としている気がしてならないのだ。

そもそも現代社会では、あちこちに「死を想え」のサインを見いだし、「死を見つめよ」のささやきを聞くことができる。メディアに死があふれているということだけではない。たとえばワクチン接種のために健康保険証をとり出し、ふと裏返せば「臓器提供に関する意思を表示することができます」とある。記入欄と署名欄の空白が、満たされるのを求めているかに見えて一瞬たじろぎもする。運転免許証も同じつくりで、つまりは健康を想い、仕事を想い、仲間や家族とのひとときを想うそのときに、同時に「死を想え」「死を見つめよ」というメッセージが届けられるのだ。あるいはテレビのCMでは、老いたコメディアンが和やかに「エンディングノート」の効用を説く。「死の準備」に早すぎることはなく、それはまた家族や周囲への当然の気づかいでもあると言われているようで、心にふと不安とも焦りともつかない影がさす。死を想い、死を見つめ、死に先駆けて準備をすることが、ある種の義務のように感じられてくるのだ。そのようにしてこのいわば現代版「メメント・モリ」は、いまや現代社会とそこに生きる人びとの中に、かなり深くまで根を下ろしているように思われる。

もっとも、それでよく生きることのできるひとが増え、よく生きることのできる社会になったのかはにわかには判断しがたい。あるいはそれゆえに、もっと「死の準備」の啓蒙を、そのための法律・制度の確立をという声がやまないのだとも考えられるが、それならばもう一つの可能性にも、すなわち、ただ「死を見つめて」も「よく生きる」ことができるとはかぎらないかもしれないという別の可能性にも、目を向けてみるべきではないだろうか。

この点で想起されるのが、2020年のいわゆる「京都ALS患者嘱託殺人事件」である。例によって安楽死・尊厳死の議論をすべきだとの声が相次いだが、印象深かったのはそのこと自体よりも、そうした声にこめられた「熱」のありようであった。それはたとえば、患者が死を望むなら死なせてよいとする法律・制度のない現状を残酷なこと、非情なことと深く憂う一方で、「〈死ねる〉ではなく〈生きられる〉社会になってほしい」という同病患者の訴えをただの個人の願望、たんなるエゴにすぎないと強く非難する、という仕方で表現された。ある種の「正義感」と「怒り」に燃え、「共感」と「善意」に満ちた声ではあるが、しかしそれはまた、いまや「死を想え」を通り越して、「死を望め」と語り、迫る声でもあるように思われる。もとよりそうした声に従って、ひとであれ社会であれ「よく生きる」ことができるようになるとは考えがたい。

このように見てくると、現代版「メメント・モリ」のもとで私たちは、何か大事なことを見落としてはいないかという疑念が深くなる。はたしてそれは何なのだろうか。またなぜなのだろうか。以下ではこうした問いをふまえて、「それ」とは「死者」であり、「死者を想う」ことではないのかという視点に立ち、現代社会に深く根ざした「死を想え」「死を見つめよ」について批判的な考察を試みてみたい。

2.「人間」の誕生

あまたの動物の中で人間だけが自らの死の定めを知っているとされる。そのことはヒトを「人間」として他の動物から截然と区別する特質であるから、「自らの死の定め」を忘却することは「人間であること」にもとり、自ら他の動物と同じ地位に転落することを意味すると、そのようにも説かれる。なるほどそうかもしれないし、おそらくそうなのだろうと思われたりもする。とはいえ、ここではその「おそらく」にこそこだわりたい。どの動物にも固有の特質があり、固有の仕方で適応と進化をとげた結果としてそれはある。他方で、たとえば哺乳類には哺乳類という生物としての共通性があり、適応も進化もどれほど固有であれ、その共通性を土台としてはじめて可能になる。そうであるとするなら、人間も動物であるのだからその固有の特質を見定めるには、それが他の動物との共通性から立ち上がってくる曖昧な境界線にこそ、目をこらす必要があると思われるのである。

この点で近年の動物学は多くのことを教えてくれる。たとえばフランス・ドゥ・ヴァールの次の指摘は、「死に関する知識」が人間だけのものではないことを示している。

> 類人猿は、人間が埋葬前に死者に対してすること（体に触れ、清め、聖油を塗り、身づくろいさせるといったこと）と同じような反応を見せる。だが人間はそれにとどまらず、死者に「旅」支度をさせることがよくある。〔中略〕人間はしばしば死を生の続きと見なす。人間以外の動物がそうすることを示す証拠はない。それでも類人猿は、他者が死ぬかもしれないことを心配するようだ。〔中略〕類人猿は、死が生とは違うことや永続的なものであることなど、死に関する知識を持っていると考えて差し支えなさそうだ。これは類人猿以外の一部の動物にも当てはまる。〔中略〕死に惹きつけられ、また、おじけづくのは人間だけではない。（ドゥ・ヴァール 2014, 247–249）

ドゥ・ヴァールの指摘でもう一つ興味深いのは、死者を前にした反応において人間と他の動物はよく似ていること、それでいて「死を生の続きと見なす」かどうかでは違いが見られることである。こうした類似と差異についてはバーバラ・J・キングの研究からも裏づけられるだろう。

キングは豊富な事例から「カラスやガン、イルカ、クジラ、ゾウ、ゴリラ、チンパンジーなど、社会性の高いさまざまな鳥類や哺乳類が、仲間の死を悲しむ能力をもつ」（キング 2014, 258）ことを示す。「わたしたち人間は、『ヒト』という種独特の方法で嘆き悲しんでいる。〔中略〕けれど、わたしにとってとりわけ大切なのは、人間のこうした特異性などではなく、人間以外の生きものもまた家族や仲間を愛し、その死を嘆き悲しんでいるのだという点なのだ」（キング 2014, 276）。いまや「死に関する知識」だけではなく、「死を悲しむ能力」においても、人間と他の動物はある種の連続性のうちにある。そしてそのことが意味するのは、「死を悲しむ」のに「『ヒト』という種独特の方法」があるのはもちろんだとしても、それは「人間的な行為であると同時に、人間もまた悲しみを知る社会的な動物から進化をとげた生きものであるからこそ可能な営み」（キング 2014, 271）だということにほかならない。

その一方でキングは、「仲間の死を悼むという感情が、時間と種の両方を超えてうかがえる一方で、人間以外の動物が集団で埋葬を行っているという話は耳にしたことはない」（キング 2014, 258）とも語る。ドゥ・ヴァールも「人間はしばしば死を生の続きと見なす。人間以外の動物がそうすることを示す証拠はない」と語っていた。このことは、人間が他の動物との間に多くを分かち合いながらもやがて他の動物から分かれゆくことになった契機の一つが、埋葬という行為に関係していることを示唆する。実際、埋葬が「死を悲しむ」のに「『ヒト』という種独特の方法」であることはつとに指摘されてきたところだが、では「『ヒト』という種」をしてそうさせるようになったもの、「ヒト」をいわば「埋葬する動物」へと変容させたものとは何なのだろうか。

この問いへの一つの答えとして想起されるのが、内田隆三の次のような指摘である。

> 一般に動物の身体の状態を分類するには、生／死という二分法を適用することが可能である。〔中略〕死んだ身体、つまりモノと化した身体はどのように扱われるのか。それはやがて朽ち、廃物となるのだから、生ける身体のように特別な配慮の対象ではなくなるはずである。だが、人類と呼ばれる動物は、ある時期からこの死んだ身体に対して「一種独特の配慮」を示しはじめる。というより、この特別な配慮を組織化する能力をもつことによって、人類は動物のなかでも特異な位置を占めるようになったのである。（内田 1987, 283–284）

ドゥ・ヴァールやキングの研究にしたがうなら、人間以外の動物も「死んだ身体にある種の配慮をする能力をもつ」とは言えるだろう。しかしそれが「特別な配慮」となり、しかも「組織化する能力」となると、人間以外の動物にはないと言い切ることは留保するとしても、人間の際立った特徴であると言うことはできるように思われる。ではその「人間の際立った特徴」とはどのようなものなのだろうか。

> この特別な配慮とは、死体を単なるモノとしての屍体に等置し、遺棄するのではなくて、その死んだ身体に対して「死者」という人称的（パーソナル）なカテゴリーを適用し、埋葬という儀礼的な行為の対象とすることである。しかも、この埋葬行為は個人的、偶然的な配慮ではなく、集団の合意として、制度的なものとして確立される。ここに成立するのは、身体についての、生者／屍体という二分法ではなく、生者／死者／屍体という三分法である。この三分法の中間項である死者は、生者でもなく、単なるモノ＝屍体でもないという、曖昧なものであり、象徴的なカテゴリーとして蘇る。(内田 1987, 284)

「死者の誕生」、とでも言えばよいだろうか。これには二重の意味がある。内田は「人類の歴史においてその人間性を画期づけた重要な契機も、死を特別なカテゴリーとして定式化したこと、つまり死者という象徴的な存在を発見したことにある」(内田 1987, 283) と語り、また「死によって生まれるのは死者であり、死者の存在は遺された肉体あるいはその断片に融即しているのである」(内田 1987, 287) とも語る[1)]。かつて「死に関する知識」と「死を悲しむ能力」とを具えたある動物が、生者だけでなく、死者もまた「いる」と考えるようになることで「人間」となり、そしてそのような「人間」にとって死は、そこで生が終わるだけでなく、そこから死者が生まれてくるものとなった。いかなる生物学上の変化があったのかはわからない。しかし、埋葬という行為が「人間の際立った特徴」であるとするなら、「死者の誕生」がまた「人間の誕生」でもあったという推定は、一つの仮説として十分に理にかなったものとみなしうるだろう[2)]。

人間は「死」を想うだけでなく、「死者」をも想う。この「人間の際立った特徴」と、人間だけが自らの死の定めを知っているとされることとは、どのような関係にあるのだろうか。後者についてドゥ・ヴァールは、「自分が死ぬことに気づいているのが人間だけという見方には、私はまだ完全には納得が行かない」(ドゥ・ヴァール 2014, 266) と留保する。人間以外の動物にも「死に関する知識」と「死を悲しむ能力」があるなら、かれらは「それまで生や死について学んできたことを自分の体に当てはめはしないのだろうか」(ドゥ・ヴァール 2014, 266) と疑問に思われるのもうなずける。ドゥ・ヴァールに軍配が上がるのを見てみたい気はする——そうなれば「『人間』の地位」と「死」についての思考は根本的な変容を迫られるかもしれない——が、いまはまだどうなるかわからない。

ただいずれにしても、死の定めにあると知っていることだけが「人間らしさ」のしるしでないことはたしかだろう。このことはまた、「死」の忘却が「人間であること」にもとることだとするなら、「死者」の忘却もまたそうであることを示唆する(そして、もし人間だけが自らの死の定めを知っているわけではないとなれば、「死者」の忘却こそが「人間であること」にもとるということになるだろう)。とはいえここまでに示されたのは、「死者の誕生」が「人間の誕生」を画する一つの契機であったと推定されること、死者を想うことができるという能力が「人間の際立った特徴」であるということにとどまる。それゆえに次に、そのことは「人間であること」にどう関わるのか、どのような意味をもつのかということについて考えてみたい。

3.「死者」と「生者」

「死」によって「死者」が生まれるのだとすれば、「死者」とは「死後の生」を生きる者であり、「死」とは「死者になる」ことであると言えるだろう。その、かつて生者であり、いまや死者となった者に対して、いまだ生者である者が葬礼を行う。このとき、「死んだ身体」を「単なるモノ」として扱ってはならないのは、そこに死者が「いる」からであった。またそれゆえに、生者は死者に問いかける。まずはそのことを、鷲田清一の次の指摘で確認しておこう。

> 死体はモノですね。これに対して死者はモノではなく他者です。だから私たちと死者との間には、他者との間にあるのと同じような問いかけがあります。この問いかけは人称的に中立ではありません。私が、特定された誰かとして、誰か特定された他者に働きかける行為です。その意味で死者は生きているわけです。(鷲田 2004, 209)

とはいえ、死者は生者と同じように「いる」わけではなく、したがって生者のように見たり触れたりすることはできない。死者の境遇は、生者の理解も共感も超えたものであり、その意味でそれは、生者にとってこの上ない他者性を帯びた「他者」の境遇である。そのような他者としての死者、死者という他者への問いかけとは、どのようなものであり、またどのようなものであるべきなのか。この「葬礼とは何か」ということにも関わる問いに、たとえば内田樹は次のように答える。

> 葬礼というのは、一言に尽くせば、「他者からのかすかなシグナルを聞き落とさないための気配り」のことです。それを病人ではなく、死者に対しても行う。あたかも死者がかすかな、かぼそいシグナルしか発信できない他者であるかのように、耳をそばだて、感覚を鋭敏に保ち、注意深く死者に向き合うこと。それは死者に向かって「あなたは私にどうしてほしいのですか？」と訊くことです。(内田 2008, 266)

苦しそうにしているひと、じっと痛みに耐えるばかりで言葉を発することもできないひとに出会えば、私たちは「どうしたの？ だいじょうぶ？」と問うだろう。相手の安否を問うこの「問安」という問いかけを、そこに「いる」死者に対しても行うこと――内田はそれこそが、生者が葬礼をするときにしていることであり、またすべきことであると言う。

たしかに私たちは、死者を想って「あのひとならこんなときどうするだろうか？　何と答えるだろうか？」と問いかけ、在りし日の記憶をたぐり、よみがえらせ、ありうべき答えのあれこれに心をめぐらすことがある。もとより死者が語ることはない。だからどれほど問いかけても、答えが返ってくることはなく、けっして「正解」にはたどりつけない。しかし、それにもかかわらず折に触れて問いかけを重ね、深めてゆくことで、「あのひとならきっとこうしただろう」と静かに腑に落ちるときが訪れもする。そうしていつしか死者としての他者は、生きている他者との対話や関係性がそうであるのと同じように、私たち自身のものの見方や考え方を形づくり、その一部となってゆく。そうしたことがあるのもたしかだろう。私を「私」に象るのは他者でもあるが、その他者が生きている他者に限られるわけではない。そして内田によれば、「死者がそのようにして生者のうちに『生を導くもの』として登録され終えたときに、同時に葬礼も終了」（内田 2008, 266）することになる。

このことから内田の言う「葬礼」は、いわゆる「葬式」にはとどまらないものであると考えられる。実際、死者への問いかけは、生者がそうすることをやめない限り、その生涯にわたり続きうる。生きながらえるほどに死者への問いかけは数を重ね、さらには問いかける死者も増えることだろう。人間は死すべき定めにあるのと同じくらいに、他者に遺される定めにあるのであって、その意味で生者とは「遺された者」（survivor）でもある。そのようにして私たちの生は、生者との関係性だけでなく、死者との関係性によっても編まれている。そしてその私たち自身も、いずれ誰かを遺して「死者になる」。それは私たち自身が、誰かにとっての「死者という他者」になり、その誰かの生に編み込まれてゆくことでもある。またそれゆえに、私たちの生が死によって縁取られているのはその通りであるとしても、「死を見つめて」そのことに目を奪われてしまうなら、私たちの生が死者との関係性によっても編まれているというもう一つの実相を見落とすことになる。それだけではない。私たちがそのようにして「人間であること」の、その基底にある倫理の問いにも目を閉ざすことになるだろう。

人間は死者を想うことができるがゆえに、死者に問いかけずにはいられない。それが死者への問安であった。もちろん死者が語ることはなく、だからどれほど問いかけても答えが返ってくることはない。いわば宙づりの、耐え難い状況である。にもかかわらず「待つ」とすれば、すなわち、それでも問いかけを重ね、推し量り、「あのひとならきっとこうしただろう」と静かに腑に落ちるときを「待つ」とすれば、その理由は死者がそこに「いる」からということをおいてほかにないだろう。言い換えるなら、生者のように見たり触れたりできないけれどもそこに「いる」死者という他者、その他者に向き合うのに “decent” な——「礼儀正しい」「品位のある」「まっとうな」——ふるまいは、それ以外にはないだろうからである。あるいはこうも言えるだろうか。「わかりたい」けれども「わからない」答えを、探し求めては打ち消すことを繰り返しながらも、「わからない」という事実まで打ち消そうとはしないのは、その答えを語るべきひとと、そしてその答えとを、他の何よりも尊重するからである、と。

しかしまた、宙づりという状況の耐え難さは、「わからない」死者の答えを「わかったことにする」よう私たちを誘惑もする。死者が語ることはないというのも都合がよい。生者が「わかったことにする」としても、死者が抗弁することもない。だから私たちは、「わかりたい」という善意からであれ、「わかったことにする」ことの何かしらの利得からであれ、そうした誘惑に身を委ねてしまう。けれども内田によれば、それは死者に対して非礼な仕打ちをすることにほかならない。

> そう考えると、「誤った葬礼」がどういうものであるかもわかるはずです。それは「はじめから死者を厄介払いすること」を目的とする葬礼です。死者がもうそこにいないようにふるまうこと。つまり、死者に向かって問いかけ、その戻ってこない答えをずっと待ち続けるという忍耐を放棄することです。その最悪のかたちは「私は死者が私にどうふるまってほしいかを知っている」という宣言として出現します。一見すると、これはきちんと葬礼の基準を満たしているように思えます。けれども、「私はどういう儀礼をすれば死者が喜ぶかを知っている」という宣言ほど死者に対して非礼なふるまいはありません。この人は死者に向かって、「お前の言いたいことはわかった」と言っているのです。(内田 2008, 266–267)

死者ほど無力な他者はいない。そのような他者に対して、いかようにもふるまえるのが人間でもあるだろう。死者を想うことができる人間には、そうであればこそ「わかったことにする」どころか、たとえば葬礼を禁じ、「死んだ身体」を野天にさらすことで、たんに生者への見せしめにするだけでなく、実際に死者を裁き、辱め、罰することもできる。それもまた死者という他者へのこの上ない非礼であり暴力であり、無力な他者を前にした生者のこの上ない不遜であり傲慢である。だから権力がクレオーンの姿形でそうしたふるまいを人びとに命じたとき、ただひとり死を賭してまで抗ったアンティゴネーはまさに「人間であること」の基底にある倫理の問いに、「人間」の名において答えようとしたのだと言うことができるだろう。なぜなら、死者という他者に対していかようにもふるまえる「自由」があればこそ、いかにふるまうのが「人間であること」にふさわしいのかという倫理の問いが意味をもつからである。死者に対する “decency” が問われるのもそのためにほかならない。

人間は死者を想うことができるがゆえに、死者という他者を前にして、その無力な他者に対していかにふるまうかという問いに向き合わされる。それは「人間の際立った特徴」から帰結する「際立って人間的な問い」の一つであるだろう。またその意味で、人間とは「他者に問われる存在」であることにもなる。もとよりこうしたことは、私たちの生を編む死者との関係性だけに限られることではない。私たちの生は生者との、つまりは生きている他者との関係性によっても編まれている。それゆえに、かつて生者であった者を前にしてだけでなく、いまだ生者である者を前にして、この「際立って人間的な問い」に私たちがどのように答えているのかを、あらためて省みてみなければならないだろう。そこで次に、いまだ生者である他者、その中でもものを言えぬがゆえにひときわ無力な他者に対して、私たちがどうふるまっているのかを見ることにしたい。そのような他者を思い起こさせながら、「死を想え」「死を見つめよ」とささやかれるのが現代版「メメント・モリ」の見慣れた光景だからであり、そうであればこそその光景のうちに、私たちの知るべき私たち自身の姿が浮かび上がると思われるからである。

4.「他者」と「生者」

いまから半世紀余り前、日本の社会はある出来事に熱狂した。日本初の心臓移植手術、いわゆる「和田移植」である。執刀した和田寿郎は、医学の進歩と人類の福祉に貢献し、日本の医学を世界水準にもしたと賞賛を浴び、ドナーとレシピエント（83日間生存）の若者二人はその偉業の「尊い犠牲」とみなされた。やがて偉業はスキャンダルに転じるが、真相は明かされないまま、ただ幕引きだけが図られる。そうした中にあって、自身も医師である橘直矢は、「和田移植」に限らず医学・医療そのものに反倫理性が忍びこみうることを指摘し、次のように述べていた。

> 「かわいそうな患者たち」の命を賭けてえられた豊かなみのりは、後の世の同病の患者たちがもちろん享受することは誰しも認める。しかし、「かわいそうな患者たち」はもって瞑すべしと考えるなら、それは後世のものの不遜である。死んでしまった人たちの死に際の心情は、永遠に

> 不知のままである。原爆の問題の議論の中には、一番強力に意見を主張する権利のある「あの日の死者たち」の声は絶対にきけもしなければ、したがってまた反映されぬのに似ている。(橘 1969, 848)

「かわいそうな患者たち」とは、後に「脳外科の父」と仰がれるクッシングが手術法を編み出す過程で重い後遺症を負い、ときに命を落とした患者たち——当時は「かわいそうなクッシングのかわいそうな患者たち」と呼ばれていた——のことである。「もって瞑すべし」とは彼らの境遇を、「医学の進歩」や「人類の福祉」の名の下に「尊い犠牲」とみなし、正当化することである。橘はそれを受け容れない。なぜならそれは、「わからない」死者の心情を「わかったことにする」ことであり、死者に対する、また生命に対する、生者の不遜にほかならないからであった。

橘がこう述べてからの半世紀が長かったのか短かったのかはわからない。ただ、当時はまだ橘には、「『もうすぐにも死ぬだろう』と『もうすでに死んでしまった』とは、明らかにまったく別の状態であって、前者と後者とを同じだとするのは、『故あっての詭弁』にすぎない」(橘 1969, 846) と言うことができた。しかし今日では、その「『故あっての詭弁』にすぎない」ことが疑問に思われさえしなくなった[3]。その落差の分だけあの「際立って人間的な問い」は、私たちには切迫したものと感じられなくなっているのかもしれない。またそれゆえに、次のような述懐に触れるとき、「何もそこまで思い詰めなくても」と感じるひとは少なくないのではないだろうか。それは臓器移植法（1997 年法）の施行後に、脳死と診断された患者がドナーカードを所持していたことから、臓器摘出の諾否を尋ねられ、承諾したことについての配偶者の述懐である。

> 「同意することで、私が最終的に殺したのかもしれない」という思いが、私にはあります。やめておけばよかった、という気持ちもある。その意味は、本人が本当にそうしてほしかったかどうかわからないのに、最終的に私が代理で決めてしまったわけだから、私が殺したとしか言いようがない、ということです。(小松／市野川／田中 2010, 58)

たしかに痛ましい述懐である。だが同時にそれは、あの「際立って人間的な問い」を誠実に、ぎりぎりまで問い詰めたものでもある。「わかりたい」けれども「わからない」、それでも「わからない」という事実を手放さず、なおも問いかけ続けるとすれば、それはそのひとがどこかで、そうしなければその他者の他者性をいともたやすく損なうことができてしまうと気づいているからであり、そのようなことはしてはならないと感じているからであるだろう。またそうであればこそ、「わからない」のに「わかったことにする」誘惑に抗いきれなかったことが、悔やんでも悔やみきれないことになるのではないだろうか。ましてこの場合、その他者はいまだ死者ではなく、生きて目の前に「いる」のだった。死者をさえ「いる」と考え、想うことができるのが人間であるのなら、たとえ言葉を交わせなくともそこに「いる」生者を前にして、「際立って人間的な問い」に答え損ねたことに深く傷つくのはむしろ自然なことだろう。

その一方で、この配偶者をそこまで追い詰めたものが、現代版「メメント・モリ」では当たり前のことともみなされつつある「事前の意思表示」という仕組みであったことを見落としてはならないだろう。「事前の意思表示」とは過去のある時点での、あるいは現在という時点での「あなた」の意思をもって、未来の「あなた」の意思とする仕組みである。「もしもの場合」にどうしたいか「わからない」のは困るから、という理由があるのはわかる。その仕組みが実際に必要とされ、また効果を発揮する場面があることもわかる。けれどもひとの心や意思が、ときには思想や信条までもが、変わりうるものであることもたしかである。「未来」とは「可能性」の別名なのであって、それゆえ「もしもの場合」が現に到来したときに、「あなた」がどう思うかは変わっていても不思議ではなく、本来ならそのときに「あなた」に訊くのでなければ、「本当にそうしてほしかったかどうかわからない」ことである。それを過去のある時点での「あなた」の意思で代えるのはあくまでも便法にすぎない。「事前の意思表示」とは、「わからない」を「わかったことにする」便法なのであり、しかもそれは、「わからない」では困る「あなた」以外の誰かのために便宜上「わかったことにする」方法でもありうる。その場合には「事前の意思表示」は、「あなた」に問いかけ、「あなたならきっとこうしただろう」と腑に落ちるときを「待つ」誰か、「あなた」に非礼な仕打ちをしたくなくて「わからない」という事実を手放さない誰かに、もう「わかったことにする」よう迫り、さらには強いることになる。そしてそれに屈することの痛苦とともに、抗うことの困難もまた、先の配偶者の述懐が示すところであるように思われる。

こうしたことは脳死・臓器移植という特殊にも見える事例にだけ当てはまることではない。「わからない」を「わかったことにする」ことの意味も、無力な他者に非礼な仕打ちをするということにはとどまらない。そのこと──先の事例では「脳死」という言葉が「もうすでに死んでしまった」と思い込ませるがゆえに見えなくさせていたかもしれないが──をもう一つの事例が教えてくれる。それは安楽死・尊厳死が語られる事例であるが、いわゆる「射水市民病院事件」の際に病院長であった麻野井英次は、当時、看護師たちを前に次のように述べたという。

> 呼吸器を外すことがいかに残酷な行為であるか。人間息ができないことほど苦しい状況はない。水におぼれる状態を想像してほしい。せめて心臓が動いている間くらいは酸素を送ってあげよう。生命活動を支える最も重要な物質である酸素だけは命のつきるまでは送り続けよう。あとわずかの時間を、出来る限り患者の尊厳を保つよう心を込めてケアしながら、大切に見守ろう。命の灯が自然に消えるのを一緒に待とうと家族を説得してほしい。どうせ死ぬ、助からない、だからといって私たちが死ぬ時間を決めてよいのでしょうか。(中島 2007, 119)

病床の他者は「安楽な」死、「尊厳ある」死を望んでいるに違いないと「わかったことにする」ことで、私たちは自分がどれほど残酷なことをしているかを見落とす。なるほどそれは善意からのことなのかもしれない。しかしその他者は、たとえ「もうすぐにも死ぬだろう」としても「まだ生きている」のであり、そのことまでも見落とすとすれば、私たちはいったい何を見ているのだろうか[4)]。むしろどれほど善意であっても、無力な他者を前にしながらあの「際立って人間的な問い」が問われていることに思い至らないとするなら、そうした善意が実は形を変えた「故あっての詭弁」ではないのかどうか、他者の死ぬ時間までも決めてかまわないとする不遜と傲慢の別の表現ではないのかどうか、私たちは自らに訊ねなければならないだろう。

もちろん善意が「ほんもの」であれば済む話ではない。善意であれば「残酷な行為」が正当化されるわけではないからというだけでなく、そもそもそこでは――麻野井がそう言わざるをえなかったように――「命の灯が自然に消えるのを一緒に待とう」とすること自体が困難になっているからである。その理由を問えば、すぐに医療の技術や経済の問題、家族や社会の負担の問題などが挙げられることだろう。しかし、これまで見てきたことからするなら、つまり「人間であること」とその基底にある倫理の問いからするなら、より本質的な問題はそうしたこと以上に、いまや私たちが死を――他者のであれ自分のであれ――「先取りする」ことを当たり前のようにみなしていることであると思われる。このことがより本質的なのは、私たちが死を「先取りする」ことに疑問を抱かないなら、無力な他者のその「わからない」答えや意思を「わかったことにする」のをためらい、それでも「待とう」とすることを放棄する、あるいは拒むことにも、もはや疑問を抱かないだろうからである。またそのことは、私たちにはあの「際立って人間的な問い」が意味を失いつつあるかもしれないことを、それどころかその問いに答える能力をも失いつつあるかもしれないことを、示唆してもいるからである。

こうしたことが杞憂にすぎないのならそれに越したことはない。しかし、常日頃から死を想い、死を見つめ、死に先駆けて準備をするよう求める声は、高まりこそすれ止む気配はない。それはなぜなのだろうか。またこれからどのようになっていくのだろうか。最後に素描なりとも試みておくことにしたい。

5. むすびにかえて

現代版「メメント・モリ」について考えるとき、鷲田清一の次の指摘は一つの重要な視座を開いてくれるだろう。企業の活動・業務にまつわる用語の多く――たとえば「計画」「生産」「利益」「見込み」「進捗」「昇進」など――が、「前に」「先に」「あらかじめ」という意味をもつ「『プロ』という接頭辞をつけた言葉のオンパレード」(鷲田 2006, 18) であることに気づいて、鷲田はこう述べる。

> 要するに、すべてが前傾姿勢になっている。あるいは、先取り的になっている。そして、先に設定した目標のほうから現在なすべきことを規定するというかたちになっている。こうした前のめりの姿勢はだから、じ

> つのところ、何も待ってはいない。未来と見えるものは現在という場所で想像された未来でしかない。未来はけっして何が起こるかわからない絶対の外部なのではない。その意味で、「プロ」に象徴される前のめりの姿勢は、じつは〈待つ〉ことを拒む構えなのである。(鷲田 2006, 18)

未来は「わからない」。だから不安にもなる。未来を予測し、見通しを立て、あらかじめ備えておかなければとも思う。そのこと自体はむしろ自然なことなのだろう。しかし、それで未来が「絶対の外部」であることをやめるわけではない。また、未来は「わからない」から不安の源になるが、だからこそ希望の源にもなる。私たちの生も死も、そうした未来が現在へと到来する時間の中で起こる出来事である。ところが私たちは、その「絶対の外部」に属する出来事を「わかったことにする」欲望を抱く――それも過度に。その理由の一つはエリアスが指摘するように、現代社会では科学と医学の発達が、生と死は自然的経過をたどるべきもの、それゆえに制御可能なものであるというイメージを一般化し、物理的暴力の独占による社会内部の安全性がそのイメージを強化していることに求められるだろう（エリアス 1990, 70–76)。これに対してなるほど、「事前の意思表示」は「もしもの場合」を考えてのことだと言いうるかもしれない。だがその「もしもの場合」も、たとえば「呼吸器を外すことがいかに残酷な行為であるか」に思い至らないようなものなら、やはり「現在という場所で想像された未来」でしかないだろう。「そんな状態になれば私だったら」という聞き慣れた条件法も同様である。

「絶対の外部」を既知のものに回収しようと過度に欲望する理由はもちろんこれだけではないが、いずれにしても、現代社会に生きること自体が私たちに、「〈待つ〉ことを拒む構え」を身につけさせていると言うことはできるだろう。その意味で、現代版「メメント・モリ」には私たち自身の欲望がこだましているともみなしうる。他方で、「〈待つ〉ことを拒む構え」によって私たちは、未来から現在へと到来することができるもののうち、自分が想定するもの、想定できるもの以外には目を閉ざすようになるだろう。それは「事前の意思表示」がそうであったように、変わることを拒み、その可能性に目を閉ざすことでもある。ひとは変わりうるからこそ成熟することができ、生き延びることもできる。かつては想像もしなかった、それでいて「これでよかった」と思えるような人生を送ることもできる。しかし前のめりに生を先取りし、死を先取りすることでは、そうした可能性を自らに対してはもとより、他者に対しても閉ざすことにしかならないだろう。この点で内田樹の次の指摘は興味深い。

> 人間は存在しないものとさえコミュニケーションすることができる。ならば、現にここに生身の身体をもって存在し、声を聞き、触れることができる人であるならば、どれほど異他的であろうと、どれほど未知であろうと、コミュニケーションできないはずがない。私は葬礼から出発して、そのように合理的推論を進めます。(内田 2008, 269)

内田の批判する「誤った葬礼」の典型が、まさに「〈待つ〉ことを拒む構え」であった。それゆえに、内田の推論にしたがうなら、現代版「メメント・モリ」のもとで「〈待つ〉ことを拒む構え」に身を固めるとき、私たちはそれが「現にここに生身の身体をもって存在し、声を聞き、触れることができる」ひとであっても、自分が想定するひと、想定できるひと以外とは、コミュニケーションできなくなるとしても不思議ではない。そして実際、安楽死・尊厳死の議論に反対し、「〈死ねる〉ではなく〈生きられる〉社会になってほしい」とするALS患者の訴えが、ただの個人の願望、たんなるエゴにすぎないと強く非難されるという現象は、すでにしてその一つの徴候ではないかとも思われるのである。

ではどうすればよいのか。それを述べるには機会をあらためなければならないが、それでも次のことは指摘しておきたい。すなわち、いま私たちに必要なのは、「死を想う」ことや「死を見つめる」ことではなく(あるいはそれだけではなく)、「死者を想う」ことを学びなおすことである。そうすることによって私たちは、死と生を先取りして既知のものに閉じ込める構えを緩め、またその分だけ、他者と未知なるものとを受け容れることができるようになるだろう。とはいえそれは容易なことではない。日本の社会ではなおさらかもしれない。日本の戦後を省みるとき、この社会は膨大な死者を「想う」よりもむしろ、「尊い犠牲」や「復興」の名の下に、「忘れる」ことをこそ努めてきたように見えるからである。戦争の死者だけではない。原爆症の死者、ハンセン病の死者、水俣病の死者、……もそうである。もし「かれら」

への問安を重ねてきていたのなら、福島や沖縄で、相模原で、そしてコロナ禍のいたるところで、過去が二重写しに見えるような光景に出会うことはなかったはずである[5)]。「死者を想う」ことを学びなおすと記したのもそれゆえにほかならない。

> われわれは歴史から学んでいない。本当に懲りていない。だから、同じ間違いを何度も繰り返す。そして、個人の命が消尽されていくことをたわいのない逸話のように扱い続けている。(金森 2016, 485)

ただ生者と、それも自分と同じような生者とだけでなく、そうではない生者ともこの世界を分かちあうことができるようになるには、かつて生者であった者ともこの世界を分かちあうことができるのでなければならない。そのためになしうることは何か——死生を論じる学が果たすべき務めの一つも、そこにあるように思われる。

注

1) 内田隆三によれば「キリスト教的な基準では、魂が肉体から離れるのが死である。死とともに霊魂／肉体が分離し、前者には死者という人称的なカテゴリーが適用されるが、後者は屍体としてモノのように扱われうる」(内田 1987, 285)。そしてこのことから、西洋では「人称的な存在を脳に『局在化』させることによって、脳死イコール人間の死とする」内田 1987, 287）主張の正当化が図られると内田は指摘し、「死者の存在は遺された肉体あるいはその断片に融即している」という「土俗的な観念」がなおも残る日本の場合と対比している。もっともこれは日本に限られた話ではないし、そのように解するべきでもないだろう。むしろ「土俗的な」をイリイチの言う “vernacular” の意味で理解するなら、それは現代においていや増す生命・身体の資本化の動向に気づかせ、抗うことを可能にする視座を開くであろうし、またそのことは、「消費社会と権力」という内田の問題構制にも反しないものであると思われる。ちなみにイリイチは “vernacular” についてこう語っていた。「われわれが必要としているのは、交換という考えに動機づけられていない場合の人間活動を示す簡単で率直なことばである。それは、人々の日常の必要を満足させるような自立的で非市場的な行為を意味することばなのだ。その性質上、官僚的な管理からまぬがれているその行為は、それによってその都度独自の形をとる日常の必要を満足させるものである。〔中略〕シカゴ学派や社会主義国の人民委員によって計量され操作されることから擁護しておきたい、固有の能力、欲望、関心にかかわる諸行為を名づける簡潔な形容詞をわれわれは必要としているのだ。〔中略〕私は、ヴァナキュラーな言語とその再生の可能性を語ることによって、望ましい未来社会の生活のあらゆる場でもう一度ひろがるかもしれない存在（あること）、行動（すること）、制作（つくること）のヴァナキュラーな様式がありうることに気づかせ、その議論をひきおこそうとつとめているのだ」(イリイチ 2006, 129–130)。

2) 「『死者』を『いる』と考えるようになる」ということを一つの能力ととらえるなら、それは見たり触れたりできないもの、つまりは「不在」のものであっても、「いる」「ある」と考えることのできる能力であることになる。一般に「想像力」と呼ばれるその能力——それもまた「人間の際立った特徴」に違いない——が、「死者を想う」という能力と根を一つにしているとするなら、後者の盛衰と前者のそれとの間に、あるいはこの後に見るような、後者にまつわる倫理的な問いと前者のそれとの間に、相通じるところがあるという推定もまた成り立つだろう。

3) 公益社団法人日本臓器移植ネットワークのホームページには、脳死に関して次のように記載されている。「脳死とは、脳幹を含む、脳全体の機能が失われた状態です。回復する可能性はなく元に戻ることはありません。薬剤や人工呼吸器等によってしばらくは心臓を動かし続けることはできますが、やがて（多くは数日以内）心臓も停止します（心停止までに、長時間を要する例も報告されています）」(https://www.jotnw.or.jp/explanation/03/01/)。それにしても、まだ心臓が動いているのに「もうすでに死んでしまった」ことにするのはなぜなのか。次の記述が図らずもその理由を語っている。「「脳死」、あるいは「心停止」によって、提供できる臓器は異なります。提供できる臓器に違いがあるのは、血液の流れが止まった状況から移植後に血液の流れを再開して機能を発揮できる能力の違いによるものです」(https://www.jotnw.or.jp/explanation/02/03/)。かつては「不可逆的昏睡」(irreversible coma）とされた状態が、「脳死」(brain death）へと名称変更された理由の一つは、このように移植用臓器の「鮮度」を保つべしという技術的な要請にある。

4) 「死者」のように「不在」のものであっても「いる」「ある」と考えることのできる能力が「人間の際立った特徴」であるとするなら、たとえばヴェイユの次の指摘は十分に理解可能なものとなるし、またそれは、ただ目で「見る」のとは次元の異なる「見る」という行為のあることを教えてくれるものとなるだろう。ヴェイユは「善きサマリア人のたとえ話」(ルカによる福音書 10:25–37）についてこう注釈していた。

> 創造的な注意とは存在しないものに現実に注意を向けることである。道端に転がっている生気のない無名の肉体には人間性は存在しない。それでも立ち止まって見つめるサマリア人は、この不在の人間性に注意を向けているのであり、そしてその後に続く行いは、そこで問われているのが真の注意であることを証し立てているのである。(ヴェイユ 1967, 108〔一部改訳〕)

見たり触れたりできない「人間性」は、ただ目で「見る」だけでは「ある」ようにはならない。にもかかわらず――あるいはそれゆえに――私たちは、ただ目で「見る」だけで人間性が「ない」と判断を下し、後は顧みようともしなくなる。しかしヴェイユによれば、「人間性」とは「創造的な注意」(creative attention）を向けられてはじめて、その「不在」を解かれて「ある」ことができるようになるものである。言い換えるなら、「人間性」とははじめから「ある」ものではなく、「注意」を向けるひとと向けられるひととの「あいだ」に創造されるもの、あらしめられるものであることになる。筆者はこのことを「尊厳」に置きかえて、次のように述べたことがある。

> 「尊厳」とは見出されるものであり、見出されることで存在するようになるものである。そして「他者」のうちに「尊厳」を見出し、それを存在せしめるのが「隣人」である。もとより「私」は「隣人」になることもならないこともできる。その点で「私」は自由である。しかしまた、そうであるからこそ「私」には、その自由をいかに行使するべきかという倫理の問いが課せられるのであ

る。（田中 2010, 251）

このような「見る＝注視する」ことのいわば「創造性」の視点には、あらかじめ「人間」の基準を定めておいてそこから他者の人間性や尊厳を査定するという、私たちが陥りがちな姿勢を改めさせ、人間性や尊厳をめぐり従来とは異なる議論の地平を開く可能性があるように思われる。今後も探究したい道筋の一つである。

5) 歴史に学ぶとは、死者に学ぶことである。そうであるとするなら、死者を忘れて顧みない社会が、歴史に向き合おうとはせず、不遜と傲慢に立てこもり、目先の損得勘定に明け暮れるのも不思議ではないだろう。

参考文献

イリイチ、イバン 2006：『シャドウ・ワーク：生活のあり方を問う』玉野井芳郎／栗原彬（訳）、岩波書店（Ivan Illich, *Shadow Work*, London: Marion Boyars, 1981）。

ヴェイユ、シモーヌ 1967：『シモーヌ・ヴェイユ著作集Ⅳ』渡辺秀／大木健（訳）、春秋社（Simone Veil, *Waiting for God*, translated by Emma Craufurd, New York: Harper Collins Publishers, 2001）。

内田樹 2008：『街場の教育論』ミシマ社。

内田隆三 1987：『消費社会と権力』岩波書店。

エリアス、ノルベルト 1990：『死に逝く者の孤独』中居実（訳）、法政大学出版局（Norbert Elias, *The Loneliness of the Dying*, London: Blackwell, 1985）。

金森修 2016：「核文明と文学」金森修編著『昭和後期の科学思想史』勁草書房、395–500。

キング、バーバラ・J 2014：『死を悼む動物たち』秋山勝（訳）、草思社（Barbara J. King, *How Animals Grieve*, Chicago: The University of Chicago Press, 2013）。

小松美彦／市野川容孝／田中智彦 2010：『いのちの選択：今、考えたい脳死・臓器移植』岩波書店。

橘直矢 1969：「生と死と麻酔医と」『内科』23 巻第 5 号、845–849。

田中智彦 2010：「生命倫理に問う：忘れてはならないことのために」小松美彦／香川知晶編著『メタバイオエシックスの構築へ：生命倫理を問いなおす』NTT 出版、235–257。

ドゥ・ヴァール、フランス 2014：『道徳性の起源：ボノボが教えてくれること』柴田裕之（訳）、紀伊國屋書店（Frans de Waal, *The Bonobo and the Atheist: In*

Search of Humanism Among the Primates, New York: W.W. Norton & Company, 2013)。
中島みち 2007：『「尊厳死」に尊厳はあるか：ある呼吸器外し事件から』岩波書店。
鷲田清一 2004：『教養としての「死」を考える』洋泉社。
鷲田清一 2006：『「待つ」ということ』角川学芸出版。

The Dead and the Living:
A Note on Life and Death Studies

by TANAKA Tomohiko

When compared to other animals, one of the most distinctive features of human beings is that we bury the dead and perform funeral rites. In performing funeral rites and in the time that follows, we ask the dead questions, which, however, the dead do not answer. But waiting for an answer, and to keep waiting while tolerating that the answer will never be given, is the basis of decency toward the dead and the ethical relationship between the dead and the living. And since the dead are the ultimate other, this ethical relationship also applies to us and others. However, in relation to the issues of brain death and euthanasia, for example, this ethical relationship is disregarded. It has become the norm to pre-empt the answers of others who are unable to speak, and to pretend that we understand. This suggests that we might have lost the ability to wait, to listen to others, i.e., one of the most distinctive features of being human. And this tendency seems to be strengthened by the modern type of "memento mori", a series of messages that demand that we think about death all the time. In this situation, thinking about the relationship between the dead and the living, and not (only) about death, is required in the study of life and death.

死生学文献紹介

藤山みどり著
『臨床宗教師：死の伴走者』

高文研、2020年1月、329頁

奥山 倫明

東日本大震災が宗教界に与えた影響は多々あるだろうが、その影響下で始まった新たな取り組みとして、「臨床宗教師」の制度が挙げられる。この宗教者の新たな役割について、宗教情報センター研究員の藤山みどり氏が2016年以来の取材をもとにまとめたのが本書である。臨床宗教師についての発案が、故・岡部健医師（1950–2012）の着想にさかのぼることはよく知られている（奥野修司『看取り先生の遺言：2000人以上を看取った、がん専門医の「往生伝」』文春文庫、2016等を参照）。東日本大震災の被災地における宗教者たちの活動も契機となり、2012年より東北大学が実践宗教学寄附講座を設置し、臨床宗教師の養成が開始された。10年にわたる展開のなかで、全国各地のさまざまな場面ですでに臨床宗教師の方々が活躍されている（一般社団法人日本臨床宗教師会のホームページを参照）。

本書「第I部　宗教者が活躍する現場」では、「1　被災地や都会の傾聴喫茶で働く宗教者たち」において、臨床宗教師たちの具体的な活動の例を記している。取り上げられているのは、曹洞宗僧侶で傾聴移動喫茶「カフェ・デ・モンク」主宰者の金田諦應氏、「東京カフェ・デ・モンク」の共同代表の三人の臨床宗教師、天台宗僧侶の西郊良俊氏、神職で産業医でもある池内龍太郎氏、高野山真言宗僧侶の井川裕覚氏である。

また「2　終末期ケアの現場で働く宗教者たち」では、臨床宗教師が働く緩和ケア病棟をもつ病院が取り上げられている。仙台市にあるカトリック系の光ヶ丘スペルマン病院では、オタワ愛徳修道女会のシスター、細谷朋子氏がパストラルケアワーカーとして働いている。三重県松阪市の市立松阪市民病院の緩和ケア病棟では、非常勤の臨床宗教師1名（浄土宗僧侶、坂野大徹氏）のほか、ボランティアとしても4名の臨床宗教師が活動している。なおこの緩和ケア病棟を統括する内科部長の平野博氏は、仏教的な緩和ケア施設として知られる長岡西病院のビハーラ病棟での約10年の勤務ののち、松阪での緩和ケア病棟開設を機に移ってきたという。さらに、岐阜県大垣市の沼口医院では2015年に共同住宅メディカルシェアハウス・アミターバを開設し、そこに臨床宗教師が常駐している。アミターバとは阿弥陀如来（無量光仏）を指すサンスクリットである。院長の沼口諭氏は真宗大谷派の僧侶であり、2014年より宗教者を雇用している。2016年末には、臨床宗教師3名とスピリチュアルケア師1名が勤務しているという（110以下、括弧内の数字は頁を表わす）。このなかで最初に採用されたのが浄土真宗本願寺派の僧侶、田中至道氏である。

第I部において、臨床宗教師の具体的な活動の事例を紹介したあとで、「第II部　臨床宗教師の成り立ちと展望」では、この制度の背景から現状までが詳しく振り返られている。まず「1　臨床宗教師の誕生」が、東日本大震災の犠牲者に対する宗教者による支援にさかのぼっている。「読経もされず荼毘に付される犠牲者を見過ごせなかった一人の僧侶の動きが、臨床宗教師の誕生につながる原点となった」という（129）。その僧侶、仙台市の浄土宗寺院の中村瑞貴住職が仙台市の葛岡斎場に読経支援を申し込んだのが、紆余曲折の末認められた。それを受け、一般社団法人「仙台仏教会」として政教分離に配慮しつつ「震災支援火葬場マニュアル」を作成し、震災時の特例措置として3月17日に読経ボランティアが開始された（130–131）。一方、カトリックとプロテスタントの側も「仙台キリスト教連合被災支援ネットワーク（東北ヘルプ）」を立ち上げていた。さらに上位の宗教法人の連合体、「宮城県宗教法人連絡協議会」として、身元不明者の弔いや震災犠牲者遺族の心のケアなどを公益的な事業として実施するための「心の相談室」が4月4日から30日までの期間、設置されることになる（133–134）。その後、日本基督教団牧師の川上直哉氏、真宗大谷派僧侶の谷山洋三氏（長岡西病院でビハーラ僧としての勤務歴をもつ）、岡部健医師が5月以降の活動について相談、さらに東北大学宗教学研究室の鈴木岩弓教授の協力も得て、「心の相談室」の事務局が同研究室に置かれることになったという（138–141）。

新生「心の相談室」は超宗派的であるのみならず宗教団体とは無関係なカウンセラー、医療者も参加し、「弔いから悲嘆ケアまで、一貫した切れ目の無いご遺族に対する支援を行うこと」を目的とした（142–143）。それにかかわる宗教者の行動規範が定められ、これがのちの臨床宗教師の倫理綱領の基礎となる（144）。「心の相談室」は、講演会、合同慰霊祭、（前掲、金田氏がすでに実施していた）傾聴移動喫茶（カフェ・デ・モンク）の実施、さらにＦＭラジオ番組の放送などを実施していく（145–147)。こうした活動のなかで、「宗教・宗派を超えた宗教的なケアを行うための養成講座を作ろうという話が湧きあがってきた」という（148)。プロテスタントのエキュメニカル組織、世界教会協議会（World Council of Churches）からの寄附をもとに 2012 年 4 月から 3 年間の大学での寄附講座が実施可能な見込みとなり、東北大学宗教学研究室がその講座を設置することになる（148–149)。ここで養成されるのは、宗教者であっても宗派的・教派的な活動（布教・伝道など）を行わない心のケアの提供者とされ、キリスト教的な色彩の濃いチャプレンという英語に代わる呼称として、2011 年 12 月に「臨床宗教師」という語が考案された（149)。こうして 2012 年度より、東北大学大学院文学研究科に、「実践宗教学寄附講座」が設置された。鈴木教授が主任教授を兼任、谷山氏と、宗教心理学を専門とする高橋原氏が准教授として着任した。

第 1 回「臨床宗教師研修」は 2012 年 10 月、11 月に各 3 泊 4 日、計 8 日間の日程で実施、その目的は①「傾聴」と「スピリチュアルケア」の能力向上、②「宗教間対話」「宗教協力」の能力向上、③宗教者以外の諸機関との連携方法を学ぶ、④幅広い「宗教的ケア」の提供方法を学ぶ、だったという (153–154)。これ以降の展開について、藤山氏の記述をそのまま引用する。

「その後、ほぼ年二回のペースで臨床宗教師研修が開催された。研修内容は微修正を施され、第四回以降は、研修期間は約三カ月で、受講者全員が一堂に会する三回の合宿研修の間に全国各地の実習先で計二四時間以上の実習をする形式が定着した。実習先は、岡部〔健〕が臨床宗教師の活躍を望んでいた看取りの場に広がった。岡部が創設した岡部医院（宮城県名取市）をはじめとする全国各地の在宅ケアや緩和ケアの医療現場や老人ホームなどが研修生の受けいれに協力した。」(161)

第Ⅱ部の「2　臨床宗教師はなぜ必要か」では、臨床宗教師の着想を得た岡部健医師について振り返られている。「岡部は、二〇〇〇人以上を看取ってきた臨床経験と、自らの患者としての体験から、自ずと宗教者の必要性にたどり着いたのである」という（164)。静岡県立総合病院、宮城県立がんセンターを経て在宅緩和ケアのための診療所を開設した岡部氏は、多くの患者が「お迎え」体験を語るのを耳にし、その後、人文系研究者たちと「お迎え」体験の調査を含む臨床死生学の研究を進めていく（167）。著者によると岡部氏は、看取り文化が崩壊し「あの世」観が失われたことで患者の家族が「お迎え」体験を受けとめきれなくなっているのが現状であり、家族の不安を和らげるためには看取りの専門性をもつ宗教者の役割が重要だと考えるにいたった（174–176）。また岡部医師自身ががんを患ったことで、死にゆく過程に伴走する宗教者の役割について認識を新たにしたとも捉えられている（181）。

ところで、東日本大震災ののち被災地において「怪異現象」（心霊現象、霊的な現象）の体験が語り伝えられたことがメディアや研究者によっていくらか注目されてきたが、そうした体験の相談相手としてもいわゆる拝み屋や宗教者の役割が見直された（188–189）。心理カウンセラーが行うような傾聴のみならず、供養や読経などの儀礼的な対応も可能な宗教者は、相談者にとってそれ相応の存在価値があると見られる（203–204）。

続く「3　臨床宗教師が行うこと」では、スピリチュアルケア、宗教的ケア、グリーフケア、そのほかのケア（スタッフケアとセルフケア）に分けて、その活動が概観されている。スピリチュアリティに関わるケアであるスピリチュアルケアは定義が難しく、本書では小西達也、窪寺俊之、谷山洋三の各氏の著述が引用されているが、藤山氏は特に谷山氏の「自身の超感覚的な体験を意味づけるはたらきによって、自分の支えとなるものを（再）確認・（再）発見し、さらに生きる力を獲得・確認する援助もしくはセルフケア」（221、『医療者と宗教者のためのスピリチュアルケア』中外医学社、2016からの引用）という定義に注目している。「自身の超感覚的な体験」が宗教性を帯びるものであれば、宗教的ケアということになる。

臨床宗教師は布教・伝道を行わないので、宗教的ケアといっても、その内実は「宗教的資源の活用」（谷山氏の用語）ということになる。「カフェ・デ・モンク」で利用者が地蔵や念誦を作るといったことが「宗教的資源の活用」の具体例になる。藤山氏は「明確な信仰をもつ人には、『自分の信仰と異なる』宗教的資源を用いられることには抵抗があるかもしれない。だが、『無宗教』と答えるような一般的な日本人は、逆に、どのような宗教的資源にもなじみやすいのかもしれない」と記している（230–231）。なおケアの対象者の要望があれば、（布教・伝道と受け取られることを避けつつ）対象者の宗派の宗教者や、対象者の地域の宗教者を紹介することもありうる。著者はさらに儀礼や祈りなどの宗教的ケアとその効果の具体例に関していくつかの先行研究を紹介しているが、ここでは省略する。

さまざまな喪失体験が引き起こす悲嘆（グリーフ）へのケアがグリーフケアである。死別などの喪失体験が引き起こす悲嘆に加えて、家族や親しい人が生死不明になったりすることで生じる「あいまいな喪失」や、患者の死を予期することで家族や身近な人に生じる「予期悲嘆」も関連する現象である(248)。グリーフケアは必ずしも臨床宗教師のみが行うものではない。藤山氏もいくらか検討しているが、臨床宗教師ならではのグリーフケアの可能性についてはさらに考察が必要だろう。

「4　臨床宗教師の展望」では、「臨床宗教師の資格制度の確立」が論じられ、さらに「臨床宗教師の課題」という節が末尾に置かれている。臨床宗教師制度の拡充の具体的様相についてはここでは省略する。巻末に置かれた「課題」では、終末期のケアと布教・伝道は切り離せないとする意見（田代俊孝氏)、臨床宗教師は現場経験が少ないとする意見（高橋卓志氏)、僧侶が示している「傾聴は無償行為」という認識は他の心理専門職の生計を圧迫する可能性があるとする意見（櫻井義秀氏）などが紹介されている。また仏教系諸宗派や教団、また超宗派団体がすでに実施していたカウンセリングやセラピーの研修システムについても紹介している。藤山氏は「被災地での被災者支援、終末期ケアの現場での患者や家族の心のケア、社会福祉施設での要支援者や要介護者へのケア、地域社会や自死遺族の人々の傾聴、少年院の講師など、臨床宗教師の活動の場は、着々と広がっている」と記している(313)。

臨床宗教師の制度は、東北大学での寄附講座設置から10年のあいだに徐々に定着しつつある。なお東北大学大学院実践宗教学寄附講座とそれとの関係における臨床宗教師制度のその後の展開については、同講座のホームページやそこに掲載されている『ニュースレター』からも知ることができる。批判を寄せられることもあり、試行錯誤もまだ続くことだろうが、この制度について改めて振り返るとき、本書は貴重な情報を要約し提供してくれる報告としてたいへん有益である。

死生学文献紹介

船木　亨著
『死の病いと生の哲学』

筑摩書房（ちくま新書）、2020年7月、320頁

新村　秀人

批評家ソンタグは、人は「健康な人の国」か「病気の人の国」のいずれかに属するという。健康な人は、「病気の人の国」について知らず、病気の人を例外と見なすが、外見からは分からない「病気の人の国」の人たちはたくさんいて、社会の全く違う風景を見ながら生きている。現代思想を専門としてきた著者は、それまでずっと健康な人であり、「私はあたかも自分が死なないように生きてきたのでした」と告白するように、死を意識の外に追いやって生きてきた。しかし、ステージⅢの大腸がんにかかり、放射線療法、手術、化学療法（抗がん剤治療）を受けた。そこで「病気の国の人」の現実を知り、生と死について考えたのである。がんについては様々な体験記や論考があるが、著者は、現在のがん治療を巡る状況について体験したことを、無批判に受け入れるのではなく、前提なしの疑問を突き付けていく。がんという病気の体験の手触りをこれだけ正確に伝えている論考は少ないと思われる。

がんは、自らの身体の一部の細胞が、暴走して際限なく増殖していく病気であるため、その治療は、自らの身体を痛めつけるような方法を採らざるを得ない。他の病気の場合は、まず病気による苦痛があって、治療はその苦痛を取り除くが、がんの場合は、治療による副作用によって大きな苦痛が生じて、生活の質（QOL）が下がってしまう。がんの治療効果の指標として用いられる「5年生存率」は、「治療した後に患者が5年未満よりも5年以上生き延びた方が良い治療だった」という推論によるが、がんの治療は「拷問のよう」につらいため、患者にとって良かったのかは分からないし、5年生き延びたから再発転移しないということでもない。がんの「標準治療」は、統計と確率をふまえて学会が定めた治療方針であり、病気を根治する治療法ではない。著者の場合は、「術前放射線治療をすれば（たった）6%再発転移が減るといわれ、術後化学療法（抗がん剤治療）をすれば（たった）5～

10% 再発転移が減るといわれ……生活が辛くなるにもかかわらずそれを受け入れたのでした。」

現代フランスの哲学者ミシェル・フーコーによると、そもそも近代医学は「病気と戦う」という目的をもつため、新しい治療法を確立してより多くの患者の命を救ってきた一方、その途上で多くの「戦死者」も出してきた。手術は成功したが患者は死んでしまったり、抗がん剤で苦しみながらも数か月延命させたことが治療成果となったりするのである。がん治療のインフォームドコンセント（説明と同意）の実態は、「前門の狼と後門の虎」という究極の選択であり、「患者における病気と、それによる死の意味づけを、単なる個人の意思や病院での手続きにのみ帰するのは、患者には荷が重すぎます」との表明は、臨床生命倫理に対する当事者からの異議申し立てであろう。

筆者は、がんになって初めて老化を自覚し、分かったのは、「歳をとらなければ老いを理解することはできないということである。歳を上手くとらなければ老いを受け入れることはできないということである。私は決してそのことに上手ではなかったが、がんになって、私の眼は強引にそちらへと向けされられた」と述べる。現代は若さに価値を与える社会であるため、若者のような服を着て、若者のようにふるまう「年齢強迫症の老人たち」が見受けられるが、年齢相応の成熟した老人になることが必要であると著者は説く。ドゥルーズとガタリは「子どもに成る」ことを勧めるが、大人になった後に回想され捏造されたものとしてではなく、「上手に歳をとる」こととして説明する。「子どものままの大人は（定義からして）子どもに成ることはできないが、一旦大人に成った人であれば、もう一度子どもに成ることができる。もう一度子どもに成ることを通じてこそ、次には老人に成ることができるのではないでしょうか。」

フーコーの「生命政治」とは、成熟した民主主義国家において、個人が、自分の健康を第一に考え「成功した人生」を送るように、自分の健康に殉ずるように仕向けられた政策のことである。今日、医療体制は万能であるかのように思い込まれ、人間は寿命まで生きることが当然とされ、人々は、生活の背後に自分の唐突な死が控えているという感覚を失ってしまっている。死は、死んだ者には何も残さない。「死の物語」も生者にとってのものでしかない。しかし、死によってこそ人間は、思考するということができるようになったのではないか。永遠のものとしてのイデアが想起されるのも、人がみずからの生の有限性を自覚するからなのだろう。そして「生はなぜこのようであって、別のようではないのか」と生を疑い、真に思考するならば、哲学者や破壊的イノベーターとして、現行秩序の絶対性を疑い、新たな理論や生活を提案することができるのである。

がんは、部位、病型、進行度、発症年齢、基礎疾患などにより人毎の個別性が高いが、本書において筆者は、自己のがんという限界状況に直面する中で、死の絶対性、蓋然性、生への肯定には安易に回収されない非合理性に対して真摯に向き合い論考している。是非一読をお勧めする。

死生学文献紹介

香川知晶著
『命は誰のものか』(増補改訂版)

ディスカヴァー・トゥエンティワン、2021年4月、407頁

田中　智彦

“Thanatos”とはギリシア神話の死の神であり、そこからフロイトが「死の本能」(death instinct) をそう名づけたことに示されるように、“Thanatology”とは直訳するなら「死学」である。実際にもそれは、たとえば「死の準備教育」を謳い、普及させることに努めてきたように、いわば現代の“memento mori”であった。その“Thanatology”が「死生学」と呼びならわされ、またそのようなものとして受け容れられもしたのは、一つには「死ヲ忘レルコトナカレ」(“remember that you have to die”) というメッセージが、私たちに「生」を見つめることをうながすと思われたからであったろう。

しかしその一方で、現代社会では私たちの「死」も「生」も、医療や生命科学、法律、経済などの知とテクノロジーとに囲繞され、「ありのままに」見つめようにもそうすること自体が困難な状況になっている。もしそのことの自覚や認識を欠いたまま「死」と「生」を論じるとすれば、“Thanatology”はただ現状を肯定し、受け容れさせるだけのものになりかねない。その意味では、今まさに「死生学」の「学」としての意味が問われているのだと言えるかもしれない。

本書は、現代社会に生きる私たちの「死」と「生」がどのような状況にあるのかについて深く理解し、批判的に思考するための格好の導き手になってくれる。「生命倫理の入門書」と銘打たれてはいるが、世によくあるタイプの「教科書」ではない。もとより「入門書」「教科書」に期待されるような基本的知識は本書からも十分に得ることができる。だが本書の特徴と意義はそうしたことよりも、本書を読むことが「現在を生きる」ことにつながっていくように企図されたその構成の妙にあるだろう。各章のタイトルがそのことを端的に示している。ここでは増補された4つの章を例に挙げておこう。

あなたは、パンデミックの状況では患者に優先順位をつけてもやむを得ないと思いますか？──COVID-19 トリアージの問題（第 2 章）
あなたは、悪質な遺伝子があるとしたら、それを断つべきだと思いますか？──NIPT・強制不妊救済法・相模原事件・優生思想（第 5 章）
あなたは、「人生の最終段階」について何を語りますか？──日本版 ACP「人生会議」（第 10 章）
あなたは将来、どのような世界を望みますか？──科学技術が見せる世界とわたしたち（第 14 章）

こうして読者は 14 の問いに、「わがこと」として向き合うよう誘われる。その際に注目すべきことは、いずれの問いもがつねに歴史および社会との連関の中に位置づけられ、議論されていくことである。これらの問いを「医療や生命科学の進歩がもたらす新たな問い」とみなすのは生命倫理によくあることだが、そのようにして問いの場面が病床やラボに、時間が現在に絞り込まれることで、その問いによって「問われていること」「問われるべきこと」が、医療や生命科学以外の脈絡から切り離されることにもなる。生命倫理の議論が精緻にも見えるのは、一つにはそのお陰によるところがあると言っても過言ではない。だがそれ以上に問題なのは、その種の議論によって、私たちの「死」も「生」も歴史と社会のただ中で織りなされているという実相から、私たちの目が逸らされてしまうことの方だろう。

本書はそうした実相にしかと目を向けるよう読者に促す。そこから新たな視点が開けてくるが、ただ喜ばしいことばかりではない。誰もが自分らしく生きること、死ぬことを望むとしても、本書を読み終えるなら、多くの読者が次の指摘にうなずくことだろう。

〔私たちの社会では〕「本人の意思」はますます魔法の杖となっている。これは、はなはだ居心地の悪い事態であると思う。人それぞれ、本人が望んでいれば、何でも許されるように見えながら、望みの先はがっちりと決められているからである。決めているのは多くは経済的動機であるので、なおさら居心地が悪い。（404 頁）

とはいえ自分らしくという、ささやかだが切実な願いは、死生学に関心が寄せられる理由の一つであるに違いない。そうであるとするなら死生学は今、本書のようにして私たちの「死」と「生」の実相を見つめ、その「居心地の悪さ」を噛みしめるところから、あらためて歩みを始めるべきときに来ているのではないだろうか。折しも死生学研究所の英語表記が、“Institute for Thanatology” から “Institute for Life and Death Studies” へと変更された。本書の読者の一人としては、それが「死学」から文字通りの「死生学」への変化の兆しであればと思っている。

死生学文献紹介

伊藤雅之著
『現代スピリチュアリティ文化論：ヨーガ、マインドフルネスからポジティブ心理学まで』

明石書店、2021年10月、313頁

奥山　倫明

近年、よく耳にするスピリチュアリティとは何か。本書は、その主題と、それにかかわる諸現象について、前著『現代社会とスピリチュアリティ』(渓水社、2003）に続き、いくらか実践的な立場に立ちつつ宗教社会学的な考察を展開した、伊藤雅之氏の近著である。

本書は、「『宗教』を補完し、代替するものとしての『スピリチュアリティ』」を対象とし、特に、教義、儀礼、組織などを含む制度的宗教とは区分され、「個々人による通常の自己を超えた何ものかとのつながりの経験を表すようになってきている」ものとしてのスピリチュアリティに焦点をあてる（3、以下、括弧内の数字は頁を表わす)。スピリチュアリティについては前著を踏襲して、「おもに個々人の体験に焦点を置き、当事者が何らかの手の届かない不可知、不可視の存在（たとえば、大自然、宇宙、内なる神／自己意識、特別な人間など）と神秘的なつながりを得て、非日常的な体験をしたり、自己が高められるという感覚をもったりすること」と定義される（29)。著者は「一九六〇年代以降に発展した、こうした自己を超えた何かとのつながりを強調する一連の思想や活動、実践を『現代スピリチュアリティ文化』と呼ぶことにする」と「はじめに」において明らかにしている(3)。さらに「現代スピリチュアリティ文化の典型は、ホリスティック（全体論的）な世界観をもち、ゆるやかなネットワークでつながり、自らが選択した実践を通じて自己実現を求める人びとから構成される諸現象と捉えることができる」と記される（4)。

伊藤氏は特に米国における1960年代以降のスピリチュアリティ文化の動向をふまえ、①対抗文化（カウンターカルチャー）における意識変容の試み（1960年代から70年代半ば)、②ニューエイジを典型とする私的空間での「自分探し」といった下位文化（サブカルチャー）の確立（1970年代後半から90年代半ば)、③社会の諸領域で自己のスピリチュアリティを高めようとする主流文化（メインカルチャー）への浸透（1990 年代後半以降)、といった変化を見出している（5、また第一章)。こうして 2000 年代以降、スピリチュアリティ文化は医療・看護、心理療法、教育など多様な領域に浸透しているという。特に 21 世紀になって、この文化にかかわるキーワードとして「ウェルビーイング」、伊藤氏の言う「持続的幸福」が浮上していると特徴づけられている。

本篇の概要は以下の通りである。「第一部　現代スピリチュアリティ文化の理論と研究アプローチ」には「第一章　現代スピリチュアリティ文化の歴史と現在：対抗文化から主流文化へ」「第二章　二一世紀西ヨーロッパでの世俗化と再聖化：イギリスのスピリチュアリティ論争の現在」「第三章　現代宗教研究の諸問題：オウム真理教とそれ以後」が収められている。

「第二部　現代幸福論とスピリチュアリティ文化の諸相」には「第四章　マインドフルネスと現代幸福論の展開」「第五章　現代マインドフルネス・ムーブメントの功罪：伝統仏教からの離脱とその評価をめぐって」「第六章　グローバル文化としてのヨーガとその歴史的展開」「第七章　『スピリチュアルな探求』としての現代体操ヨーガ」を収める。

「第三部　スピリチュアリティ文化の開かれた地平」には、「第八章　ポジティブ心理学と現代スピリチュアリティ文化」「第九章　人間崇拝の宗教としてのヒューマニズム：ヒューマニスト UK の活動をてがかりとして」「第一〇章　『自己』論へのアプローチ：エックハルト・トールとネオ・アドヴァイタ・ムーブメント」が収録されている。

第一章において伊藤氏は、先行する種々の調査研究を参照し、現代スピリチュアリティ文化がグローバル化の影響を受けていること、スピリチュアリティにおいて「つながり（connection)」「気づき（awareness)」が重要な要素であることを指摘したうえで、1960 年代以降のスピリチュアリティ文化の変遷を詳述している。なお 1980 年代までの欧米社会において東洋の思想と実践が受容、同化された結果、90 年代後半以降、「スピリチュアルな覚醒を経験したと宣言する西洋人による西洋人のためのスピリチュアリティ文化が確立することになった」と指摘される（43)。さらに続けて、「二一世紀に入ると、インターネットや各種の SNS などを通じて、スピリチュアリティ文化を維持・発展させるグローバルなネットワークが確立していく」という（43)。なお 2015 年の国連サミットで採択された SDGs に内包される健康志向や自然との共生の理念も、スピリチュアリティ文化と関連することが指摘される（45–46）。他方、現代スピリチュアリティ文化の拡大のなかで、「宗教」概念の再考や、従来の（制度的な）宗教に注目してきた宗教研究のあり方の再検討が必要になってきている。現代スピリチュアリティ文化は、「現代世界の宗教文化の動向を理解するために無視できない現象である」（49）と伊藤氏は捉えている。

第二章では欧米の宗教社会学において1960年代から90年代頃まで繰り広げられた世俗化論を概観したのち、特にイギリスにおける世俗化の進展をキリスト教教会の出席率の低下に見る一方で、ニューエイジやスピリチュアリティにかかわる活動が埋め合わせになっているとする議論に触れる。次いでグレース・デイヴィーの研究から、現代ヨーロッパでは教会のみならずその他の集団（政党、労働組合、団体スポーツなど）への参加も低下していること、人びとが消費文化のなかで個人的な経験（「心地よく感じる」経験）を重視していることを確認している（65、67）。伊藤氏はこの章でも改めて「現代スピリチュアリティ文化が主流文化化すると、聖性は、宗教領域の枠内のみならず、非宗教領域にも浸透していく傾向が見られる」（69）と指摘し、イギリスにおけるマインドフルネスの普及の現状に触れる。そのうえで、「二一世紀の宗教社会学は、宗教領域での動向のみならず、非宗教領域への現代スピリチュアリティ文化の浸透にも十分な注意を払いながらおこなうことが強く望まれる」と結論づけられている（72）。

第三章はオウム真理教事件が現代宗教研究に与えた影響を探ることを目指し、2004年に発表された論考の再録である。本書全体の主題であるスピリチュアリティとの関連で、以下の指摘が重要だと思われる。1990年代半ばから「組織性の弱い、個人の意識変容を重視するスピリチュアリティ文化の広がりに着目してきている」（87）日本の宗教研究は、宗教が引き起こす社会問題などの負の側面に向きあわず、宗教やスピリチュアリティ文化の肯定的側面を強調してきたという。しかしオウム事件を経て「宗教性善説的理解に基づく『宗教』イメージは解体され」、「これにともない、宗教学者が共感しやすい研究対象を選択する傾向は批判され、同時に、どの宗教にも存在する負の側面や社会問題化する宗教への研究関心が高まったのである」と指摘される（100）。

第二部は特にマインドフルネスとヨーガを集中して取り上げている。第四章では、過去30年ほどの間に、心理学、神経科学、精神医学などの領域で科学者たちが幸福に直接関連する研究を始めたことに注目し、それとの関連で人々の幸福度の向上のために、スピリチュアルな実践が普及していると論じ、とりわけマインドフルネスと呼ばれる精神・身体的技法の広がりについて考察している。なお幸福についての研究の画期点として、エイドリアン・ホワイトの「世界幸福度地図」による各国別の主観的幸福度の調査に注目し、そうした研究が政策提言にも反映されるようになっている状況が振り返られている。ここでマインドフルネスが幸福度と関連づけられ詳述される。

現代のマインドフルネスには、1960年代以降テーラワーダ仏教の僧侶たちが主催する瞑想センターの欧米での開設ののち、80年代以降は東南アジアで瞑想修行をした英米人が自国でヴィパッサナー瞑想のセンターを開設したといった背景がある。先の三期区分でいうと、マインドフルネスは現在、医療や心理療法において主流文化化しつつあり、特にジョン・カバットジンによる「マインドフルネス・ストレス低減法」(Mindfulness Based Stress Reduction: MBSR) が重要な位置を占める (117)。その間に、宗教 (仏教) 的背景は希薄化し、今日、マインドフルネスは医療からさらに学校教育にも導入されているという。

第五章では、特にカバットジンのMBSRが仏教的な特色を希薄化して構築されたことも指摘したうえで、マインドフルネスにおける仏教の位置づけについて、さらに論じている。伊藤氏は仏教における瞑想実践を含む修行が、「正しい見方」を修得することを目的とするものであり、「仏教徒たちは、正しいマインドフルネス (正念) と間違ったマインドフルネス (邪念) を区別していた」とし、それに対してMBSRは「心のあり方を判断せず、ありのままの注意を重視し、倫理や道徳の重要性をあまり強調していない」と指摘する (141)。なお、カバッドジンは、MBSRやその他のマインドフルネスの根底にあるのは、「普遍的なダルマ (真理)」であり、マインドフルネスは思想・信条としての仏教というよりはむしろ、目覚め、思いやり (慈悲)、叡知にかかわるものだという (144)。また「MBSRの背景にある意図とアプローチは、ダルマを搾取したり、断片化したり、脱文脈化したりすることではなく、科学と医療、ヘルスケアの枠組みのなかで『再文脈化する (recontextualize)』ことである」と説かれる (144)。

なお、マインドフルネスが、「陳腐で商業化されたセルフヘルプの一種」

となり（145)、消費文化のひとつとして現代社会に順応するための手段になっているという批判もある。これについて伊藤氏は「仏教自体が社会全体の政治経済活動に深く埋め込まれてきている」という理解に立ち、さらにマインドフルネス実践者たちが意識変容を経ることによって、「社会や文化を内部からゆるやかに変容させていくことも可能性としては十分考えられる」と付記している（148)。その可能性との関連で著者が注目するのは、瞑想を実践し、「内省的探求」を企てる科学者の存在である。「二一世紀に入ってからは、科学者自らがいわばスピリチュアリティの体現者となって、社会の諸領域に宗教やスピリチュアリティに関連する思想、実践を普及させていく」という指摘は興味深い（151)。

以下、短く触れるだけとなる。第六章で、近現代ヨーガの歴史が概観され、そのなかで「現代体操ヨーガ」の諸潮流と日本における展開が振り返られている。そこでは現代日本におけるヨーガ実践者が、その実践の結果、特に個人主義的なスピリチュアリティの探求に誘われていることが指摘されている。また第七章では現代ヨーガのスピリチュアル化について詳述し、ヨーガの身体的な実践を通じた価値観の転換について論じられている。なお通販サイト・アマゾンでのレビューを見ると、本書がヨーガ実践者にも好意的に参照されている状況が窺える。最後の第三部では、「ポジティブ心理学」(第八章)、「ヒューマニズム」(第九章)、「ネオ・アドヴァイタ・ムーブメント」(第一〇章）が、現代スピリチュアリティ文化との関連で振り返られている。

現代のスピリチュアリティ文化についてのフィールドワークもふまえた研究として、本書には興味深い指摘が多く含まれている。この文化について関心はもちつつも実践にふみだすことのない研究者にとっても学ぶことが多く、また現代宗教研究への示唆にも富んでいる著書と言うことができよう。

東洋英和女学院大学　死生学研究所報告（2021年度）

§構成メンバー

所　長：奥山倫明　　人間科学部人間科学科教授
副所長：小坂和子　　人間科学部人間科学科教授
幹　事：秋本倫子　　人間科学部人間科学科准教授
幹　事：田中智彦　　人間科学部人間科学科教授
幹　事：新村秀人　　人間科学部人間科学科教授
顧　問：山田和夫　　人間科学研究科客員教授

§〈公開〉連続講座「スピリチュアルケアの可能性」（オンライン開催）

第1回　2021年5月29日（土）15:30～17:00
山田和夫（本学人間科学研究科客員教授・本研究所顧問）「スピリチュアルケアの臨床的重要性―神谷美恵子と霜山徳爾と中井久夫、C.G. ユングとV.E. フランクルの臨床から―」

第2回　2021年6月26日（土）16:20～17:50
小坂和子（本学人間科学部教授）「C.G. ユングのplay（プレイ）体験と『生命性』」

第3回　2021年7月31日（土）16:20～17:50
葛西賢太（上智大学グリーフケア研究所特任准教授）「傾聴をどう学ぶか―上智大学グリーフケア研究所での経験から―」

第4回　2021年9月25日（土）16:20～17:50
長谷川明弘（本学人間科学部教授）「『生きがい』ならびに『ikigai』研究の動向とスピリチュアルケアの可能性」

第5回　2021年11月20日（土）16:20～17:50
大西秀樹（埼玉医科大学医学部教授・埼玉医科大学国際医療センター精神腫瘍科診療部長）「ナチス時代を生きた人からスピリチュアルケアを学ぶ」

第6回　2021年12月11日（土）16:30～18:00
寺尾寿芳（上智大学大学院実践宗教学研究科死生学専攻教授）「南無と称える―キリスト教死生観のために―」

第7回　2022年1月22日（土）16:20～17:50
張賢徳（帝京大学溝口病院精神科客員教授・一般社団法人日本うつ病センター六番町メンタルクリニック院長・日本自殺予防学会理事長）「自殺について考える」

第８回　2022 年２月 19 日（土）16:20 ～ 17:50
田中智彦（本学人間科学部教授）「『死者を想う』ということ―死生学についての覚え書」

§〈公開〉シンポジウム

2021 年度「生と死」研究会（公益財団法人国際宗教研究所との共催）
2021 年 10 月 23 日（土）14:40 ～ 17:50
テーマ：「コロナ禍における死生学の課題」

発題⑴　佐藤泰子（京都大学大学院人間・環境学研究科人間社会論講座　精神分析学研究室研究員）「妖怪人間ベムはなぜ人間になりたかったのか―『死』からはじまる『生きる意味』と間（あわい）―」

発題⑵　新村秀人（本学人間科学部教授）「精神医学から見たコロナ禍と死生学の課題」

§研究協力

上記のように公益財団法人国際宗教研究所との共催でシンポジウムを企画した。

§大学図書館のリポジトリに『死生学年報』掲載稿公開継続

本学図書館からの要請を受け、『死生学年報』掲載稿の図書館リポジトリへの PDF 公開を順次行っている。https://toyoeiwa.repo.nii.ac.jp/

§刊行物

『死生学年報 2022　スピリチュアルケアの可能性』リトン、2022 年３月 15 日発行。なお、今号の英文校閲は、関西学院大学社会学部助教 Timothy O. Benedict 氏（Ph.D., Princeton University, 2018）に依頼した。

§幹事会

２回（４月７日、12 月 15 日、その他、適宜メール会議で意見交換を実施）

§死生学年報編集会議

メール会議にて適宜開催した。

§ウェブサイト更新

本研究所のホームページについて、今年度の情報を更新した。
http://www.toyoeiwa.ac.jp/daigakuin/shiseigaku/

§役員の業績

2021年4月から2022年3月までの業績（著書、論文、学会発表、公開講座講師など）を種類別に列記する。ただし、『死生学年報2021』の「役員業績」に未記載のものは遡及して掲載。名前のあとの（　）内は学位と専門領域。

＊秋本倫子（修士（文学）、臨床心理学）

[論文]

・Michiko Akimoto, Takuma Tanaka, Junko Ito, Yasutaka Kubota, Akitoshi Seiyama, "Inter-brain synchronization during sandplay therapy: Individual analyses." *Frontiers in Psychology*, 12, 723211, https://doi.org/10.3389/fpsyg.2021.723211

・秋本倫子・石原 宏（印刷中）「箱庭療法における脳と身体：NIRSを用いた相互作用研究から」『東洋英和 大学院紀要』第18号、2022年、3-14頁。

[学会発表]

・秋本倫子、石原 宏、伊藤淳子「携帯型脳活動計測装置を用いた箱庭セッション中の脳活動計測の試み」日本箱庭療法学会第34回大会、2021年10月10日。

・成田慶一、秋本倫子、石原宏、伊藤淳子、田中琢真、小林能成、久保田泰考、星詳子、精山明敏「混合型一事例研究の実践報告」2021MMRIAアジア地域会議／第7回日本混合研究法学会年次大会、2021年10月30日。

・秋本倫子、石原宏、伊藤淳子、田中琢真、久保田泰考、小林能成「箱庭療法における見守りと共創：脳活動計測による事例検討２」共創学会第5回大会、2021年12月4日。

・秋本倫子、田中琢真、伊藤淳子、久保田泰考、精山明敏「箱庭療法におけるクライエント―セラピスト間の脳同期に関するNIRSを用いた研究」ヒト脳機能マッピング学会第24回大会、2022年2月28日。

[公開講座]

・東洋英和女学院大学生涯学習センター学部公開講座「人生後半の心理学」、2021年9月24日～2022年1月21日（全15回）。

[招待講演]

・"Real-time measurement of brain activity during sandplay therapy: NIRS research," 11th Kass (Korean Association of School Sandplay) Conference, 2021年12月11日。

[シンポジウム講演]

・「視ることと創ることのニューロサイコアナリシス」日本心理臨床学会第40回大会自主シンポジウム、2021年9月4日。

[研修会講師]

・「箱庭療法の神経科学」韓国学校箱庭療法学会研修会、2021年8月28日・11月27日。

＊奥山倫明（博士（文学）、宗教学・宗教史学）

［書籍］

・(共編著) 島薗進・奥山倫明編『いまを生きるための宗教学』丸善出版、2022年1月、313頁。

・(翻訳) フィリップ・C・アーモンド『英国の仏教発見』法藏館、法藏館文庫、2021年7月、387＋viii頁。

［論文］

・“New Religions in Kōshien and Changing Images of High School Sports,” *Japanese Journal of Religious Studies*, 48/2, 2022 (forthcoming).

＊小坂和子（修士（文学）、臨床心理学、分析心理学）

［研究会発表］

・鳥居坂臨床文化研究会「教育相談における『遊び』」2021年6月15日。

［事例研究論文コメント］

・「伊藤論文に関するコメント：心的真実としての『語り』」「上智大学臨床心理研究」第44巻、2022年2月（印刷中）。

・「野島論文へのコメント：『コラージュ』からの覚醒」『学習院大学大学院臨床心理学研究』第18号、2022年3月（印刷中）。

［公開講座］

・東洋英和女学院大学死生学研究所第2回連続講座「C.G. ユングのplay（プレイ）体験と「生命性」（2021年6月26日）

［研修会講師］

・教育相談機関　研修会講師（東京都、神奈川県）7月29日・8月24日・11月26日／3月15日（予定）

［掲載］

・エッセイ「チャペルに想う」『東洋英和女学院　説教集』第4号、2021年11月、14-18頁。

・書評「E.T.A. ホフマンと無意識（土屋邦子著）」『臨床心理学』Vol.22.No.2、2022年3月 (印刷中)。

＊田中智彦（修士（政治学）、倫理学・思想史）

［書籍］

・（共著)『よくわかる現代科学技術史・STS』ミネルヴァ書房、2022年2月、分担執筆「科学批判学とメタバイオエシックス」、100-101頁。

［公開講座］

・東洋英和女学院大学死生学研究所 第8回連続講座「『死者を想う』ということ―死生学についての覚え書」2022年2月19日。

＊新村秀人（博士（医学）、精神医学）

［書籍］

・新村秀人監修、水野雅文シリーズ監修『10代から知っておきたい不安症：はじめて学ぶ精神疾患』保育社、2022年1月。

・「災害時への備え：東日本大震災の避難所での事例から学ぶ」新宿区精神障害者家族会・新宿フレンズ役員会編『心の病気の回復は家族の学びから：新宿フレンズ50年の道のり』鹿児島：ラグーナ出版、2021年6月、161-167頁。

［論文］

（単著）

・「自殺企図（未遂）：私の治療」『日本医事新報』5062号、89–91頁、日本医事新報社、2021年5月。

・「Telepsychiatryの可能性」『産業精神保健』29（特別号）、108-112、2021年6月。

・「Telepsychiatryの将来」『外来精神医療』22(1)、48-49頁、2021年9月。

・「震災後10年間の福島県における精神科医療の経験：避難所医療支援から地域精神保健へ」『心と社会』185、69-74頁、2021年9月。

・「森田療法の目指すもの」『最新精神医学』26(6)、471-477頁、2021年11月。

・「高齢期『うつ』関連する心理学的要因：喪失、孤独、不安、無気力」『日本老年精神医学会雑誌』32(12)、1273-1279頁、2021年12月。

（共著）

・鈴木航太、新村秀人、山澤涼子、山田香代子、笠原卓、三村將「精神科病院デイケアにおける個別支援の就労アウトカムへの効果の検討」『日本社会精神医学雑誌』31(1)、2021年2月。

・横山貴和子、塩路理恵子、館野歩、山市大輔、新村秀人「入院森田療法の協同的環境により身体症状症が改善した一例：青年期の自己愛と自立という側面からの考察」『精神療法』47(3)、80-88頁、2021年6月。

・Shikimoto R, Noda Y, Kida H, Nakajima S, Tsugawa S, Mimura Y, Ochi R, Takayama M, Niimura H, Mimura M, “Association between resilience and cortical thickness in the posterior cingulate cortex and the temporal pole in Japanese older people: A population-based cross-sectional study.” *J Psychiatr Res.*, 142: 89-100, 2021年10月。

・Sone D, Beheshti I, Shinagawa S, Niimura H, Kobayashi N, Kida H, Shikimoto R, Noda Y, Nakajima S, Bun S, Mimura M, Shigeta M, “Neuroimaging-driven brain-age is associated with life satisfaction in cognitively unimpaired elderly: A community-based study." *Translational Psychiatry* (in press).

［学会発表］

・Kida H, Niimura H, Shikimoto R, Suzuki K, Miyasaka Y, Takayama M, Mimura M., "Ego integrity, gerotranscendence and related factors in elderly individuals: A population-based cross-sectional study conducted in Tokyo, Japan." 15th International Conference on Alzheimer's & Parkinson's Diseases (AD/PD 2021), 2021, Mar 9-14, Barcelona, Spain.

・Suzuki K, Niimura H, Shikimoto R, Kida H, Miyasaka Y, Shibata M, Honda T, Ohara T, Hata J, Ninomiya T, Mimura M., "Association between gait speed and cognitive impairment among community-dwelling older population: the Japan prospective studies collaboration for aging and dementia (JPSC-AD)." 15th International Conference on Alzheimer's & Parkinson's Diseases (AD/PD 2021), 2021, Mar 9-14, Barcelona, Spain.

・Kida H, Niimura H, Eguchi Y, Suzuki K, Bun S, Takayama M, Mimura M., "Relationship between Life Satisfaction and Psychological Characteristics in Community-Dwelling Oldest-old in Tokyo, Japan." WASP Asia-pacific 2021, Sep 16-18, 2021, New Delhi, India (Web).

・喜田恒、新村秀人、江口洋子、鈴木航太、文鐘玉、高山緑、三村將「超高齢者の人生満足度の向上に寄与する心理社会的関連因子：Arakawa 85+ Follow up Study」第36回日本老年精神医学会、京都（オンライン）、2021年9月16-18日。

・鈴木航太、新村秀人、文鐘玉、色本涼、喜田恒、三村將「地域在住軽度認知障害患者における歩行速度と頭部MRI画像の関連」第36回日本老年精神医学会、京都（オンライン）、2021年9月16-18日。

・新村秀人「森田正馬の生きざま・死にざま」第26回日本臨床死生学会年次大会、2021年10月2-3日（オンライン）。

・木村範子、南房香、新村秀人、三浦あす美、丸山淳子「精神科チームによる周産期メンタルヘルス支援の活動報告」第17回日本周産期メンタルヘルス学会学術集会、2021年10月23-24日、東京（web開催）。

・高田雅子、新村秀人「終末期がん患者に対する理学療法におけるスピリチュアル・ケアの可能性」第14回日本スピリチュアル・ケア学会学術集会、2021年11月13-14日、東京(オンライン開催)。

・松本裕史、荒井悠、今川弘、塩野良太、内野敬、松村尭明、髙橋晶子、新村秀人、片桐直之、根本隆洋、水野雅文「メンタルヘルスに関する悩みを抱えた若年者へ森田療法をどのように届けるか:2症例での検討を通じて」第38回日本森田療法学会、2021年11月20-21日（Web開催）。

・遠藤有紗、新村秀人「『亡児の思ひ出』における森田正馬の喪失体験:両面観を活かす」第 38 回日本森田療法学会、2021 年 11 月 20-21 日（Web 開催）。
・曽根大地、品川俊一郎、中島振一郎、小林伸行、新村秀人、喜田恒、色本涼、野田賀大、文鐘玉、繁田雅弘、三村將「地域高齢者における、脳画像に基づく予測脳年齢と人生満足度およびレジリエンスの関連性」第 40 回日本認知症学会総会、2021 年 11 月 26-28 日、東京 (ハイブリッド開催)。

[研究会発表]

・「精神医学から見たコロナ禍と死生学の課題」国際宗教研究所・東洋英和女学院大学死生学研究所 2021 年度「生と死」研究会シンポジウム「精神医学から見たコロナ禍と死生学の課題」、東京（オンライン）、2021 年 10 月 23 日。

[シンポジウム]

・「震災後 10 年を経て遷延する慢性ストレス障害：「故郷を失う」という経験」特別シンポジウム：東日本大震災からの 10 年とこれから、第 20 回日本トラウマティック・ストレス学会、郡山 (Web 配信)、2021 年 7 月 17-18 日。
・「Very late onset 統合失調症は若年発症の統合失調症の高齢化と異なるのか？」シンポジウム 11 Very late onset 統合失調症、第 36 回日本老年精神医学会、京都（オンライン）、2021 年 9 月 16-18 日。
・「森田療法における身体 - 身 (み)、感じ、動き」シンポジウム 71 精神療法と身体、第 117 回日本精神神経科学会学術総会、京都、2021 年 9 月 19-21 日。
・「Telepsychiatry の将来」シンポジウム「コロナ禍における遠隔医療と精神医療」、第 21 回日本外来精神医療学会学術総会、東京（オンライン）、2021 年 10 月 17 日。

[研修会講師]

・「コロナ禍における本学学生のメンタルヘルス：学生相談室、健康相談室の活動と利用状況をふまえて」東洋英和女学院大学 FD 研修会、横浜、2021 年 10 月 27 日。

＊山田和夫（博士（医学)、臨床死生学・精神医学・病跡学・精神薬理学）

[論文]

・「精神科医療におけるスピリチュアルケアについて：精神科医神谷美恵子のケアからの考察」『東洋英和女学院大学院紀要』6、2021 年 3 月、1-6 頁。
・「臨床死生学から見た Spirituality と Resilience」『死生学年報 2021』2021 年 3 月、61-73 頁。
・「増大する命の脅威と生き抜く力」『心と社会』184、83-87 頁。

[学会発表]

・「伴侶の死による希死念慮:実存の危機として危機介入」第 45 回日本自殺予防学会、東京、2021 年 9 月。
・「実存の危機（ターミナル・グリーフ）に対するケア」第 26 回日本臨床死生学会、

東京、2021年10月。
・「土居健郎著『甘えの構造』から読み解く現代日本人の精神病理」多文化間精神医学会、宇都宮、2021年11月。
・「実存の危機としてみた夏目漱石とC.G.ユングの病的体験」第68回日本病跡学会大分、2021年12月。

［シンポジウム］
・『うつにならない・負けない生き方』（公財）パブリックヘルスリサーチセンター、ストレス科学シンポジウム、2021年3月31日。

［公開講座］
・「スピリチュアルケアの臨床的有用性：神谷美恵子と霜山徳爾と中井久夫、C.G.ユングとV.E.フランクルの臨床から」東洋英和女学院大学死生学研究所連続講演会、2021年5月29日。
・「COVID-19禍の実存の危機と増大する命の脅威：これからも続く不安な時代を生き抜くために」東京大学教育学部附属心理教育相談室公開講座、2021年10月17日。

［研究会講演］
・「理想の不眠症治療薬を求めて：コロナ不安の中、他職種連携を含めて」三浦半島多職種連携不眠症治療戦略セミナー、2021年1月12日。
・「COVID-19禍のメンタルヘルスの影響をうつ病中心に考える」イフェクサーSRオンラインセミナー、2021年1月14日。
・「精神科外来におけるロナセンテープの使用経験」外来・維持期統合失調症エリアフォーラム、2021年1月20日。
・「うつ病におけるデュロキセチンの役割」Mind & Bodyうつ病治療を考える会（Web開催）、2021年2月26日。
・「COVID-19禍のうつ病の診立てと必要な薬物療法」栃木県精神科診療所協会学術講演会、2021年3月18日。
・「コロナ禍急増する小児統合失調症に対して小児用ロナセンの有用性と必要性」児童思春期の統合失調症を考える会、2021年4月27日。
・「精巧なSDAを目指した抗精神病薬ラツーダの開発の経緯と臨床的有用性」ラツーダオンラインセミナー、2021年5月19日。
・「デエビゴ錠への期待：実臨床での使用経験を踏まえて」不眠症オンラインセミナー、2021年5月21日。
・「精神科に於ける便秘治療の重要性と現状の問題」Psychiatry WEB Forum in Kansai、2021年6月3日。
・「COVID-19禍、急増する不安やうつ（自殺）に対する診立てと治療法」ルボックスWEB LIVE SEMINAR、2021年6月9日。
・「Covid-19禍に急増している不安の診立てと必要な薬物療法」2021年横浜市中区

薬剤師会研修会、2021 年 7 月 7 日。
・「COVID-19 禍に急増しているうつ病の診立てと自殺予防に必要な薬物療法」うつ病領域　Web Seminar、2021 年 7 月 27 日。
・「不眠症治療最前線：コロナ禍における不眠症治療薬の役割」不眠症診療 Web セミナー、2021 年 7 月 28 日。
・「Covid-19 禍に急増しているうつ病の診立てと自殺予防に必要な薬物療法：新しい抗うつ薬トリンテリックスの臨床的有用性」うつ病治療を考える会、富士、2021 年 8 月 18 日。
・「実臨床での使用経験を踏まえた不眠症の対応」海部郡医師会学術講演会、2021 年 9 月 16 日。
・「Covid-19 禍に急増している不安の診立てと必要な薬物療法」第 23 回 OCEAN 研究会、2021 年 10 月 28 日。
・「睡眠薬の適正な使用と休薬の時代の到来：昨今の社会情勢と Lemborexant の有用性について」不眠症診療 Web セミナー、2021 年 11 月 18 日。
・「ADHD に対する薬物療法」武田薬品医学教育会、2021 年 11 月 25 日。
・「COVID-19 禍：実存の危機　急増しているうつ病の診立てと自殺予防に必要な薬物療法　最新の抗うつ薬 Trintellix の臨床的有用性」急増するうつ病の診立てを考える会、2021 年 12 月 1 日。
・「COVID-19：実存の危機：クリニックでの Rexulti の有用性」Expert Psychiatrist WEB Conference、2021 年 12 月 25 日。
・「COVID-19 禍：実存の危機　急増しているうつ病の診立てと自殺予防に必要な薬物療法　最新の抗うつ薬 Trintellix の臨床的有用性」Trintellix 発売 2 周年記念 Web 講演会、神奈川、2022 年 1 月 24 日。
・「双極性うつ病に対するビプレッソの臨床的有用性」双極症治療研究会、2022 年 2 月 3 日。
・「双極症に対する Aripiprazole　LAI の臨床的有用性」精神科薬物療法の未来を考える会、2022 年 2 月 10 日。
・「精神科における便秘治療の有用性と現状の問題」精神科の便秘治療を考える会、2022 年 3 月 9 日。

執筆者紹介

森岡正芳　（もりおか　まさよし）　立命館大学総合心理学部教授
岸本寛史　（きしもと　のりふみ）　静岡県立総合病院緩和医療科部長
香川知晶　（かがわ　ちあき）　山梨大学名誉教授
葛西賢太　（かさい　けんた）　上智大学グリーフケア研究所特任准教授
千葉　恵　（ちば　けい）　北海道大学名誉教授・登戸学寮長
土井健司　（どい　けんじ）　関西学院大学神学部教授・学部長
問芝志保　（といしば　しほ）　日本学術振興会特別研究員 PD
公益財団法人国際宗教研究所研究員
長谷川明弘　（はせがわ　あきひろ）　本学人間科学部教授
田中智彦　（たなか　ともひこ）　本学人間科学部教授
奥山倫明　（おくやま　みちあき）　本学人間科学部教授
新村秀人　（にいむら　ひでひと）　本学人間科学部教授

Annual of the Institute for Life and Death Studies, Toyo Eiwa University

Vol. XVIII, 2022

The Possibilities of Spiritual Care

C O N T E N T S

Articles

『死生学年報』投稿規程

東洋英和女学院大学死生学研究所は2003年の創設以来、公開講座の開催と『死生学年報』の刊行を中核として活動してきました。このたび、『死生学年報2023』の刊行にあたり、広く死生学にかかわる論文の投稿のお呼びかけを開始いたします。

戦後、生活環境の改善のなかで長寿社会を実現した日本は、少子高齢化時代における生き方と死に方という新たな課題に直面する一方で、医療技術の発展のなかで命の始まりと終わりにかかわる新たな問題にも直面してきました。また近隣諸国との関係のなかで、先の大戦における国内外の戦歿者、被災犠牲者の死の意味の継承の在り方を問われるとともに、1995年の阪神淡路大震災、2011年の東日本大震災をはじめとする多くの災害犠牲者の記憶の在り方も問われてきました。2020年以降はグローバルな課題としての感染症拡大に直面し、私たちは改めて生死の問いを突き付けられています。

その間に、我が国の高等教育機関において、少しずつ死生学を専門分野として掲げる研究教育拠点が誕生しています。こうした状況にかんがみ、私たちは、時代の要請を担う新たな学問領域としての「死生学」の開かれた議論の場として『死生学年報』を位置づけていこうと考えるにいたりました。ここに広く皆様からのご投稿をお寄せいただくことによって、生き死にの在り方に寄り添った心のかよった研究、斬新な視点からの先見的な研究、実直な調査に基づく説得力のある研究など、この分野をさらにいっそう切り開いていく意欲的な研究の成果を、皆様とともに分かち合っていきたいと考えます。投稿をお考えの方は以下の「投稿規程」に従って、ふるってご研究をお寄せください。

1 投稿資格

死生学、また関連する分野の研究者、大学院博士課程在籍者・博士課程修了者、死生学に関連する実務に携わっている方。その他、東洋英和女学院大学・死生学研究所が投稿資格を認めた者。

2 投稿論文の種別

日本語で執筆された研究論文、あるいは研究ノート。

3 研究倫理への対応

投稿論文にかかわる研究遂行上、投稿者は自身が所属する研究機関・学会等における研究倫理指針に則った研究活動を行なっていること（所属する研究機関・学会等において明文化された研究倫理指針が定められていない場合には、ご相談ください）。

4 投稿スケジュール

投稿をお考えの方は、2022年6月30日までに、タイトル（仮）、要旨（150～200字程度）を当研究所（shiseigaku@toyoeiwa.ac.jp）まで電子メールでお送りください。折り返し詳しい書式をお送りいたしますので、8月31日までに論文を添付ファイルでお送りください。

当研究所内編集委員会にて合議のうえ採否を決定し、10月31日までにお知らせします。掲載を決定した投稿論文であっても加筆修正等をお願いすることもありますので、ご了承ください。

加筆修正を条件として採択とする場合には、完成原稿と200語程度の英文要旨を、2022年11月30日までにお送りください。

5 投稿論文の書式の概要

表紙に、タイトル、氏名、所属・職名（大学院生の場合は大学院名・博士課程在籍／単位取得退学／修了を明記）、E-mailアドレスを記載する。

本文は16000字程度とし、横書き40字×30行とする。本文に氏名は記載せず、ヘッダーにタイトル、頁下部に頁を記載する。

6 その他

投稿料はかかりません。掲載された場合には掲載誌10部を進呈します。掲載論文については後日、東洋英和女学院大学図書館レポジトリでのオンライン掲載についての許諾をお願いします。

なお本誌は市販されます。

7 問い合わせ先

東洋英和女学院大学死生学研究所

電子メール：shiseigaku@toyoeiwa.ac.jp

死生学年報　2022　スピリチュアルケアの可能性

発行日　2022年3月15日

編　者　東洋英和女学院大学 死生学研究所

発行者　大石昌孝

発行所　有限会社リトン

101-0061　東京都千代田区神田三崎町2-9-5-402

TEL 03-3238-7678　FAX 03-3238-7638

印刷所　株式会社 TOP 印刷

ISBN978-4-86376-090-5